U0939244

2020—2021
数字化转型发展报告

ANNUAL REPORT ON THE DEVELOPMENT OF DIGITAL TRANSFORMATION

赵 岩 主编

国家工业信息安全发展研究中心

電子工業出版社
Publishing House of Electronics Industry
北京 • BEIJING

内 容 简 介

本书是国家工业信息安全发展研究中心推出的关于我国数字化转型的权威研究报告。本书系统阐述了数字化转型对我国经济社会发展的重要意义，梳理总结了当前我国数字化转型的主要进展，分析研判了未来发展的趋势和方向，并对重点行业、区域和热点领域的数字化转型发展情况进行了专题介绍。

希望本书研究所反映的我国数字化转型发展现状、演进规律、痛点问题及未来趋势，能够为各级政府、行业协会、企业组织、科研机构等协力推进数字化转型提供参考和借鉴。

图书在版编目（CIP）数据

数字化转型发展报告. 2020—2021 / 赵岩主编. —北京：电子工业出版社，2021.8
（工业和信息化蓝皮书）
ISBN 978-7-121-41831-0

Ⅰ. ①数… Ⅱ. ①赵… Ⅲ. ①工业企业管理－数字化－发展－研究报告－中国－2020—2021 Ⅳ. ①F425

中国版本图书馆 CIP 数据核字（2021）第 169598 号

责任编辑：刘小琳　　特约编辑：朱　言
印　　刷：北京盛通印刷股份有限公司
装　　订：北京盛通印刷股份有限公司
出版发行：电子工业出版社
　　　　　北京市海淀区万寿路 173 信箱　　邮编：100036
开　　本：720×1 000　1/16　印张：20.25　字数：320 千字
版　　次：2021 年 8 月第 1 版
印　　次：2021 年 8 月第 1 次印刷
定　　价：128.00 元

凡所购买电子工业出版社图书有缺损问题，请向购买书店调换。若书店售缺，请与本社发行部联系，联系及邮购电话：（010）88254888，88258888。

质量投诉请发邮件至 zlts@phei.com.cn，盗版侵权举报请发邮件至 dbqq@phei.com.cn。

本书咨询联系方式：liuxl@phei.com.cn，（010）88254538。

工业和信息化蓝皮书
编委会

《数字化转型发展报告（2020—2021）》课题组

课题编写 国家工业信息安全发展研究中心信息化所

组　　长 何小龙

副 组 长 雷晓斌　马冬妍

成　　员 付宇涵　师丽娟　柴　雯　李立伟

高欣东　左　越　邵明堃　崔学民

王庆瑜　崔佳星　王　丹　马路遥

张宏博　杨若阳　崔　健　赵珏昱

章宗婧　王文娟　刘丽娟　全胡洋

巴旭成　张　磊　孙玉龙　莫笑迎

韩朱旸　葛诗春

主编简介

赵岩，国家工业信息安全发展研究中心主任、党委副书记，高级工程师；全国信息化和工业化融合管理标准化技术委员会副主任委员；长期致力于科技、数字经济、产业经济、两化融合、工业信息安全、新一代信息技术等领域的政策研究、产业咨询、技术创新和行业管理工作；主持和参与多项国家和省级规划政策制定；主持多项国家科技安全专项、重大工程专项和国家重点研发计划项目；公开发表多篇文章，编著多部报告和书籍。

国家工业信息安全发展研究中心简介

国家工业信息安全发展研究中心（工业和信息化部电子第一研究所，以下简称“中心”），是工业和信息化部直属事业单位。经过 60 多年的发展与积淀，中心以“支撑政府、服务行业”为宗旨，构建了以工业信息安全、产业数字化、软件和知识产权、智库支撑四大板块为核心的业务体系，发展成为工业和信息化领域有重要影响力的研究咨询与决策支撑机构，以及国防科技、装备发展工业的电子领域技术基础核心情报研究机构。

中心业务范围涵盖工业信息安全、两化融合、工业互联网、软件和信创产业、工业经济、数字经济、国防电子等领域，提供智库咨询、技术研发、检验检测、试验验证、评估评价、知识产权、数据资源等公共服务，并长期承担声像采集制作、档案文献、科技期刊、工程建设、年鉴出版等管理支撑工作。中心服务对象包括工业和信息化部、中共中央网络安全和信息化委员会办公室、科学技术部、国家发展和改革委员会等政府机构，以及科研院所、企事业单位和高等院校等各类主体。

“十四五”时期，中心将深入贯彻总体国家安全观，统筹发展和安全，聚焦主责主业，突出特色、整合资源，勇担工业信息安全保障主要责任，强化产业链供应链安全研究支撑，推进制造业数字化转型，支撑服务国防军工科技创新，着力建设一流工业信息安全综合保障体系、一流特色高端智库，构建产业数字化数据赋能、关键软件应用推广、知识产权全生命周期三大服务体系，打造具有核心竞争力的智库支撑、公共服务、市场化发展3种能力，发展成为保障工业信息安全的国家队、服务数字化发展的思想库、培育软件产业生态的推进器、促进军民科技协同创新的生力军，更好地服务我国工业和信息化事业高质量发展。

序

当前世界正在经历百年未有之大变局，新一轮科技革命和产业变革深入发展，国际力量对比深刻调整。新冠肺炎疫情给世界经济带来的冲击正在进一步显现，全球经济一体化萎缩，贸易保护主义兴起。科技脱钩、网络攻击、规则博弈等冲突进一步加剧，使不同发展理念、体系、路径、能力分化加快。我们必须深刻认识错综复杂的国际环境带来的新矛盾和新挑战，增强风险意识和机遇意识，保持战略定力，趋利避害。习近平总书记强调，"要主动应变、化危为机，以科技创新和数字化变革催生新的发展动能"。

以网络和信息技术为代表的新一轮科技革命不断推动传统经济发展和产业模式的变革，数字经济成为新格局的重要标志。各国家和地区纷纷发布高科技战略，抢占未来技术竞争制高点。例如，美国的《关键和新兴技术国家战略》、欧盟的《2030 数字指南针：欧盟数字十年战略》、韩国的《2021—2035 核心技术计划》等，均大力布局人工智能、半导体、生物技术、量子计算、先进通信等前沿技术。2020 年以来，我国也出台了《新时期促进集成电路产业和软件产业高质量发展的若干政策》和《工业互联网创新发展行动计划（2021—2023 年）》等引导政策，鼓励 5G、集成电路、工业互联网等重点 IT 产业发展。《中华人民共和国国民经济和社会发展第十四个五年规划和 2035 年远景目标纲要》（以下简称《纲要》）将加强关键数字技术创新应用，特别是高端芯片、操作系统、人工智能、传感器等关键领域的技术产品应用列为当前政策鼓励重点。

新冠肺炎疫情导致全球消费模式发生变化，根据麦肯锡 2021 年 1 月发布的报告，新冠肺炎疫情使超过 60%的消费者改变了购物习惯，37%的消费者更多地选择在网上购物；企业开始使用在线客户服务、远程办公，并使用 AI 和机器学习来改进运营；数字化创业企业大量涌现，企业间并购重组行为增多。同时，新冠肺炎疫情揭示了许多企业供应链的脆弱性，全球供应链面临重构，未来的供应链链条将趋于区域化、本地化、分散化。从全球来看，发达国家尤其是美国一直高度重视供应链安全，美国近几年发布了《全球供应链安全国家战略》《建立可信 ICT 供应链白皮书》等多个文件，拜登政府在短短几个月内发布了 3 个相关行政令——《可持续公共卫生供应链行政命令》《确保未来由美工人在美制造行政令》《美国供应链行政令》，不断强化自主供应链建设，并联合盟友共同维护供应链安全。面对部分发达国家从供需两侧对我国供应链的限制，中央经济工作会议强调要增强产业链供应链自主可控能力，并做出一系列部署，强化高端通用芯片、机器人、高精度减速器、工业软件、光刻机等高端产品的自主性。《纲要》进一步提出实施“上云用数赋智”行动，推动数据赋能全产业链协同转型。

数字化的快速推进导致网络风险呈指数级增长。美国欧亚集团认为，未来 5 到 10 年内，网络安全将成为全球第三大风险。一方面，很多国家和地区纷纷通过加强数据保护等举措努力在维护公共利益和保护个人隐私之间寻求平衡。另一方面，网络漏洞、数据泄露等问题日益凸显，有组织、有目的的网络攻击不断增多，网络安全防护工作面临更多挑战。国家工业信息安全发展研究中心监测数据显示，2020 年全球工业信息安全事件涉及 8 大领域、16 个细分领域，其中，装备制造、能源等行业遭受的网络攻击最严重，交通运输、电子信息制造、消费品制造、水利等行业网络攻击呈现高发态势。2020 年以来，我国发布了《数据安全法》《电信和互联网行业数据安全标准体系建设指南》《工业互联网数据安全防护指南》《关于开展工业互联网企业网络安全分类分级管理试点工作的通知》等法律法规和规范文件，形成我国在数据安全、工业网络安全防护等方面的基本制度安排。

我们要围绕产业链部署创新链、围绕创新链布局产业链，推动经济高质量发展迈出更大步伐。进一步强调创新在现代化建设全局中的核心地位，把科技自立自强作为国家发展的战略支撑，以创新驱动引领高质量供给和创新需求，畅通国内大循环，促进国内国际双循环，全面促进消费，拓展投资空间，深入推动数字经济与实体经济融合，强化产业链安全，打造良好的产业生态，实现产业链各方“共创、共享、共赢”。

新时期，工业和信息化发展的着力点包括以下几个方面。

一是加强国家创新体系建设。打造国家战略科技力量，推动产学研用合作，强化科技创新与产业政策之间的协同效应。围绕创新链布局产业链，依托科技创新成果开辟新的产业和业态。创新链引发的创新行为既提升了产业各环节的价值，也拓展和延伸了产业链条。围绕产业链部署创新链，产业链的每个环节或节点都可能成为创新的爆发点，从而带动整个产业链中各环节的协同创新。这种闭环关系体现了创新链与产业链的深度融合、科技与经济的深度融合。

二是加快产业数字化转型。目前，我国消费端的数字化转型进程较快，但产业端数字化转型相对滞后，影响了数字经济的整体发展。通过深化数字技术在实体经济中的应用，实现传统产业的数字化、网络化、智能化转型，不断释放数字技术对经济发展的放大、叠加、倍增作用，是传统产业实现质量变革、效率变革、动力变革的重要途径。“十四五”时期要围绕加快发展现代产业体系，推动互联网、大数据、人工智能等同各产业深度融合，实施“上云用数赋智”，大力推进产业数字化转型，提高全要素生产率，提高经济质量效益和核心竞争力。

三是加快数字化人才培养。数字化转型不仅涉及数字技术的运用，而且涉及组织结构和业务流程再造。在这个过程中，数字化人才建设至关重要。数字化人才既包括首席数据官等数字化领导者，也包括软件工程师、硬件工程师、大数据专家等数字化专业人才，还包括将数字化专业技术与企业转型实践结合起来的数字化应用人才。这需要高校、企业、研究机构和社会各界力量积极参与，通过校企合作、产教融合、就业培训等多种形式，开设适应不同人群、不同层次的教育培训课程，提高全民的数字素养和数字技能。《纲要》要求，“加强全民数字技能教育和培训，普及提升公民数字素养”。针对劳动者的数字职业技能，人力资源和社会保障部研究制定了《提升全民数字技能工作方案》对数字技能培养提出了具体举措。

四是充分发挥市场与政府的作用。将有效市场与有为政府结合，企业是市场经济主体，但政府的作用也必不可少。工业互联网作为产业数字化的重要载体已进入发展快车道，在航空、石油化工、钢铁、家电、服装、机械等多个行业得到应用。基于工业互联网平台开展面向不同场景的应用创新，不断拓展行业价值空间，赋能中小企业数字化转型。为确保该产业健康发展，工业和信息化部等十部门已印发《加强工业互联网安全工作的指导意见》，明确建立监督检查、信息共享和通报、应急处置等工业互联网安全管理制度，建设国家工业互联网安全技术保障平台、基础资源库和安全测试验证环境，构建工业互联网安全评估体系，为培育具有核心竞争力的工业互联网企业提供良好环境。

五是大力支持中小微企业发展。中小微企业是数字化转型和数字经济发展的关键。中央政府层面已经推出多项减税降费举措，并鼓励金融资本服务实体经济，积极利用金融资本赋能产业技术创新和应用发展，打造多元化资金支持体系，努力形成产业与金融良性互动、共生共荣的生态环境。工业和信息化部通过制造业单项冠军企业培育提升专项行动、支持“专精特新”中小企业高质量发展等举措，大大提升了中小企业创新能力和专业化水平，有助于提升产业链供应链稳定性和竞争力。国家发展和改革委员会联合相关部门、地方、企业近150家单位启动数字化转型伙伴行动，推出500余项帮扶举措，为中小微企业数字化转型纾困。

2021年，面对日趋复杂、严峻的国际竞争格局，我们需要坚持以习近平新时代中国特色社会主义思想为指导，准确识变、科学应变、主动求变，积极塑造新时代我国工业和信息化建设新优势、新格局。值此之际，国家工业信息安全发展研究中心推出2020—2021年度“工业和信息化蓝皮书”，深入分析数字经济、数字化转型、工业信息安全、人工智能、新兴产业、中小企业和“一带一路”产业合作等重点领域的发展态势。相信这套蓝皮书有助于读者全面理解和把握我国工业和信息化领域的发展形势、机遇和挑战，共同为网络强国和制造强国建设贡献力量。

是以为序。

中国工程院院士

摘　要

《数字化转型发展报告（2020—2021）》是关于我国数字化转型发展情况的具有代表性、权威性的年度综述研究报告。本报告立足新一轮科技革命和产业变革的时代背景，充分反映《中华人民共和国国民经济和社会发展第十四个五年规划和 2035 年远景目标纲要》等政策文件中关于数字化转型的目标、任务及要求，深入研究我国数字化转型的发展现状、重点方向、面临挑战及未来趋势，具有较强的综合性、前沿性和前瞻性。

本报告主要从我国数字化转型的重大战略意义、总体发展情况、产业应用实践、区域特色化发展、重点领域探索创新等方面，总结归纳了近年来我国数字化转型的主要进展，并对未来发展趋势进行研判与展望，着重研究了汽车、纺织、石化等行业的转型发展现状，分析了长三角、北京市、贵州省、江苏省、青岛市即墨区等省市区域的转型发展模式，梳理了工业互联网、人工智能、卫星互联网等专题领域的发展情况。本报告包括 4 部分、21 篇文章，总体结构如下：第一部分，总体篇；第二部分，产业篇；第三部分，区域篇。

本报告是对我国数字化转型进行研究的综合性年度报告，可供我国数字化转型领域主管领导、专家、研究人员等借鉴参考。

Abstract

The Digital Transformation Development Report (2020-2021) is a representative and authoritative annual summary research report on the development of digital transformation in China. Based on the historic background of the new round of scientific and technological revolution and industrial reform, this report fully reflects the objectives, tasks and requirements of digital transformation in the relevant national policy documents. It is highly comprehensive, cutting-edge and forward-looking to deeply study the development status, key directions, challenges and future trends of Chinese digital transformation.

This report summarizes the main progress of Chinese digital transformation in recent years from the aspects of the great strategic significance, overall development, industrial application practice, regional characteristic development, exploration and innovation in key fields of Chinese digital transformation. This report studies the future development trend of Chinese digital transformation, and focuses on the transformation status of automobile, textile and petrochemical. It analyzes the transformation models of provinces and regions such as the Yangtze River Delta City Group, Beijing, Guizhou, Jiangsu and Jimo. And it also sorts out the development of special fields such as Industrial Internet, Artificial Intelligence and Satellite Internet. This report consists of 4 parts and 21 articles. The overall structure is as follows: Part1: the overall article; Part2: the industry; Part3: the regions.

This report is a comprehensive annual report on the research of Chinese digital. And it can be used for reference by leaders in charge, experts and researchers in the field of digital transformation in China.

目　录

Ⅰ　总体篇

Ⅱ　产业篇

Ⅲ 区域篇

Ⅰ 总 体 篇

General Articles

B.1

以数字化转型全面打造我国经济发展新优势

雷晓斌　马冬妍　付宇涵[1]

摘　要： 当前，全球正在孕育和兴起的新一轮科技革命、产业变革与我国制造业转型升级形成了一个历史性的交汇点，《中华人民共和国国民经济和社会发展第十四个五年规划和2035年远景目标纲要》中着重强调“推进数字产业化和产业数字化，推动数字经济和实体经济深度融合”。随着信息通信技术的广泛、深度运用，以及新模式、新业态的不断涌现，我国正在经历从工业社会向信息社会转型的阶段，生产过程中的劳动力、劳动资料、劳动对象正在逐步趋向智能化、自动化，持续深化制造业数字化转型是加快发展现代产业体系、推动经济体系优化升级的有力支撑。本文将基

[1] 雷晓斌，国家工业信息安全发展研究中心信息化所所长，高级工程师，从事两化融合、工业互联网相关领域研究；马冬妍，国家工业信息安全发展研究中心信息化所副所长，高级工程师，从事两化融合、工业互联网、数字化转型相关领域研究；付宇涵，国家工业信息安全发展研究中心信息化所工程师，资深研究员，从事两化融合、工业互联网、数字化转型相关领域研究。

于数字化转型对经济供给体系、经济消费体系等方面的影响，总结数字时代背景下我国未来经济的发展方向与发展驱动力，为我国把握信息革命历史机遇、培育壮大经济发展新动能提供借鉴。

关键词： 数字经济；供给体系；消费体系

Abstract: At present, a historic intersection has formed between a new round of technological revolution and industrial transformation around the world and upgrading of Chinese manufacturing industry. *Relevant national policy documents* emphasizes that digital industrialization and industrial digitization and the deep integration of the digital economy and the real economy are very important. With the extensive and in-depth application of the technology of information and communication and the continuous emergence of new models and business forms, China is undergoing a stage of transition from an industrial society to an information society. The labor force, tools, and objects in the production process are gradually becoming more intelligent and automatic. What's more, continuous deepening of the digital transformation in manufacturing industry is a strong support for accelerating the development of the modern industrial system and optimization of the economic system. Based on the impact of digital transformation on the economic supply system and economic consumption system, this article will summarize the future direction and driving force of Chinese economic development under the background of the digital age, and provides reference for China to grasp the historical opportunity of the information revolution and cultivate new driving force of economic development.

Keywords: Digital Economy; Supply System; Consumption System

从工业革命发展历史来看，人类社会经历了机械化、电气化、自动化时代，目前正在经历以新一代信息技术与制造业融合为显著特征的第四次工业革命。互联网、大数据、云计算、人工智能、区块链等新一代信息技术加速与经济社会各领域特别是制造业深度融合，推动制造业向数字化、网络化、智能化转变，带动生产力的飞速提升，生产者、生产工具、生产要素和生产对象更加智能、精准和高效，适配于生产力，生产关系更加透明和公平。生产力和生产关系的变革推动整个供给体系效率、质量、结构的不断优化，对需求体系和社会治理体系产生深远影响。本文通过总结提炼数字经济时代新技术引发的生产力、生产关系变革，分析基于供给体系变革对需求体系和社会治理体系所产生的影响，为我国构建新型供给体系、促进经济高质量发展提供借鉴。

一、数字化转型对供给体系变革的影响

（一）智能生产力的崛起

生产力是人们通过生产活动创造财富的能力，是衡量人类利用自然资源生产社会产品与服务的最佳指标。生产力受生产者、生产工具、生产要素、生产对象的影响和促进。科技革命带动生产力的一次次变革，由量变的积累产生质变的飞跃，电力的发展加速了人类社会工业化的进程，新一代信息技术的兴起和应用加速了人类社会信息化的进程。对应农业经济时代的单个劳动者和工业时代的多个劳动者，“人工智能+”是数字经济时代的主要生产者，以智能制造和人机交互为代表的“人机共产”为主要生产模式；生产工具也由农业工具和工业设备升级到智能工具，包括云制造、工业软件及数字仿真系统；生产要素由农业经济时代的土地和人、工业经济时代的技术和资本，变革为数据（信息、知识），可应用至数字孪生及

数据决策等数据驱动的场景；生产对象也被赋予更多智能互联元素，通过智能互联以及服务的延伸，提供了更多的智能产品。

1. 生产者：从“以人为主”到“人机共产”

生产者是劳动成果的直接创造对象。进入数字经济时代，以机器学习、模式识别、人机交互为代表的人工智能技术在传统行业转型升级中得到应用，尤其是与生产制造过程深度融合，一些高速度、高精度、高危险性的体力劳动行为被机器替代，甚至某些超出人类能力范围的劳动任务也能够被执行，大大提升了现有劳动的效率和精度，填补了人力劳动在某些领域的空白，实现了生产制造过程中生产者从“以人为主”到“人机共产”的转变。

2. 生产工具：从解放人类“体力”劳动到解放“体力+脑力”劳动

生产工具的变革是生产力发展的具体表现。在农业经济时代，生产工具多为单纯依赖人类体力和自然力量或将二者简单结合转化，生产过程相对简单。工业革命以后，依赖能源驱动和经过科学知识改造的生产工具极大地降低了人类在使用工具时的体力消耗，生产过程中出现了技术积累，人力资本的重要意义在生产过程中也初步展现。数字经济时代智能工具的广泛使用，推动研发、生产制造以及供应链各环节发生根本性变革，数字孪生、精益制造、敏捷供应链等新的生产研发方式得到广泛应用和普及，大大提高了生产效率和质量，有效降低了生产成本。

3. 生产要素：从“技术驱动”到“数据驱动”

生产要素是产出劳动成果的前提和基础。农业经济时代，生产要素以土地和劳作的农民为主，这两种生产要素在时间和空间上都具有较大的局限性。工业经济时代，资本和技术的出现加速了生产力的提升，其增长空间得到大幅拓展，但仍然具有明显瓶颈。数字经济时代，数据资源与产业深度交汇融合，由于数据资源的可复制共享的特性，打破了劳动力、资本、技术、管理等传统要素的供给局限性与生产力发展需求的矛盾，并不断提升传统要素的智能化水平，为持续增长和创新发展提供了新的条件与可能。

4. 生产对象：从“功能产品”到“智能互联产品”

生产对象是生产环节的最终目的。农业经济时代，生产对象主要是动物和植物。工业经济时代，生产对象加入了简单的工具产品，但总体上生产对象仍然是相对单一和机械的物理产品。数字经济时代是万物互联网的时代，生产对象从单一的、机械的、物理的“功能产品”逐渐发展成可全面感知、实时计算、深度交互、全链条追溯的“智能互联产品”。从计算机到可穿戴设备，从消费品到工业品，智能互联网产品将重建人们的生活行为和方式，重新定义社会商业模式，重新构建企业生产制造体系。

（二）生产关系透明、公平、高效发展

伴随着智能生产力的崛起，适应于生产力发展的生产关系必然发生变化：生产资料所有制形式方面，所有权和使用权有效分离和使用权的精准计量催生共享经济和按需经济；生产者在生产中的关系方面，生产者之间的合作变得动态灵活，企业内部管理更加扁平、柔性和动态，企业间平台化的价值网络协同更加高效；产品分配形式方面，分配去中间化趋势明显，分配趋于公平化。

1. 生产资料所有制形式：所有权与使用权成功分离，催生平台经济

所有权与使用权一直都是生产资料所有制中财产关系的核心关注点。在农业经济时代，民众的私有产权得以确立和保护，为市场经济体系的建立奠定了基础。随着工业经济时代企业的大规模出现，市场中产生了许多规模较大的企业，其生产、经营、管理等方面都需要专业人才进行管理，这一时期财产的所有权和控制权得以分离，出现了股份制等模式和职业经理人等新职业。进入数字经济时代后，信息技术，尤其是操作系统、定位服务、导航、电子地图等的应用，使得使用权、使用量的度量成本大幅降低；

同时，大数据、云计算等信息技术的运用使得使用权供给方与需求方的匹配成本大幅降低，权利分离的成本开始大幅低于由此带来的收益，所有权和使用权的分离成为趋势，催生共享经济，并从生活消费领域逐步拓展至工业生产领域，例如公有云服务、基于工业互联网平台的工业 App 服务等。

2. 生产者在生产中的关系：生产者之间的合作变得动态灵活，企业内部管理更加扁平、柔性和动态，企业间生态共荣趋势明显

随着生产力智能化水平不断提升，生产者之间的关系必然发生变化。在农业经济时代和工业经济时代，生产者之间相对独立，生产过程以独立形式完成后加以联接，彼此之间只有简单的线性化的竞争和合作关系，生产者以结果为导向，生产角色和技能水平相对单一和固定。数字经济时代，个人的活动范围被极大延伸，单一的个人在生产活动中可能被赋予多个岗位职责及角色，同时一种岗位或角色也可能由多个个人共同承担，这就要求生产者个人能力向“多面手”方向发展，且生产者之间的合作需要更加动态和灵活，基于流程再造快速构建多个动态工作团队。同时，为快速适应不断变化的市场需求，企业内部管理更加扁平、柔性；企业之间边界趋于模糊，平台经济以相同的利益导向连结了生态中的各相关方，实现高效分工协作和跨企业的资源整合和统筹规划，企业创新活力被最大程度地调动和激发，竞争力得到有效提升。

3. 产品分配形式：分配去中间化趋势明显，分配趋于公平化

产品分配环节是生产过程中最后的不可或缺的关键环节。在农业经济和工业经济时代，消费者之间的产品分配由于信息不对称出现了较多的中间环节，分配实现过程中损失多、配置效率低、分配不公平的社会现象较为普遍。数字经济时代，互联网的发展和应用使得产品和服务与报酬的交换过程去中间化现象显著，传统存在于生产者和消费者中间的经销等各种中间环节被省去，一方面大大压缩中间商的获利空间，信息的透明化使得产品交换的各方主体处于平等地位；另一方面信息交互和沟通变得更加高

效，消费者对于产品和服务的爱好和需求可以及时、准确地传递到生产者，去中间化的交换方式促进了产品分配的公平发展。

二、数字化转型对消费体系变革的影响

数字经济时代供给体系的变革，促进了智能生产力的崛起及透明、公平、高效的生产关系逐步形成，同时对需求体系产生深刻的影响。具体而言，供给体系的创新涉及产业结构、流通、分配、消费等多个方面，且对消费的影响最大，消费者更加多元、个性、便利和追求高品质的消费需求不断被满足，随着供给端的“智造”时代，消费端的“新消费”时代也悄然来临。

（一）智能产品的兴起带动消费内容向服务化和虚拟化延伸

服务化延伸方面，消费内容从单纯的物理产品转变为以产品为核心的系统性解决方案，伴随产品全生命周期各环节衍生出来的配套服务活动成为新的消费对象。在供给侧，制造企业从过去仅聚焦于制造产品本身的生产过程拓展至产品全生命周期的其他环节，尤其致力于在市场后端构建以用户为核心的服务化转型，产品质量也拓展至与产品配套的服务质量。在需求侧，消费内容由功能产品向配套服务延伸，也增加了终端用户与制造企业的黏性，一次性购买的短期消费行为向多频次、中长期持续接触模式转变。

在虚拟化延伸方面，信息消费成为继物质消费后的另一经济增长点。随着人们收入水平的提高和对物质消费品质要求的提升，社会整体的物质消费会出现边际递减的趋势，在缺乏新的物质产品和模式刺激的情况下，其增长最终趋于稳定。在信息消费方面，现阶段我国正处于信息消费快速增长的黄金时期，信息消费通过融合、改造等方式与其他业务相结合，借助多维度和多频次的生活、工作等方面的消费场景逐步成为人们日常不可或缺的内容。

（二）消费互联网、移动支付、智慧物流助力消费升级

消费互联网的繁荣极大地满足了个性化消费需求。数字经济时代，基于开放的网络空间建立的电子商务模式使得产品范围和消费选择空间得到极大拓展，消费互联网大幅提升了资源配置效率，促进供需双方低成本快速匹配。此外，大数据、人工智能等信息技术的发展，实现了对消费者全生命周期不同阶段行为的画像分析和动态跟踪，消费需求得到快速、精准定义。此外，移动支付使得消费过程更加便捷。借助数字化和智能化工具，移动支付能够为消费者个人资金的支出提供参考，提高资金运用和管理水平；企业管理者也能够借助更清晰、全面、实时更新的数据，提升对企业的精细化管理能力、针对性营销水平和创新性研发技术等综合实力。

三、数字化转型赋能我国经济创新发展

（一）高效、稳定、便捷的供应链成为企业核心竞争能力

制造企业面向市场的产品供给也由单一的、机械的、物理的“功能产品”逐步向“产品+质量+服务”综合性服务输出转变，企业间的竞争逐渐从产品竞争上升到了供应链的竞争，企业盈利过程也拓展至在一定供应体系下实现稳定生产、顺利交付和服务供给的全链条，持续、稳定、便捷的供应链已成为企业的核心竞争要素。数字经济背景下，企业供应链发展呈现新动向：一方面，随着互联网的普及，销售端订单由传统的大批量标准化模式转变为小批量、多种类、快交付类型，传统线性的供应链模式难以满足企业在快速迭代和不确定性市场变化背景下的生存需要，供应链结构逐渐由链状向网状进行延伸；另一方面，企业内部供应链不断向产业链上下游延伸，在上下游企业间打造贯通供应商、企业、客户等的供应链协同平台，及时共享客户订单、生产计划、物料需求、采购计划、生产实际状况等关键信息，推动与供应商、配套厂商、客户等上下游之间的无缝对接。

（二）价值网络共建共生成为产业组织关系的主旋律

网络化协同、个性化定制、服务型制造、平台化运营、制造能力共享交易等，不断涌现的数字经济新模式、新业态，使得产业组织关系发生根本性变革，由传统的以企业为基本单位的点状线性竞争逐步转变为产业链、供应链甚至是集合供给、消费、资本、产研等各方主体的生态竞争、共赢、合作模式转变。产业互联网的发展加速了要素资源流动的自由化，同一行业不同企业以及跨行业企业之间的规模化协作能力进一步增强，产业空间布局集群化、网络化发展，价值网络共建共生成为产业组织关系的主旋律。

（三）消费升级带动供给侧价值创造模式碎片化、动态化、互动式发展

数字经济背景下，信息技术广泛应用使得产品和服务的生产端与消费端直接互通联接，实现“端对端”的需求定义与价值创造，制造企业可以基于消费数据精准把握终端市场的需求与偏好，一些终端用户深入参与到产品制造过程，在研发、设计、生产、销售等各环节展示来自市场的一手需求，为供给侧价值创造提供创新的动力和素材。例如，制造企业通过开展与用户的深度交互，建立用户互动交流平台，以及基于移动社交平台等丰富的用户交互参与方式，持续提升用户交互与参与水平，并对用户交互信息进行积累、分析和有效利用；同时，开展订单需求与研发需求的快速转换，通过建立数字化研发平台，对终端用户个性化需求进行快速响应和有效对接，推动产品模块化设计，提高产品设计标准化、系列化、通用化水平。

（四）数字化转型赋能政府精准治理和精准服务

大数据技术、物联网技术、生物医学技术等新技术与社会治理、社会服务的渗透融合实现了社会治理方式的革命性变化，政府可以借助智能化

手段的大规模应用获取更加全面、精准、及时的社会动态信息，通过对可靠性强的宏微观信息的分析和可借鉴的机器决策结果，更好地完善政府治理和服务水平。例如，部分城市已经着手建立以物联网为基础的智慧城市体系，通过智能感知网络收集的信息和数据调控系统相结合，进而实现公共服务的智能化实施，减少由于信息不对称带来的资源浪费和效率低下现象。

四、结束语

在国家政策推动、数据要素驱动、龙头企业带动、科技平台拉动、产业发展联动等多方因素的共同推动下，我国产业数字化转型的效果已初步显现，传统产业数字化转型的整体进度也在加快。拥抱数字经济时代，需要我们从宏观到微观，在技术创新应用、管理模式优化、治理体系变革等各方面做好准备，把握机遇，获取数字经济红利。

参考资料

1. 付宇涵，崔佳星，李立伟，马冬妍. 数字经济时代中国供需体系变革的趋势. 科技导报，2021，39（4）：53-64。

2. 罗清河，鲁志国. 政治经济学. 北京：清华大学出版社，2009：8-10。

3. 中国信息化百人会. 2017 中国数字经济发展报告——数字经济：迈向从量变到质变的历史性拐点. 北京：中国信息化百人会，2018。

4. 娄潇冰. “互联网+”时代的生产关系研究. 青岛：中国石油大学（华东），2016。

5. 艾媒咨询. 2017—2018 中国第三方移动支付市场研究报告. 北京：艾媒咨询，2018。

6. 德勤中国. 中国智慧物流发展报告. 北京：德勤中国，2017。

7. 赵珏，张士引. 产业融合的效应、动因和难点分析——以中国推进“三网融合”为例. 宏观经济研究，2015（11）：56-62。

8. 李翀. 论社会分工、企业分工和企业网络分工——对分工的再认识. 当代经济研究，2005（2）：17-22+73。

9. 赵建华. 精准治理：中国场景下的政府治理范式转换. 改革与开放，2017（22）：7-8。

10. 汪泽洪. 论智慧城市在社会管理创新中的作用. 太原城市职业技术学院学报，2016（11）：12-14。

B.2

以数字化转型支撑构建双循环新发展格局

王庆瑜　雷晓斌　马冬妍　邵明堃[1]

摘　要： 当前，我国正处于即将全面建成小康社会、进而开启全面建设社会主义现代化国家新征程的历史节点，面对世界“百年未有之大变局”的复杂形势，《中华人民共和国国民经济和社会发展第十四个五年规划和 2035 年远景目标纲要》中提出，要加快构建以国内大循环为主体、国内国际双循环相互促进的新发展格局。

基于新时期经济发展战略和路径的重大调整，我国必须抓住新一轮科技革命和产业变革的历史性机遇，加快推进制造业数字化转型，深化 5G、大数据、人工智能等新一代信息技术向制造业的渗透应用，带动生产模式、组织方式和产业形态创新，加速新旧动能转换，深化供给侧结构性改革，在提高产品和服务供给能力的同时，带动国内新需求增长，持续提升国内大循环的效率和水平，为构建双循环新发展格局奠定坚实基础。

关键词： 数字化转型；双循环；新发展格局

---

[1] 王庆瑜，国家工业信息安全发展研究中心信息化所工程师，硕士，从事两化融合、数字化转型等相关领域研究；雷晓斌，国家工业信息安全发展研究中心信息化所所长，高级工程师，从事两化融合、工业互联网相关领域研究；马冬妍，国家工业信息安全发展研究中心信息化所副所长，高级工程师，从事两化融合、工业互联网、数字化转型相关领域研究；邵明堃，国家工业信息安全发展研究中心信息化所技术研发部副主任，从事信息化、工业互联网、数字化转型相关领域研究。

Abstract: At present, China is at the historical node of comprehensively building the well-off society and opening up the new journey of building the socialist modernized country in an all-round way. In the face of the complex situation of the world's great change that has not happened in a century, *"Relevant national policy documents"* proposed to build the new development pattern with the domestic big cycle as the main body and the domestic and international dual cycle as the mutual promotion.

Based on the major adjustment of economic development strategy and path in the new period, China must seize the historic opportunity of the new round of scientific and technological revolution and industrial reform. Accelerating the digital transformation of manufacturing industry. Deepening the penetration and application of new generation of information technology to the manufacturing industry, such as 5G, big data and artificial intelligence. And driving the innovation of production mode, organization mode and industrial form. Accelerating the conversion of old and new kinetic energy, and deepening the supply-side structural reform. While improving the supply capacity of product and service, we can also drive the growth of new domestic demand, which continuously improves the efficiency and level of domestic large cycle, and lay a solid foundation for building a new development pattern of dual cycle.

Keywords: Digital Transformation; Dual Cycle; New Development Pattern

新一代信息技术的蓬勃发展，不断为全球制造业发展注入新动能，同时也加速了全球产业格局的深度调整。在当前新冠肺炎疫情短期内难以完全控制、贸易保护主义与逆全球化仍然大行其道的国际背景下，我国亟须聚力补齐关键核心技术短板，充分发挥在 5G、工业互联网等前沿领域的基础研究和实践优势，全面推动制造业数字化转型，以数字化管理、平台化运营、智能化生产等新模式新业态，提升高质量产品和服务的供给能力，从而抢占国际竞争的主导权和制高点。本文从关键核心技术创新、新型基础设施建设、产业链供应链维稳、跨领域跨区域发展、国际交流合作等方面，总结了制造业数字化转型对供给侧结构性改革及高质量发展的重要意义，并提出了相应的建议，为我国依托制造业数字化转型支撑构建双循环新发展格局提供了参考借鉴。

一、推动制造业数字化转型具有重要意义

制造业是我国国民经济的重要组成部分，也是我国在国际分工中最具竞争优势的经济部门，“中国制造”更是享誉全球。自 2010 年以来，我国已经连续 11 年成为全球规模最大的制造业国家，拥有产业门类最齐全、配套基础最完备、覆盖范围最广泛的制造业体系。但随着新一轮科技革命和产业变革的加速发展，国际分工格局发生深刻变化，我国制造业“大而不强”的问题越发凸显。在此背景下，推动制造业数字化转型升级，对于实现我国经济发展质量变革、效率变革、动力变革，构建中高端供给体系，提升国际竞争优势、迈向全球价值链中高端具有重要意义。

（一）数字化转型是加快供给侧结构性改革的重要路径

推进供给侧结构性改革是我国在经济发展新常态下做出的重大战略部署，聚焦“巩固、增强、提升、畅通”八字方针，不断巩固和壮大“三去一降一补”工作成果，以解决我国经济高速增长过程中出现的供需结构错位、资源配置扭曲等问题，从而实现生产力水平的不断提高和经济社会的长期稳定发展。近年来，我国在深化供给侧结构性改革方面取得了一系

列进展，但高端市场供给不足、内需潜能释放不充分等结构性、体制性问题仍未得到根本解决，亟须通过新一代信息技术与制造业的深度融合应用，加快关键核心技术创新突破，充分开发利用工业大数据等新型生产要素，培育数字化管理、网络化协同、智能化生产、个性化定制、服务化延伸等新模式新业态，推动产品和服务向高端化、高附加值方向发展，从根本上提高产品和服务供给能力，进一步激发国内市场需求，形成供需相互促进的良性发展循环。

（二）数字化转型是推动制造业高质量发展的必然要求

目前，我国制造业发展已经进入从规模增长向质量提升转变的关键时期，传统要素红利逐渐消失，如何充分利用新型要素对制造业的赋能作用，成为实现我国由“制造大国”向“制造强国”进阶的重要抓手。从根本上看，制约我国制造业高质量发展的关键仍然在于“软实力”不足。自主创新方面，大量企业的核心生产设备、工业控制系统、工业软件、芯片等严重依赖进口，国内供给质量难以满足企业需求；管理能力方面，大量企业的数字化管理应用不实不深，部分企业虽然引进了数字化管理软件，却没有充分利用，未能完全激发创新发展潜力。为此，企业亟须加快数字化转型，推动设备、数据等资源上云上平台，从而依托工业互联网平台实现创新资源的集聚共享，开展产学研用一体化的协同研发创新，加速关键核心技术突破，提高制造业新型基础配套能力，提升产品质量稳定性和可靠性。同时，基于ERP、MES、PLM等常用工业软件，实现企业研发设计、生产制造、供应链管控等环节的全面数字化管理，并基于各环节数据的采集、分析，动态优化产品功能、生产工艺、服务模式等，在企业层面上实现提质降本增效，并在产业整体层面上实现制造业高质量发展。

（三）数字化转型是抢占国际竞争制高点的战略选择

从人类历史发展进程来看，细数工业革命、电气革命、信息革命等几次划时代的技术和产业变革，每次都深刻影响了国际生产、投资和贸易格局，以美国为代表的一批发达国家正是因为抓住了关键发展机遇，才能够在国际竞争中始终保持领先地位。目前，以新一代信息技术为主导的新一轮科技革命和产业变革趋势越发明显，全球各主要国家、国际企业巨头等均在系统布局数字技术创新及应用。我国在经历了数十年的砥砺发展之后，才取得现在的经济体量和国际地位。如今新一轮技术革命的机遇和挑战并存，我国经过前期系统布局与发展，在 5G、工业互联网等领域已经开展了基础研究和实践应用，进入国际竞争前沿行列，加快推进制造业数字化转型已经成为我国抢占未来国际竞争主导权的必然选择。

二、数字化转型为构建双循环新发展格局奠定新基础

在加快制造业数字化转型的进程中，通过深化互联网、大数据、云计算、人工智能等新一代信息技术应用，能够促进制造业生产方式和企业形态的根本性变革，有效保障产业链供应链稳定，深化制造业供给侧结构性改革和高质量发展，为构建双循环新发展格局奠定数字新基础。

（一）技术创新应用基础

我国制造业“大而不强”的根本原因，就在于关键领域核心技术的积累不足，制约了传统制造业的高质量发展。通过实施制造业数字化转型，聚焦高端芯片、工业软件、信息安全等重点领域，依托工业互联网、数字孪生等新技术，汇聚企业、科研院所、高校等各社会主体的创新资源，加强各主体间的合作交流，拓展网络化协同研发等新模式，为新技术提供测试应用环境，促进新技术不断迭代优化，从而持续加快技术创新和产业创新，从根本上改变我国关键核心技术受制于人的局面，并以技术创新推动供给能力提升，为构建双循环新发展格局提供根本保障。

（二）新型设备设施基础

加强 5G 网络、工业互联网、大数据中心等新型基础设施建设应用，是我国应对当前复杂严峻的经济形势、夯实制造业高质量发展基础的重要举措，能够为双循环新发展格局的构建提供有力的产业基础支撑。5G 技术在制造业的全面普及，有助于为设备故障远程诊断、产品在线协同研发等新模式培育提供网络基础支持；工业互联网平台的建设应用，有助于实现产业供需精准对接，促进产业链供应链上各节点更加紧密衔接；工业大数据中心的建设应用，有助于企业开展基于大数据分析的生产过程优化、解决方案开发等活动。

（三）产业链供应链基础

通过实施制造业数字化转型，能够拓展产品种类、提高产品质量，从而增强制造业供给体系的内需适配性，使生产、分配、流通、消费等环节更加自主和高效，提高产业链供应链在双循环体系中的稳定性和竞争力。在生产环节上，产品和服务质量的提高，能够降低我国对国际高端产品的依赖程度；在分配环节上，服务型制造等新模式的涌现，能够促进我国产业向“微笑曲线”两端的高附加值领域转型；在流通环节上，工业电子商务、智慧物流等新模式的应用，能够提高我国产业链供应链的透明度和可靠性；在消费环节上，生产者能够更加精准地定位客户需求，持续开展产品和服务创新，不断激发我国的内需潜力。

（四）行业地区合作基础

推进制造业数字化转型是一项全行业、全领域、全地区的系统性工作，必须要加强产业与科技、金融、教育等领域融合发展，深化区域间合作交流，以此为转型升级持续注入新动能，同时也为构建双循环新发展格局奠定跨行业、跨地区交流合作的基础。深入开展产业与科技合作，能够促进新技术产业化、规模化应用，充分发挥科技创新在生产服务能力提升方面的关键作用；加强产融合作发展，能够为数字化转型提供多渠道资金支持；深化产教融合创新，能够为数字化转型提供人才队伍保障；加强跨地区、跨集群合作交流，能够充分发挥各方优势，促进企业提质增效，形成跨区域的高效循环体系。

（五）国际交流合作基础

夯实国内大循环基础是构建新发展格局的主体，也是当前阶段亟须推进的重点任务。但双循环发展的最终目标还是要依托国内大循环基础，建立完善新的国际合作体系，通过开放合作带动内外循环共同发展，实现与全球经济更加紧密的联系和互动。我国制造业数字化转型强调“引进来”和“走出去”并重，鼓励国内外积极开展技术研发合作与经验交流共享，促进国内外产业对接与市场融合。目前，我国已经成功向国际社会输出制造业数字化转型领域的相关标准，积极推动数字化转型“中国方案”走向国际，为开展双循环体系建设方面的国际交流合作创造了良好开端。

三、依托制造业数字化转型支撑构建双循环新发展格局

构建双循环新发展格局，国内循环是基础，国际市场是国内市场的延伸，关键在于实现经济循环流转和产业关联畅通。依托制造业数字化转型，我国能够深化供给侧结构性改革，解决各类“卡脖子”问题，从而促进产业补短板、通堵点、强动力，增强产业链弹性和韧性，降低产业对外依存度，以高质量供给拉动内需不断增长，实现国内供需良性互动，提升国内大循环的效率和水平，并以此为基础实现更大范围、更宽领域、更深层次的对外开放。因此，制造业数字化转型对构建双循环新发展格局具有基础支撑作用，各级政府未来宜着力做好以下几个方面的工作。

（一）加快关键核心技术攻关突破

我国制造业要真正走上高质量发展之路，就必须扭住核心技术攻关这个“牛鼻子”，通过构建“政产学研用金”一体化的研发创新体系，依托数字化手段更加高效地开展核心技术联合攻关，实现补短板、强弱项、填空白。在此过程中，应当强化企业的创新主体地位，充分发挥市场优势，结合市场需求发展先进实用技术，推动核心技术由“可用”向“好用”发展，不断增强国内高端产品、紧缺产品的供给能力，从而在双循环发展过程中抢占国际主导地位。

（二）推动新型基础设施建设应用

重点围绕 5G 网络、工业互联网、工业大数据等领域，强化新型基础设施建设应用，以基础设施优势抢占数字经济发展主动权，重塑国际市场竞争新优势。在 5G 方面，加快 5G 基站建设，推动企业基于 5G 网络开展内网改造升级，以“5G+工业互联网”的发展新模式提高 5G 技术对制造业的支撑能力；工业互联网方面，围绕打造网络、平台、安全三大体系，为企业实现全要素互联互通、上云上平台、安全防护能力提升等提供有力支持；在工业大数据方面，建设一批工业大数据中心，形成多级联动的工业大数据库，基于大数据绘制产业链图谱和供应链地图，以服务制造业数字化转型。

（三）保障产业链供应链高效稳定

聚焦产业链供应链关键环节，充分发挥龙头企业的示范引领作用，促进大中小企业协同开展技术研发、应用和推广，以关键核心技术创新为突破口，打通产业链供应链堵点、断点和痛点，提高产业链供应链的运转效率。加强产业链供应链安全保障体系建设，加快推动补链强链，提升产业链供应链的自主可控水平和弹性、韧性，以有效应对国内国际的各类突发事件，确保产业链供应链的长期稳定运行。

（四）促进跨领域跨区域融合发展

建立完善跨领域、跨区域协同创新机制，坚持市场主导和政府引导相结合，深化产教融合、产融合作等跨行业、跨领域合作，创新产业信用贷款、投资基金等产业链金融服务形式，构建多层次、复合型人才培养体系，促进科研成果的产业化应用与推广。依托京津冀、长三角、粤港澳大湾区等国家战略发展区域，统筹各区域内部的跨省、跨集群合作交流，并以此为基础带动周边省份和产业集群的共同发展，拓展更广范围、更高水平的跨区域融合基础，以循序渐进的方式不断畅通国内大循环。

（五）深化重点领域国际交流合作

基于我国在 5G、工业互联网等前沿领域的优势，继续加强细分领域国际标准、解决方案和典型案例等成果的对外输出，持续增强数字化转型“中国方案”在国际社会的影响力和话语权，推动更多国家和地区应用我国制造业数字化转型的国际标准，促进应用标准的各国家在相似发展模式基础上开展贸易合作，为新的经济循环体系建设提供新思路。通过举办和参加新一代信息技术、产业链供应链等领域的国际大型会议和国际成果展览会等活动，在国际社会发布、展示我国数字化转型领域的最新成果，积极谋求与其他国家的深入合作交流，进一步发挥我国在国际合作方面的引领作用。

四、结束语

多年来，我国从未停止探索和推进制造业数字化转型的步伐，并不断结合新形势、新技术，持续推动制造业数字化转型路径和方法的创新。在“加快构建以国内大循环为主体、国内国际双循环相互促进的新发展格局”

的战略部署提出以后，我国同样抓住了其与制造业数字化转型在加快供给侧结构性改革、推动国民经济高质量发展等方面的一致性，在以制造业数字化转型支撑构建双循环新发展格局方面开展了诸多探索实践，并取得了良好的成效。未来，我们应继续坚定深化制造业数字化转型的决心和信心，充分结合本领域主线工作，建设完善国内国际双循环体系，保障产业链供应链高效稳定，全面增强我国在国际社会上的竞争力和话语权，助力我国经济社会实现更高质量、更有效率、更加公平、更可持续、更为安全的发展。

参考资料

1. 刘鹤. 加快构建以国内大循环为主体、国内国际双循环相互促进的新发展格局. 人民日报，2020-11-25（6）。

2. 苗圩. 加强核心技术攻关 推动制造业高质量发展. 求是，2018（14）：27-29。

3. 方晓霞，李晓华. 加快推动制造业数字化转型. 经济日报，2020-11-18（11）。

4. 黄守宏. 坚持以深化供给侧结构性改革为主线. 人民日报，2020-12-11（7）。

5. 蔡跃洲. 数字化转型助力高质量发展. 经济日报，2020-11-20（11）。

6. 胡金焱. 抓住关键环节推进新型基础设施建设. 经济日报，2020-10-15（10）。

7. 徐奇渊. 双循环新发展格局：如何理解和构建. 金融论坛，2020，25（9）：3-9。

B.3

2020年我国企业数字化转型趋势研究

崔健　雷晓斌　马冬妍　高欣东　付宇涵[1]

摘　要： 当今世界正经历百年未有之大变局，新冠肺炎疫情全球暴发，经济全球化遭遇逆流，保护主义、单边主义上升，全球产业链供应链面临巨大的冲击，世界进入动荡变革期。面对更加不稳定、不确定的世界复杂局面，新一轮科技革命促使物理世界向数字世界加速演化。企业通过“数据”力量驱动业务数字化转型，孕育新兴创新技术，促进产业深度变革，推动产业转型升级，助力经济社会向好发展。数字化不仅引发了思维、技术、经济等各方面的跨越式转变，还通过数字技术的纵深应用，全链接、全场景、全感知、全智能、全方位的数字世界不断优化重塑物理世界的全面升级。

关键词： 科技革命；产业变革；数字技术

Abstract: The world today is undergoing a great change that has not happened in a century. COVID-19 broke out, economic globalization is facing adverse current, protectionism and unilateralism rise, the global

[1] 崔健，国家工业信息安全发展研究中心信息化所工程师，硕士，从事两化融合研究；雷晓斌，国家工业信息安全发展研究中心信息化所所长，高级工程师，从事两化融合、工业互联网相关领域研究；马冬妍，国家工业信息安全发展研究中心信息化所副所长，高级工程师，从事两化融合、工业互联网、数字化转型相关领域研究；高欣东，国家工业信息安全发展研究中心信息化所高级工程师，博士，从事两化融合研究；付宇涵，国家工业信息安全发展研究中心信息化所工程师，资深研究员，从事两化融合、工业互联网、数字化转型相关领域研究。

industrial chain supply chain is facing a huge impact, and the world is entering a period of turbulent change. In the face of a more unstable and uncertain world, a new round of scientific and technological revolution has accelerated the evolution of the physical world to the digital world. Through "data" power, enterprises drive business digital transformation, breed new innovative technologies, promote deep industrial transformation, promote industrial transformation and upgrading, and help economic and social development. Digitization not only leads to great changes in thinking, technology, economy and other aspects, but also through the in-depth application of digital technology, the digital world of full link, full scene, full perception, full intelligence and all-round is continuously optimized, reshaped and the physical world is comprehensively upgraded.

Keywords: Science and Technology Revolution; Industrial Transformation; Digital Technology

以数字化科技创新为核心的数字经济，已成为全球经济增长和社会发展的新引擎。数字化转型已成为世界发展的共识，世界各国政府加快布局数字经济战略，政策举措精准发力，抢占全球范围内领军地位。以数字变革为引领，推动发展动力向创新驱动跨越，数字化作为新业态正在改变着世界人民的生产和生活方式，成为全球发展的新动力。据调查，全球 500 强企业中，将数字化转型作为战略核心的企业占比达 67%。在全球新一轮科技革命和产业革命的加速推进的背景下，数字化将给世界经济注入新动能。

一、数字化思维融入企业核心文化，数字化科技引领企业智能发展

随着数字经济时代的到来，我国的经济发展也取得了突破性的成果，企业的数字化迅速发展。伴随着数字技术的融合应用，“数字化”已经成为互联网文明的商业核心，“数字经济”“节点经济”相继成为时代主流，身处“追逐红利”的数字经济市场中，越来越多的企业开始了数字化“转型”与“创新”，“数字化理念”融入企业核心文化，为企业带来更多的发展与变化。随着我国供给侧结构性改革的不断深化，数字科技推动的数字化转型已成为重要抓手。利用以大数据、云计算、区块链、5G 等为代表的数字技术破解产业发展中遇到的瓶颈，重新定义、运营和服务，实现转型与创新发展，强化价值创造，深化数字技术与实体经济深度融合发展。党的十九大报告明确指出“加快发展先进制造业，推动互联网、大数据、人工智能和实体经济深度融合”。

企业主动开展数字化转型。数字化已经转变成为企业创新发展的主动战略工具，数字技术正在重新定义行业和产业，企业利用数字化技术和能力来驱动组织商业模式创新和商业生态系统重构的途径和方法，实现企业业务的转型、创新和增长。

企业全局执行数字化转型。企业通过对业务形态、企业文化、组织结构、技术基础、运营体系的诠释、重构及优化执行连续式数字化转型，将局部生产经营环节数字化转型转变为全局流程的数字化转型。

企业共生协同数字化转型。数字化环境构建出新的生态体系，企业仅关注自身内部的数字化转型是不够充分的，应该穿透行业边界，关注客户的客户、了解供应商的供应商，从供给侧出发拉动后端市场，形成行业的协同效应，实现共荣共生。

二、企业数字化转型进程加快提速，积极构筑数字化升级核心引擎

受新冠肺炎疫情影响，世界各地企业的数字化转型开始显著加速，这一趋势在中国非常明显，由于供给侧改革、优化产业结构、淘汰落后产能，企业加快推动使用数字化产品、方法和工具开展业务数字化进程，为了适应竞争环境，越来越多的传统行业企业以及大量中小企业借助更先进的技术手段和数字化管理方式，实现传统产业的全面数字化和企业流程的全面线上化。2020 年 9 月 21 日，国务院国有资产监督管理委员会通过官网发布了《关于加快推进国有企业数字化转型工作的通知》(以下简称《通知》)，系统地明确了国有企业数字化转型的基础、方向、重点和举措，开启了国有企业数字化转型的新篇章，积极引导国有企业在数字经济时代准确识变、科学应变、主动求变，加快改造提升传统动能、培育发展新动能。《通知》提出，为夯实数字化转型基础，应加快数据治理体系建设，明确数据治理归口管理部门，加强数据标准化、元数据和主数据管理工作，定期评估数据治理能力成熟度。全球正面临着新一轮的科技革命和产品变革，数字经济已然代表了未来经济的重要发展方向，成为全球经济增长的核心要素和企业竞争的关键领域。因此，国有企业加快数字化转型，将有效激发国有企业创新活力，降低国有企业创新门槛和成本。并且，在数字化转型的大环境下，发挥国有经济主导作用，主动把握和引领新一代信息技术变革趋势，引领和带动我国经济和产业在国际竞争中抢占制高点，在数字化转型的浪潮中起到标杆作用，这也是国有企业的重要使命。

三、数字化技术驱动产业生态重构，产业融入数字化助推效能提升

在传统的产业赛道，不同的企业各自完成生产制造活动，相互之间以

固定的方式合作，产业生态结构简单，强调的是“管理”。最初的管理手段，主要是优化产业链条，提高产业的整体运作效率，降低成本。最初所谈的运营管理，就是制造业的供应链管理，强调对产业链的整体进行持续优化和管理，减少中间环节带来的时间和成本损耗。实施数字化升级的企业会发现，原有的产业链结构和角色发生了改变。

供应商的变化。虽然有的供应商因为数字化程度不足而无法与企业继续合作，但更多的情况是，企业实现数字化升级让自己的供应商队伍扩大了，很多以前无法对接的企业和角色可以成为新的商业合作伙伴。

销售对象的变化。如今互联网渠道在营销方面的优势越来越明显，不仅是扁平化的渠道减少了中间环节和大量的中间成本，而且基于数据的精准营销还提高了营销的命中率和效率。越来越多的企业尝到了数字化营销的甜头，无论是与互联网企业合作，还是自身构建数字化营销能力，都在不断冲击传统的营销服务渠道体系。

供需关系的变化。数字化使得企业之间的对接成本大幅度降低，不排除企业间的合作改变以前的对接关系，形成新的产业组合模式。数字化之后，不再是固化的产业链，而是企业间可以“任性”对接的价值网络。

四、数据实现技术与业务双轮驱动，重塑和改造传统业务模式进程

数字化转型是技术和业务的双轮驱动，数字化技术促进了业务部门和技术部门专注于共同的理念和文化，企业利用数字化技术开展数字化战略获得了技术部门和业务部门的一致认同。业务与技术在企业数字化转型的关键领域通力合作，通过改用更依赖技术和分析的营销模式，同时不断完善新的技术架构以支持这种模式，建立内部架构，协助管理协作流程，将营销部门和信息技术部门的目标与企业的目标、关键绩效指标和预算结合起来，促进公共平台的建设，使各团队能够共商发展大计。技术部门利用数字化技术和能力来驱动组织商业模式创新和商业生态系统重构，业务部

门不断提升对技术体系的理解，充分与技术部门沟通，梳理来自业务端的痛点与需求，实时反馈业务部门对技术的应用情况，加速优化业务体系。

五、数字化人才需求呈爆发式增长，人才成为衡量企业转型关键项

数字化正在重塑我们的工作，数字化转型不仅仅是技术革新，更需要充分赋能人才发展并打造成长型思维。成功的数字化转型需要有较清晰、系统的战略规划，更需要企业对业务模型在数字化时代所需的变革有系统深入的思考，随着数字化转型推进的深入，企业对数字化人才的需求量大幅增长，人才观念的转型已经成为数字化转型中不可忽略的重要部分。在推动数字化转型的过程中，多数企业选择“内部调动+外部引才”方式，组建复合型数字化转型工作团队，并同步推进复合型数字化人才的培养。同时，随着企业转型的推进，人才需求结构也在发生显著的变化。在以技术驱动发展的大数据时代背景下，真正的领军企业必将以人为本，培育新的公司文化，总体看来，前瞻性、强大领导力和灵活敏捷、勇于承担风险是被访企业认为数字化转型领军人物需要具备的主要特征。“十四五”规划在明确产业发展的同时，也为数字化发展指明了方向，强调推动互联网、大数据、人工智能等同各产业深度融合，加快推进服务业数字化、推动数字经济和实体经济深度融合。在数字化时代背景下，拥有一批数字化人才是企业数字化转型的核心驱动力，通过科学的方法选对和培养合适的数字化人才，企业才会在转型变革中获得成功。

六、新兴企业数字化快速发展，利用数字化管理应对时代挑战

新兴企业按照数字化、网络化、云化的模式建设和运营，抓牢数字机遇，通过数字化技术手段将外部压力内化为发展动力。新兴企业致力于应

用全新的技术手段和商业模式颠覆传统行业的竞争对手。利用数字化管理方式，着眼未来，以前瞻性布局的新架构面对数字时代的发展新挑战。

新兴企业在自身数字化成长的过程中，以服务客户企业实现数字化转型为目标，共同创造生态数字化价值，基于新型互联网、大数据和人工智能的应用架构赋能客户企业的业务场景，助力企业数字化建设和发展。新兴企业在技术实力、产品研发上有着强有力的数字化能力基础，并在此方面持续保持着高投入和高水准，商业表现尤为突出，收到许多顶级投资机构抛出的橄榄枝，在资本市场源源不断的支持下，新兴企业更能够独立自主地研发产品体系、靠硬实力和客户价值开拓市场，努力为企业服务市场带来创新的思路和案例实践，无论是技术、产品，还是交付模式、商业表现，新兴企业都做到了优秀乃至卓越。

参考资料

1. 吕铁. 传统产业数字化转型的趋向与路径. 人民论坛·学术前沿，2019（18）：13-19。

2. 陈奥. 加快数字化转型 打造国企高质量发展“新引擎”. 经济参考报，2021-01-12。

3. 猎云网. 突破数字化技术领域前沿，滴普科技完成 3500 万美元 A 轮融资. https://www.lieyunwang.com/archives/459160，2020-09-24。

B.4

2020 年我国企业数字化转型发展现状、问题及对策研究

崔佳星　付宇涵　李立伟　崔学民　师丽娟[1]

摘　要： 当前，全球正处在从工业经济向数字经济加速转型过渡的大变革时代，新一代信息技术广泛应用在各大领域，带动众多产业的蓬勃发展。我国提出了两化融合、制造强国等战略加速我国企业数字化转型发展，抢占新一轮产业竞争制高点。本文分析了我国企业 2020 年数字化转型发展的整体现状、重点趋势及面临的问题，基于目前我国数字化转型取得的成绩及存在的问题深入剖析数字化转型下一步的对策。

关键词： 数字化转型；现状；趋势；对策

Abstract: At present, the world is in the era of great change from industrial economy to digital economy. The new generation of information

---

[1] 崔佳星，国家工业信息安全发展研究中心信息化所工程师，博士，从事两化融合研究；付宇涵，国家工业信息安全发展研究中心信息化所工程师，资深研究员，从事两化融合、工业互联网、数字化转型相关领域研究；李立伟，国家工业信息安全发展研究中心信息化所工程师，硕士，从事两化融合、工业互联网、数字化转型等领域的技术与产业研究；崔学民，国家工业信息安全发展研究中心信息化所高级工程师，硕士，从事两化融合、工业互联网、数字化转型等领域的技术与产业研究；师丽娟，国家工业信息安全发展研究中心信息化所工程师，博士，从事两化融合研究、数字化转型等研究。

technology is widely used in various fields, driving the vigorous development of many industries. China has put forward such strategies as integration of informatization and industrialization, manufacturing power and so on to accelerate the development of digital transformation of Chinese enterprises and seize the commanding height of a new round of industrial competition. This paper analyzes the current situation, key trends and problems of Chinese digital transformation development. Based on the achievements and problems of Chinese digital transformation, this paper deeply analyzes the next step countermeasures of digital transformation.

Keywords: Digital Transformation; Current Situation; Tendency; Countermeasures

当前，数字经济加速发展，互联网、云计算、大数据、人工智能等新一代信息技术不断实现创新突破，并应用在各大领域，带动众多产业的蓬勃发展。各国纷纷结合自身发展特点布局新一代信息技术的创新应用，以期抢占制造业发展的新机遇。发达国家正在加紧高端产业的再布局，发展中国家则致力于抓住工业化向信息化变轨发展的重大机遇实现“换道超车”。我国提出了两化（信息化和工业化）融合、制造强国等战略，加速我国企业数字化转型发展，抢占新一轮产业竞争制高点。党的十九大报告指出，“加快建设制造强国，加快发展先进制造业，推动互联网、大数据、人工智能和实体经济深度融合”。

一、我国企业数字化转型发展现状

（一）企业内部综合集成推动信息化价值成效进入质变阶段

企业开展数字化转型带来的效能效益提升与水平的发展并非是简单的线性关系，当企业实现综合集成（两化融合发展处于集成提升及以上阶段）之后，其两化融合效能效益将实现阶梯式跃升以及跃升后的加速上扬，实现两化融合效能效益从量变到质变的飞跃。“十三五”期间，我国两化融合发展水平[1]从 50.7 提升至 56.0，实现 10.5%的跃升，保持 2%～3%的年增长速度，从数量扩张转向质量提升的新阶段。其中，大型企业和国有企业是两化融合发展的主力军，但小微型企业发展增速已超越大中型企业，民营企业与国有企业的水平差距正在逐步缩小。目前，全国 31.1%的企业两化融合发展进入集成提升和创新突破发展阶段[2]。通过分析发现，我国集成提升及以上阶段企业的信息化投入水平高于单项覆盖及以下阶段的企业，同时全员劳动生产率水平提高 40.0%以上，以轻工、电子等行业为例，两化融合发展驱动行业全要素生产率实现指数型增长，跨越“价值拐点”后企业技术创新动力和实际创新效益显著提升，如图 4-1 所示。

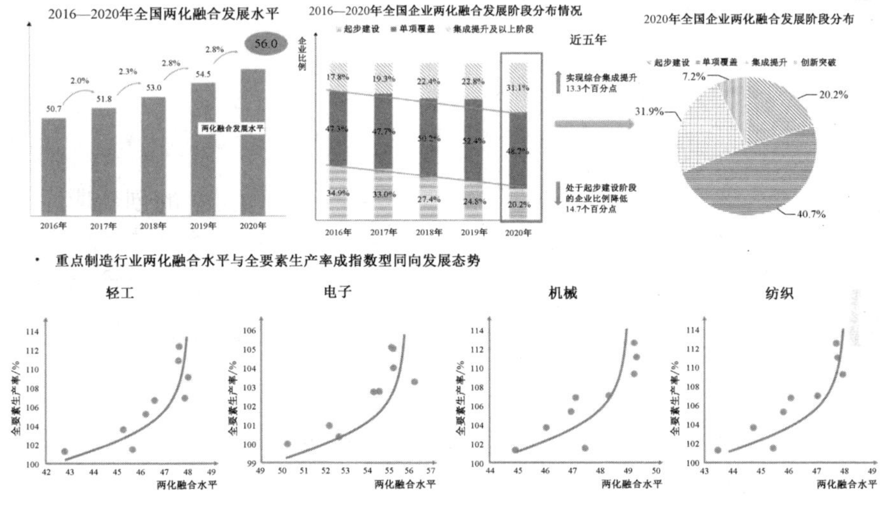

图 4-1　全国整体及重点行业两化融合发展水平与绩效产出分析

资料来源：两化融合服务平台（www.cspii.com）近 20 万家企业评估数据。

---

[1] 依据《工业企业信息化和工业化融合评估规范》（GB/T 23020—2013），两化融合发展水平依据各评估指标测算而得，反映企业两化融合整体发展情况。

[2] 依据《工业企业信息化和工业化融合评估规范》（GB/T 23020—2013），企业两化融合发展可分为四个阶段：起步建设阶段（初级阶段）、单项覆盖阶段（中级阶段）、集成提升阶段（高级阶段）和创新突破阶段（卓越阶段），可共同表征企业两化融合不断跃升的阶段特征和内涵。

（二）企业两化融合区域间发展不均衡呈现新动向

从区域层面来看，全国各省两化融合发展水平梯级分布特征明显，整体呈现“沿海高、西南高、西北低、东北低”的局面。但从发展态势看，近两年发展增速超过5%的省份中近一半是中西部省份，发展水平处于第一梯队的山东、上海、广东、重庆同比增速放缓，而发展水平处于第三梯队的贵州、广西、新疆等进入快速发展期，两化融合发展水平同比增速跃居第一梯队，原本受经济水平、产业结构、地缘优势等因素的影响在东西部之间存在的两化融合发展差距正由中西部地区快速追赶呈现缩小态势，区域间发展的不均衡性趋于缓和。

（三）不同行业数字化转型重点路径各异

从产业层面看，由于不同行业所处产业链位置、行业结构、生产特征、发展需求各有不同，其两化融合发展路径具有鲜明的行业差异性。我国原材料、装备、消费品行业分别围绕构建智能生产新体系、创造智能服务新价值、实现精准定义新供给等方面展开积极探索。原材料行业生产装备数字化和网络化水平及生产过程的数控化水平较高，2020年原材料行业的关键工序数控化率达到65.0%，较好的底层生产数字化基础为原材料行业智能化转型奠定了基础。其中，石化行业智能制造就绪率达到11.2%，在制造业各行业中居于前列。装备行业聚焦于研发与制造一体化管控和协同优化，智能服务新价值不断丰富，行业积极探索网络化精准营销、个性化定制、在线运维等服务模式创新，数字化研发工具普及率达到85.2%。消费品行业深度触网的特征不断催生用户参与价值共创模式创新，基于用户需求精准定义的新供给体系不断完善，2020年消费品行业实现产业链协同的企业比例达到13.9%，高于装备行业4.7个百分点。

二、我国企业数字化转型发展重点趋势

（一）云平台成为跨企业协同新模式新业态培育的重要切入点

工业云作为一种新型的网络化制造服务模式，融合先进制造技术和新一代信息技术，以公共服务平台为载体，通过虚拟化、服务化和协同化汇聚分布、异构的制造资源和制造能力，可实现制造需求和社会化制造资源的高质高效对接。目前，全国工业云平台应用率达到 46.6%，工业云平台在降低企业信息化应用门槛、推动企业生产方式和产业组织创新等方面的成效不断凸显。在我国上云企业中，基于统一平台实现资源和业务的全面集中管控的比例分别为 41.6%和 44.6%，分别高出未上云企业 12.7 个和 10.4 个百分点。通过建立或应用互联网开放社区实现价值网络协同的企业比例为 81.6%，具体来看，我国上云企业主要以协同制造与协同营销探索价值合作，实现的企业比例分别达到 54.1%和 45.2%，开放物流平台和产业链金融服务的发展稍显滞后，实现的企业比例仅为 33.4%和 21.2%。依托云平台建立互联网开放社区，是实现价值网络中各相关主体动态协同的主要模式，随着基于云平台的互联网开放社区新模式的不断涌现和深度应用，云平台对开放价值生态的培育和促进作用日趋显现，如图 4-2 所示。

（二）产品智能化正提升产品数据的全周期一体化管理和服务能力

智能产品具有催生新型商业模式的能力，企业可以智能化产品作为切入点，建立广泛的“产品+服务”组合，向客户提供基于数据的增值服务，提升产品附加值，进而持续优化和更新商业模式。用户服务将越来越多地基于产品数据的收集、评估和分析，并依赖产业创新生态的建立。随着互联网技术在制造领域的快速渗透，产品智能化水平的提升使价值链不断

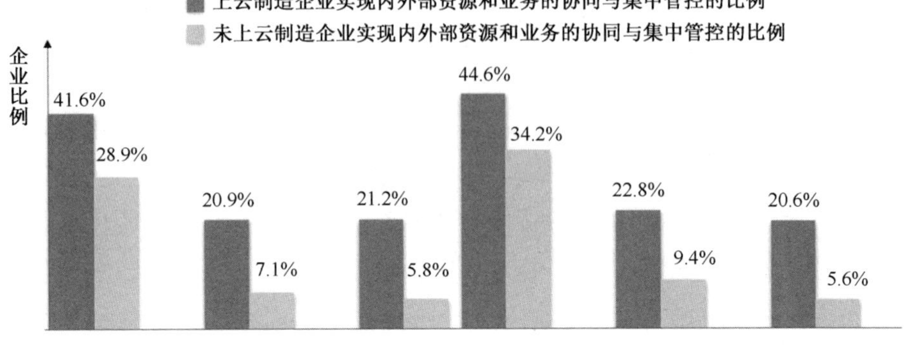

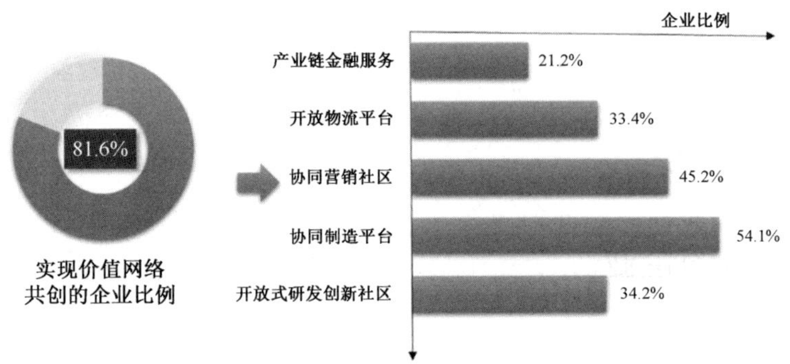

图 4-2 我国上云企业和未上云企业实现内部集成和外部协同情况分析

资料来源：两化融合服务平台（www.cspii.com）近 20 万家企业评估数据。

扩展和延长，推动产品与服务的融合，可有效促进企业实现高效、智能、创新的服务新模式。当前，我国已有部分行业在产品智能化方面做出了有效探索，电子和交通设备行业是发展智能产品的主力军，智能产品比例已分别达到 47.6%和 41.2%，显著高于其他行业，基于智能产品的产品数据全生命周期管理有效提高了制造与服务的一体化水平，如图 4-3 所示。

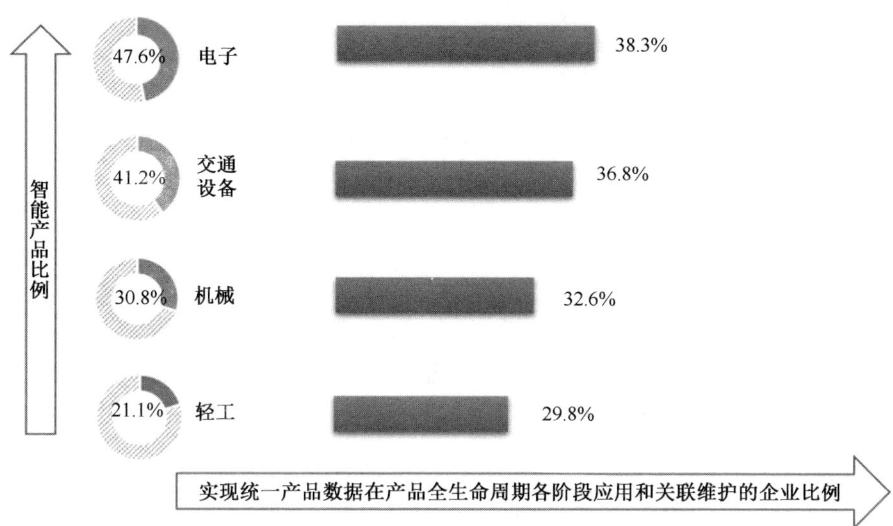

图 4-3 重点行业产品智能化和产品数据分析使用情况

资料来源：两化融合服务平台（www.cspii.com）近 20 万家企业评估数据。

三、我国企业数字化转型面临的主要问题

（一）数字化转型亟须突破设备终端全面连接的瓶颈

工业设备设施联网是当前制造业与信息化融合发展的关键基础，但由于传统工业封闭技术体系和价值壁垒的影响以及商业模式不清晰、设备入网成本高昂等原因，我国工业设备设施联网水平普遍偏低，2020 年，我国企业数字化生产设备联网率仅为 42.6%，推进企业数字化转型亟须突破终端全面连接的瓶颈。此外，能够纵向打通设备层、控制层、执行层、管理层实现数据全面贯通的企业比例仅为 11.2%，成为多层级之间数据双向联通的制约环节，如图 4-4 所示。

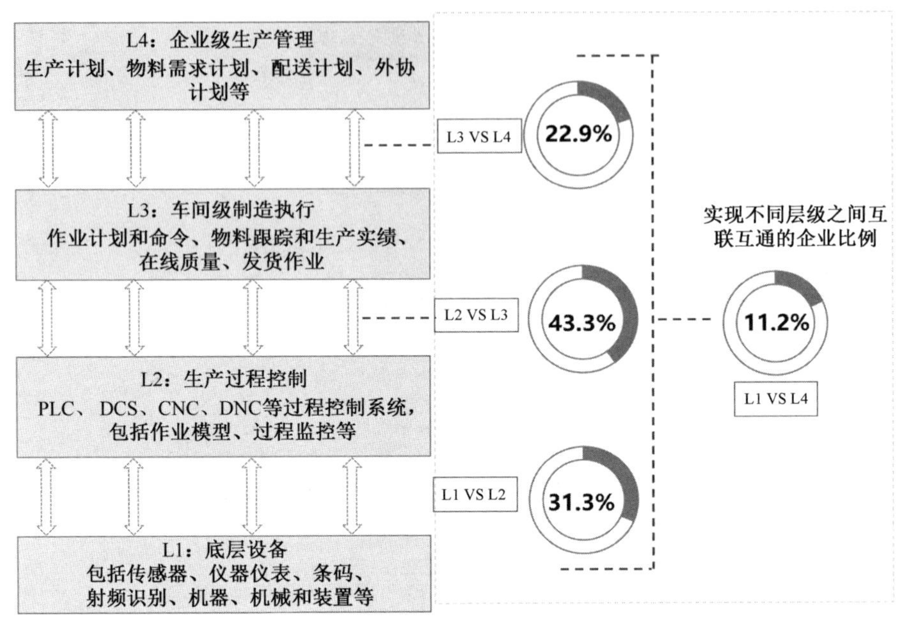

图 4-4　我国生产制造过程纵向互联互通情况分析

资料来源：两化融合服务平台（www.cspii.com）近 20 万家企业评估数据。

（二）企业内部业务全面集成管控水平不高，跨企业协同难度大

基于统一信息平台对企业内部业务和资源进行全面集中管控，可对核心资源以及关键业务环节的状态进行全面的数据化，在此基础上通过内置的决策模型和业务逻辑将业务环节和资源进行面向全局的优化配置和动态协同才能实现数据驱动的运营。但目前，如图 4-5 所示，我国只有 15.2% 的企业能够通过统一的信息平台，在资源全面协同和共享应用的基础上，实现内部业务全面集中管控和全局动态协同优化。相较于企业内部的集成管控，与产业链上下游各相关企业全面在线协同的难度更大，能够实现的企业比例为 14.2%。对企业内部业务进行全面集中管控和全局动态协同优化是实现数据驱动运营的关键所在，而我国当前的普及情况并不理想。

• 2020年企业基于统一信息平台实现内部业务全面集成管控的情况

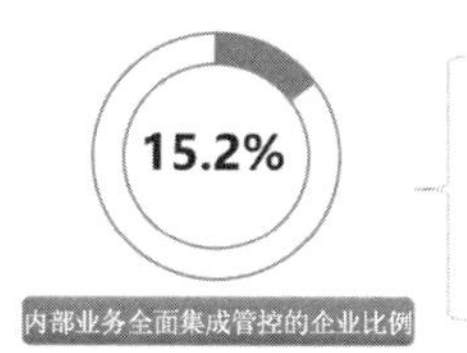

基于统一信息平台
✓ 实现内部资源全面集中管控
✓ 实现内部资源全局动态优化配置
✓ 实现业务全面集中管控
✓ 实现内部业务全局动态协同优化

• 2020年企业基于统一信息平台实现与外部相关方业务全面在线协同的情况

基于统一信息平台
✓ 实现内外部资源的全面协同和共享应用
✓ 实现企业及其与相关方的业务全面在线协同

图 4-5 我国企业内部集成和外部协同情况分析

资料来源：两化融合服务平台（www.cspii.com）近 20 万家企业评估数据。

（三）工业技术软件化能力不足，工业 App 供给能力亟待提升

工业软件是两化融合的切入点和“黏合剂”。当前我国个性化需求高的生产控制类工业软件应用率较低，常规的数字化研发设计软件虽普及广度尚可，但涉及产品数据全生命周期管理和协同应用的高端研发类软件普及情况并不理想，普及率不足 1/5。工业 App 是工业知识和经验的重要载体、工业互联网平台价值实现的关键手段，但由于我国企业在工业数据采集、行业机理模型沉淀等方面基础薄弱，以及工程化路径不成熟等因素，我国企业实现工业 App 的封装应用和创新发展的进程较为缓慢。目前在我国应用工业 App 的企业中，应用场景包括经营管理、研发设计、生产制造等环节，实现以上环节工业 App 覆盖的企业比例均不足五分之一，如图 4-6 所示。

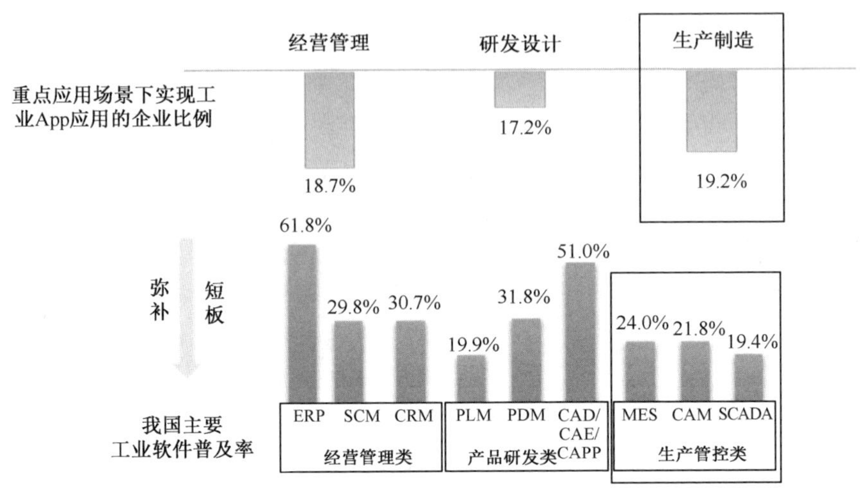

图 4-6　我国工业软件和工业 App 应用情况分析

资料来源：两化融合服务平台（www.cspii.com）近 20 万家企业评估数据。

（四）数据科学与生产机理的融合亟待突破，融合倍增效应尚未有效发挥

数据已经成为推动经济社会长期发展的新要素和新动力，只有推动数据要素与传统要素互动创新和融合，才能充分激发数据潜能，加速技术、管理、产业各层面的全面融合发展，促进制造业向智能制造发展模式转变。数据融云是在对数据全面采集和管理的基础上，依托云服务实现多源数据在云端的汇聚、共享及大数据分析利用，进而充分激发企业内外部数据价值的有效手段。在云端进行数据汇聚、共享和分析利用来充分挖掘企业内外部数据价值是数据融云的核心目标。但目前我国企业的相关实践才刚刚起步，广度和深度均有不足。进一步分析不同业务领域开展工业大数据应用情况，发现除工业污染与环保检测、预警环节外，在产品设计与开发、故障诊断与预测、生产流程优化、供应链分析和优化、销售预测与需求管理、生产计划与排程、产品质量管理与分析等主要业务领域开展工业大数据应用的企业比例均在 30%～40%，如图 4-7 所示。整体来看，多数上云

企业开始意识到大数据应用的重要性，但企业利用先进数据分析工具和模型深度提取大数据价值并用于智能决策的实践还需进一步深化，在大数据应用广度方面也有待进一步拓展。

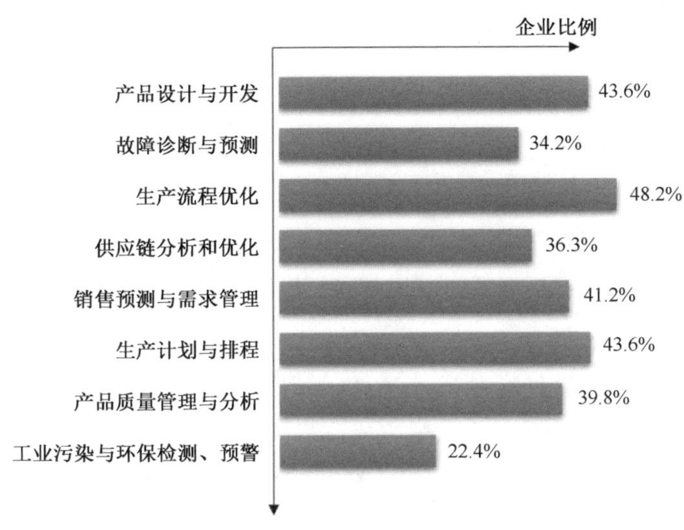

图 4-7 我国上云企业在开展工业大数据应用的比例

资料来源：两化融合服务平台（www.cspii.com）近 20 万家企业评估数据。

四、我国企业数字化转型的对策分析

（一）夯实数字化转型发展基础，打造高质量供给体系

一是突破数字化转型发展的关键技术。制定数字化转型关键技术短板清单，明确新一代信息技术与制造业融合发展的关键技术需求。设立一批技术创新实验室，加快数字化转型关键技术攻关。推动技术成果转化和商业应用，建立产学研用深度融合的技术创新与应用体系。

二是深入工业互联网平台创新。提升工业互联网平台设备管理能力，构建工业设备数据采集案例库和工具箱；加速工业机理模型开发与平台部

署，推动重点行业基础共性技术的模型化、组件化、软件化与开放共享。

三是大力发展新型工业软件。研制形成实施指南，推进工业技术软件化进程。夯实新型工业软件开发基础，提升新型工业软件开发能力，建立新型工业软件评测机制。

（二）创新数字化转型发展路径，构建多元化应用体系

一是推动数字化转型新模式新业态培育。制定建设指南，明确各类新模式新业态培育发展的实施路径和关键方法，指导企业科学开展模式创新，培育数字化转型发展新动能。大力发展共享制造、工业电子商务、系统解决方案服务等新业态。

二是全面推动制造资源云端迁移。开发企业上云用云方法工具，引导制造企业加快工业网络改造、装备数字化升级，推动高耗能、高价值、通用型工业设备上云用云，加快业务系统云化改造及业务云端迁移。

三是大力推进管理模式创新。创新推进两化融合管理体系贯标工作，进一步向市区县、细分行业、下属公司及供应链上下游等各方向渗透，尽快实现两化融合管理体系在重点区域和重点行业的全覆盖。支持制造企业、基础电信和互联网企业搭建开放式创新平台，创新利益分享机制、开展组织流程变革、探索动态合伙人制度等组织管理新模式，推动企业从管控型组织向创业孵化平台转变，加快构建开放式、扁平化、平台化的组织管理新模式。

（三）激发数字化转型发展活力，营造开放共享生态体系

一是加快数字化转型关键标准研制推广，协同推进两化融合标准体系建设，完善两化融合管理体系系列标准，创新开展两化融合管理体系标准推广应用。

二是加快产业、教育、科技、金融融合发展。深入推进产才融合，引导产学研用各方协同培育产业发展急需人才。加强产业与科技融合，支持

建设工业互联网平台科技创新中心，搭建技术服务平台，推动工业互联网、大数据、5G、人工智能等新一代信息技术研发及成果应用。深化产融结合，建设完善国家级产融合作平台，推动设立融合发展产业基金，引导制造企业、平台企业与金融机构加强业务协作。

三是深化制造“双创”纵深发展工程。鼓励企业完善“双创”机制，重构人与人、人与组织之间的关系，形成新的价值网络。加快创业创新人才引进和培育，围绕融合发展急需短缺人才，探索建设产学研相结合的培训基地。

参考资料

1. 周剑，马冬妍，柴雯，付宇涵，许雅丽. 中国两化融合十年回顾与展望//国家信息化专家咨询委员会秘书处. 信息化蓝皮书：中国信息化形势分析与预测（2018—2019），北京：社会科学文献出版社，2019：162-189。

2. 柴雯，李君，马冬妍. 从工业 4.0 评估视角看我国两化融合发展. 科技管理研究，2018，38（18）：202-208。

3. 柴雯，马冬妍，许雅丽，付宇涵. 工业企业云化发展评价及对策研究. 企业管理，2020（3）：116-119。

4. 李君，柳杨，邱君降，窦克勤. 信息化和工业化融合“十三五”发展成效及“十四五”发展重点. 经济研究参考，2020（11）：13-22。

5. 谢少锋. 深化新一代信息技术与制造业融合发展 为经济创新发展注入新动能. 新经济导刊，2020（1）：18-21。

6. 李颖. 深化新一代信息技术与制造业融合 加快产业数字化转型. 中国电子报，2019-01-30（1）。

B.5

以标准为引领推进企业数字化转型解决方案研究

崔佳星　马路遥　高欣东　柴雯　王丹[1]

摘　要： 数字经济与新一代信息技术正蓬勃发展，数字化转型已成为企业高质量发展的重要引擎和企业构筑竞争优势的有效路径。然而企业数字化转型缺乏标准化、结构化、流程化、通用化的解决方案。本文以企业数字化转型过程为对象，以信息化和工业化融合（简称“两化融合”）系列国家标准和《数据管理能力成熟度评估模型》（简称“DCMM”）国家标准为引领，为企业数字化转型提供了覆盖评估诊断、体系建设、数据支撑三个关键点的系统性解决方案。

关键词： 企业数字化转型；两化融合；解决方案；评估诊断；管理体系；DCMM

Abstract: With the rapid development of the digital economy and new generation information technology, digital transformation has become an important engine for the high-quality development of

[1] 崔佳星，国家工业信息安全发展研究中心信息化所工程师，博士，从事两化融合研究；马路遥，国家工业信息安全发展研究中心信息化所工程师，硕士，从事两化融合与区域数字化转型研究；高欣东，国家工业信息安全发展研究中心信息化所高级工程师，博士，从事两化融合研究；柴雯，国家工业信息安全发展研究中心信息化所，博士，从事两化融合研究；王丹，国家工业信息安全发展研究中心信息化所助理工程师，硕士，从事两化融合研究。

enterprises and an effective way for enterprises to build competitive advantages. However, there is a lack of standardized, structured, process-oriented and universal solutions for enterprises' digital transformation. This paper targeting the traditional enterprise digital transformation process, takes a series of national standards of Integration of Informatization and Industrialization and "Data management Capability Maturity Model" (referred to as "DCMM") national standard as the guide and provides a systematic solution covering three key points, evaluation diagnosis, management system and data support for enterprise digital transformation.

Keywords: Digital Transformation of Enterprises; Integration of Informatization and Industrialization; Solution; Evaluation Diagnosis; Management System; DCMM

党的十九大对网络强国、数字中国和智慧社会建设做出了重要战略部署。人类社会正加速迈进数字化时代，产业数字化和数字产业化对生产力和生产关系的重构作用日益凸显，正在成为经济社会发展的新动能。同时，企业作为数字化转型主体，已成为推进社会数字化发展的关键单元。然而企业数字化转型试错成本高、成功率低等问题凸显了方法论与系统解决方案的缺位，也体现了数字化转型过程中相关标准体系的重要性、必要性与引领意义。

两化融合系列国家标准（包括 GB/T 23020—2013、GB/T 23000—2017、GB/T 23001—2017、GB/T 23002—2017、GB/T 23003—2018、GB/T 23004—2020、GB/T 23005—2020）是我国首套自主研制、实现大范围应用且正式向国际推广的管理体系类标准，是涵盖企业两化融合水平评估诊断与管理体系建设的综合性指南。当前，7 项两化融合管理体系国家标准已发布实施，另有 5 项标准进入国家标准立项程序。基于我国《信息化和工业化融合管理体系 基础和术语》（GB/T 23000—2017）和《工业企业信息化和工业化融合评估规范》（GB/T 23020—2013）的 2 项国际标准已在国际电信联盟（ITU）成功立项并发布，成为两化融合系列标准走向国际化的重要成果。

数据是数字化转型的要素资源。DCMM（GB/T 36073—2018）为组织和机构数据管理能力成熟度等级进行界定，是涵盖“数据战略”“数据治理”“数据架构”“数据应用”“数据安全”“数据质量”“数据标准”“数据生存周期”八个能力域的评估模型。

本文以企业数字化转型过程为对象，以两化融合系列国家标准和 DCMM 国家标准为引领，为企业数字化转型提供了覆盖评估诊断、体系建设、数据支撑三个关键点的系统性解决方案。

一、企业数字化转型解决方案概述

（一）摸清家底，评估诊断数字化发展水平

数字化转型是企业提升自身创新能力和整体可持续竞争力的重要途径。然而“无法度量就无法管理”，要研究企业数字化转型，首先需要全面摸排明确企业现阶段数字发展水平，通过发展情况和目标确认我国两化融合发展的路径和方向。自 2009 年起，在工业和信息化部的指导下，国家工业信息安全发展研究中心组织开展两化融合评估诊断和对标引导工作，基于大量理论研究和实践探索，研制发布两化融合领域第一个国家标准——《工业企业信息化和工业化融合评估规范》（GB/T 23020—2013，以下简称《评估规范》）。基于《评估规范》，形成两化融合评估诊断和对标引导解决方案，实现对企业、行业、区域等的两化融合发展水平和现状的跟踪评估。企业通过开展两化融合自评估、自诊断、自对标，发现问题，找准方向，摸清企业当前两化融合发展水平，根据企业优劣势和自身

能力寻找数字化转型的有效路径。

依据《评估规范》，企业两化融合评估包括两个部分——水平与能力评估、效能与效益评估。企业两化融合发展主要包括起步建设、单项覆盖、集成提升和创新突破四个阶段，各阶段具有不同的阶段性特征和内涵。企业所处的两化融合发展水平及其阶段，与竞争力、经济和社会效益水平相辅相成，可实现融合发展过程中方法、路径的持续改进，以及融合发展水平、阶段的螺旋式上升。

（二）标准引领，转型升级数字化管理体系

为有效推进企业数字化转型，给出实施两化融合的方法和路径，研制提出两化融合管理体系，我国借鉴 ISO 9000 等成熟的管理体系，结合广大企业推进工业化、信息化与数字化转型的管理实践经验，形成了为企业提供实现数字化转型目标的程序框架——两化融合管理体系。管理体系涉及管理理念、原则、要素、机制和方法等，企业可结合自身的实际情况，按照通用的管理方法，构建适合企业自身的管理体系，有助于企业有效地建立、实施、保持和改进其内部管理机制，并根据总体发展目标持续改进。

两化融合管理体系解决方案将系统地推进工作体系建设、标准研制、试点示范、宣贯培训、服务体系及平台建设等各项工作，形成以管理体系标准为引领，系统推进两化深度融合，加快产业转型升级和创新发展的新路径，并在企业进行广泛推广应用，进一步全面提升企业两化融合的成效，可带动产业加速实现整体提升，为产业全面数字化转型升级提供重要途径。

（三）数据驱动，锤炼提升数字化核心能力

企业数字化转型的发展，云计算、物联网等技术的应用加速了大数据时代的来临，企业内部可用数据急剧上升，数据在企业信息化管理中的重要性不断提升，已经成为企业至关重要的战略资产。经过信息化发展，企业已经到了综合利用数据、以数据为驱动支撑分析和决策的阶段，需要企

业建立以数据为中心的管理体系。如何合理利用数据资产，为企业实现向人工智能、物联网、云计算等模式的转型，从而实现运用数据创造价值，将成为企业数字化转型的关键问题。通过数据与管理体系结合，可使企业获得更为细致的管控能力，为客户提供更为智能的个性化服务，从而为企业带来更大的战略优势。

目前，很多企业及公共组织已经把数据管理和应用作为一个独立的专业来对待，并且通过研究科学的评估模型指导企业、行业提升数据管理的科学化和规范化，提升数据管理能力和应用水平。因此，数据管理能力成熟度模型（DCMM）就成为数字化转型的关键保障之一。

二、企业数字化转型摸底诊断——评估诊断和对标引导

（一）工作背景

为推进两化融合，中共中央、国务院从战略层面对很多重大问题提出明确的要求，但在战略落地过程中仍面临许多具体问题亟须破解，如企业两化融合的概念和内涵、推进理念和原则、框架体系和主要内容、发展进程和实现路径、评价分析和实施改进方法等。在此背景下，国家工业信息安全发展研究中心在工业和信息化部的指导下，联合各省市、行业协会探索形成了一套两化融合评估引导体系，并于 2013 年发布《工业企业信息化和工业化融合评估规范》（GB/T 23020—2013，以下简称《评估规范》），首次系统地提出企业两化融合的内涵、边界和相关要素，成为企业实施两化融合、研究制定战略发展规划的建设指南，广泛服务企业开展自评估、自诊断、自对标，找到两化融合发展的重点方向和方法路径，加速推进转型升级和新型能力培育。

（二）解决方案内容

经过“实践—理论—实践”多轮次循环，基于《评估规范》逐步形成

面向企业的全套两化融合评估诊断和对标引导解决方案，具体包括评估框架、评估指标体系、企业评估问卷及评分方法、诊断和对标模型。依据《评估规范》相关内容，企业两化融合评估框架包括两个部分——水平与能力评估、效能与效益评估，如图 5-1 所示。随着工业企业两化融合进程的不断推进，其两化融合发展水平与能力不断提高，逐步实现两化融合基础建设、单项应用、综合集成、协同与创新。在此过程中，工业企业两化融合效能与效益逐步提高，分别体现在企业自身竞争力、经济和社会效益两个方面。其中竞争力旨在衡量企业通过两化融合带来的综合竞争力的提升；经济和社会效益旨在衡量企业通过两化融合带来的直接或间接的经济或社会效益的提升。

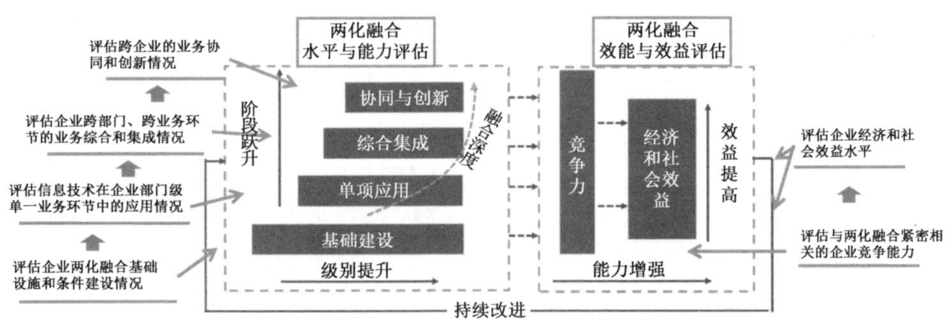

图 5-1 两化融合评估框架

在两化融合发展水平与能力、效能与效益不断提升的过程中，工业企业两化融合发展实现起步建设、单项覆盖、集成提升和创新突破四个阶段的跃升，如图 5-2 所示。其中，处于起步建设阶段的企业已逐步实现两化融合基础设施设备和环境建设；处于单项覆盖阶段的企业能够将信息技术应用于各单项业务环节中；处于集成提升阶段的企业能够有效实现企业内不同业务环节之间的综合集成；处于创新突破阶段的企业能够实现跨企业的协同与创新。

两化融合评估指标体系的构建按照《评估规范》展开，依据评估内容的逐层细化逐级设立对应的评估指标，基于企业两化融合评估框架面向不同类型企业差异化设计两化融合评估指标体系，该指标体系自顶向下共 4

层，最底层为面向企业填报的采集项，其中一级指标共计 6 项，为共性指标，以确保不同类型企业间评估结果横向可比，二级、三级、采集项为个性指标，以便于各类企业纵向深入开展评估，如图 5-3 所示。

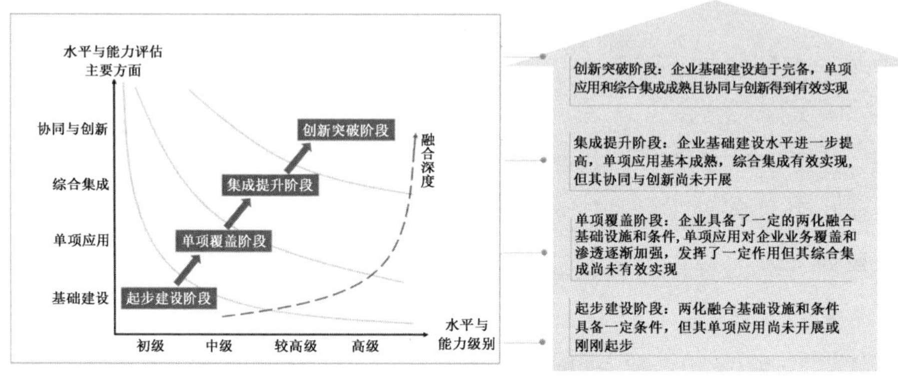

图 5-2 企业两化融合发展阶段

企业两化融合评估指标体系

一级指标 / 二级指标 / 三级指标 / 采集项指标

基础建设
- 二级指标：资金投入；组织和规划；设备设施；信息资源；信息安全
- 三级指标：自动化投入；信息化投入；组织与领导设置；规划、战略制订和实施；……；信息安全建设
- 采集项指标：自动化生产设备资产占企业生产设备总资产的比例；近3年信息系统运维投入占信息化总投入的比例；信息化部门设置情况；信息化部门设置情况；……；信息安全保护程度

单项应用
- 二级指标：产品设计；工艺设计；生产管理；生产制造；采购管理；销售管理；财务管理；质量和计量；能源与环保；安全管理；项目管理；其他经营业务管理
- 三级指标：数字化产品模型或原理样机；产品性能与功能的数字化验证；计算机辅助产品工艺规划；……；生产计划管理；物料需求计划和配送管理；外协计划和外协过程管理；信息化生产作业计划与车间调度；……；质量检测与控制精细化；能源管理；安全生产监测；人力资源管理
- 采集项指标：建立了三维数字化模型的产品占产品总数的比例；数字化预装配建模水平；……；自动生成配送计划的物料占全部配送物料总量的比例；应用NC/CNC的关键工序数量占关键工序总量的比例；利用信息系统编制车间作业计划的车间数量占车间总数的比例；应用信息系统进行质量管理的覆盖范围；应用信息化手段进行能源管理实现的功能；……；应用信息化手段进行人力资源管理实现的功能与层级

综合集成
- 二级指标：产品设计与制造集成；管理与控制集成；产供销集成；财务与业务集成；决策支持
- 三级指标：基于标准的产品模型数据定义；产品数据管理；供应链各业务环节集成运作；全面预算管理；……；决策支持信息自动采集
- 采集项指标：车间生产制造执行系统向经营管理系统自动上传信息范围；按照用户订单自动排产和动态调度能力；应用信息化手段实现的供应链集成运作水平；……；基于智能知识模型自动采集信息并进行综合分析的业务范围

协同与创新
- 二级指标：产品协同创新和绿色发展；产业链协同
- 三级指标：产品协同创新和绿色发展；信息交互和共享；业务协同和一体化
- 采集项指标：贯穿产品全生命周期各阶段的产品状态信息跟踪与反馈情况；……；跨企业网络化产品协同设计与制造能力

竞争力
- 二级指标：产品质量和客户满意度；业务效率；财务优化；创新能力
- 三级指标：产品质量合格率；按期交货率；设备综合利用效率；产能利用率；……；新产品研发周期
- 采集项指标：产品合格率；……；企业月度合并财务决算最终结果报出所需天数；企业月度合并财务决算最终结果报出所需天数；新产品研发周期与同行业其他企业比较情况

经济和社会效益
- 二级指标：经济效益；社会效益
- 三级指标：成本；利润；万元产值综合能耗；社会贡献率
- 采集项指标：成本费用利润率；……；库存资金周转率与同行业其他企业比较情况；万元产值综合能耗与同行业其他企业比较情况

图 5-3 企业两化融合评估指标体系

在统一的评估框架下，进一步研制形成覆盖国民经济三次产业、101 个细分行业的 16 套评估指标体系，面向集团型企业形成财务管控、战略管控、经营管控的 3 套集团管控型评估指标体系，并依据每套评估指标体

系制定了相应的评估问卷。

面向各套指标体系和评估问卷，构建出与之对应的评分算法模型。主要包括采集项量化和各级指标赋权，其中采集项包括定量采集指标和定性采集指标，分别以极差法和德尔菲法（Delphi）对底层采集项打分，并基于各层指标的权重逐层向上计算指标得分，最终给出每个企业的两化融合发展水平得分（得分区间为0～100）。同时，研制企业两化融合诊断对标模型，基于全国企业两化融合评估数据库，向参评企业反馈两化融合的总体水平、各项关键指标、所处的发展阶段等情况，以及其与全国同行业、同规模企业的对标情况等，为企业找准发展定位、制定发展决策提供量化支撑。

（三）应用推广工具

将全套解决方案嵌入互联网平台中，形成两化融合评估诊断和对标引导推广应用工具——两化融合评估服务系统（以下简称“系统”），为各省市、重点行业组织和中央企业集团等分别部署评估服务分平台，支持各方主体在线协同工作，实现评估服务区域、行业全覆盖。系统依据《评估规范》，线上集成评估诊断的全套解决方案，包括评估指标制定、问卷自动生成、评估数据采集、自动评分、数据分析、诊断报告和综合成果展示等。截至2020年年底，系统已实现全国30余个省级行政单位、国民经济三大产业101个细分行业、97个中央企业集团的全面覆盖，为近20万家企业提供评估诊断和对标引导服务，有效推动了各应用主体线上线下协同工作以及企业数据和案例积累。

两化融合评估诊断和对标引导工作目前已在全国、各行业常态化开展，积累了大量企业两化融合发展的翔实数据，能够真实反映出各地区、行业、规模、性质等不同类型企业的两化融合发展水平，客观描绘出我国两化融合发展全景图，形成两化融合评估诊断和对标引导系列推广应用工具和方法，构建基于数据的政府精准施策、行业精准引导、企业精准决策、市场精准服务的新模式。例如，面向各区域、行业、央企等不同主体形成两化融合分类数据地图；聚焦智能制造、企业互联网转型、大数据和实体经济深度融合、云应用、工业基础设施、新模式新业态发展等领域制定综合评价指数、关键指标，形成监测体系；整合企业评估数据、现场数据等多源数据，借助可视化手段构建数据云图，实时、清晰地展现全国各地区、各行业的两化融合发展情况。这些应用推广工具和方法有效赋能两化融合的全面发展，为各行业施策提供新手段、新方法，推动我国两化融合发展向数据驱动型创新体系和发展模式转变。

（四）应用主体及应用价值

评估解决方案的应用主体包括各级政府、行业组织、服务机构、企业等。对于各级政府，一是摸清整体发展现状，了解辖区内企业两化融合发展水平、发展阶段，分析各指标变化趋势，开展与其他地区整体、同行业、同规模的对比分析，发布两化融合指数。二是合理确定发展目标，定量地给出两化融合的关键指标。三是找准政策着力方向，开展评估诊断、对标分析，其结果可作为国家和各级政府开展重大工程建设、项目资金分配的重要依据。四是为“十四五”规划提供数据依据，帮助提出量化的目标和指标。

对于行业组织，一是找准关键共性关键问题，了解行业内两化融合发展的总体水平、阶段和趋势，组织行业内技术研发、软硬件研制、咨询、应用推广等力量共同攻关。二是引导行业服务方向，在行业内梳理处于不同两化融合发展阶段的标杆企业，组织各类交流、培训等活动，帮助企业开展对标、服务对接和行业交流。

对于服务机构，一是开展服务对象需求分析，找准服务对象，发现企业在软硬件、解决方案、咨询、培训等方面的服务需求，同时作为企业需求分析的通用标准和有效工具，帮助企业开展需求诊断和问题分析。二是服务评价和改进，帮助企业针对服务效果进行定量评价，并定期跟踪，提升其服务质量，同时也能增强服务机构自身的咨询服务能力。

对于企业，一是开展自我诊断，借助同行业标杆值和自评估报告，定期开展自评估、自诊断、自对标，找准发展重点。二是协助制定发展规划，将评估诊断结果作为企业发展规划或年度计划的参考，明确发展重点，提高投资收益率。三是提供改进路径，依据企业两化融合水平现状和定位，通过关键指标相关性分析，为企业进一步提升水平指出可行路径。

三、企业数字化转型升级方法论——两化融合管理体系

（一）两化融合管理体系是企业落实转型的重要保障

企业落实数字化转型目标需要在摸清数字化发展水平后，根据现有的人员、技术、业务和管理机制等元素，构建面向转型目标的、适合自身实际的新型管理体系、运行制度和操作规范。两化融合管理体系可引导企业顺应数字化发展规律，以数据为驱动、能力建设为主线，深入推进信息技术和实体经济融合发展，稳定获取转型和创新成效，主要体现在以下两方面。

一是能够全面有效地落实新型工业化发展要求。两化融合管理体系与新一代信息技术将有效推动传统产业在更高起点上实现改造升级，信息技术快速发展也将带动企业不断实现技术和模式创新，走上创新发展的道路。两化融合管理体系总结、归纳和提炼了我国自改革开放以来两化融合工作的经验和教训，紧跟当前时代技术发展的潮流，引入国际先进管理思想和方法，提炼完善中国管理模式，用管理体系标准的方式全面、系统、规范地指导企业根据自身的需求，逐步优化并改进资源要素的互动创新，以适应未来日益分散化、个性化和强调用户参与的生产经营变革。管理体系标准的各项原则、要素、方法充分体现了新型工业化的发展要求，企业在贯彻实施这套体系的过程中，能够将新型工业化要求与先进管理机制建立和管理经验普及同步有效地落实，真正发掘数字化转型红利，走上创新、可持续的发展道路。

二是帮助企业真正获取与自身战略匹配的可持续竞争优势，稳定获取预期的数字化转型成效。两化融合管理体系引导企业不断加强全员、全要

素的融合创新，为企业引入了全局化、系统化、创新化与动态化的管理体系方法论，提出了切实可操作的具体要求，支持企业根据自身需求规范数字化转型中的活动与程序，使转型过程可控、转型目标有效，避免企业片面追求技术先进性，以及按照不同的专业领域和职能分工各行其是、资源大量浪费、过程效率低下、总体成效不明显等严重问题。

（二）两化融合管理体系介绍

1. 两化融合管理体系的提出

为满足复杂组织系统性进行数字化转型的方法论需求，我国通过参考ISO 9000等国际化管理体系标准经验，结合广大企业推进工业化和数字化的实践经验，提出了两化融合管理体系。该体系作为管理方法论，已成为引领产业数字化和数字产业化，推进技术创新和管理变革，有效加速制造业转型升级的关键方法。

2. 两化融合管理体系理论基础与基本框架

两化融合管理体系的核心思想和重要理论基础是其导向与原则，如图5-4 所示，是企业把握数字化转型本质、获得并不断提升能力的关键。

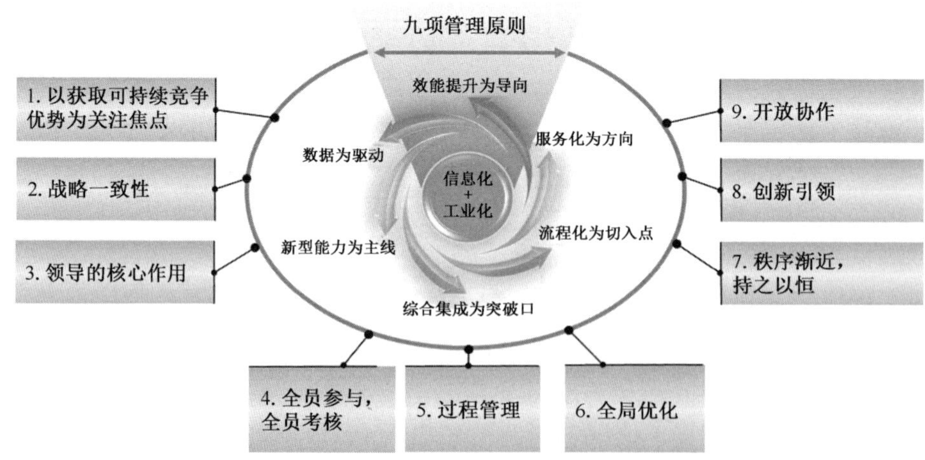

图 5-4　两化融合管理体系的导向与原则

两化融合管理体系指出，企业数字化转型的出发点和落脚点应紧紧围绕打造数字化环境下的新型能力，确保数字化转型战略目标与实施过程的协同一致和效果落实，采用过程方法和系统方法持续管控、优化数字化转型过程，持续优化企业各级组织职能的动态调整和协同协作，完善员工培养、发展和绩效激励等机制，充分调动积极性、自觉性和创造力，协调统一长期目标和短期目标，建立数字化环境下的动态组织和开放价值网络。

如图 5-5 所示，两化融合管理体系的基本框架通过提出战略循环机制、要素循环机制和管理循环机制明确了企业数字化转型往哪走、做什么、怎么做的问题。

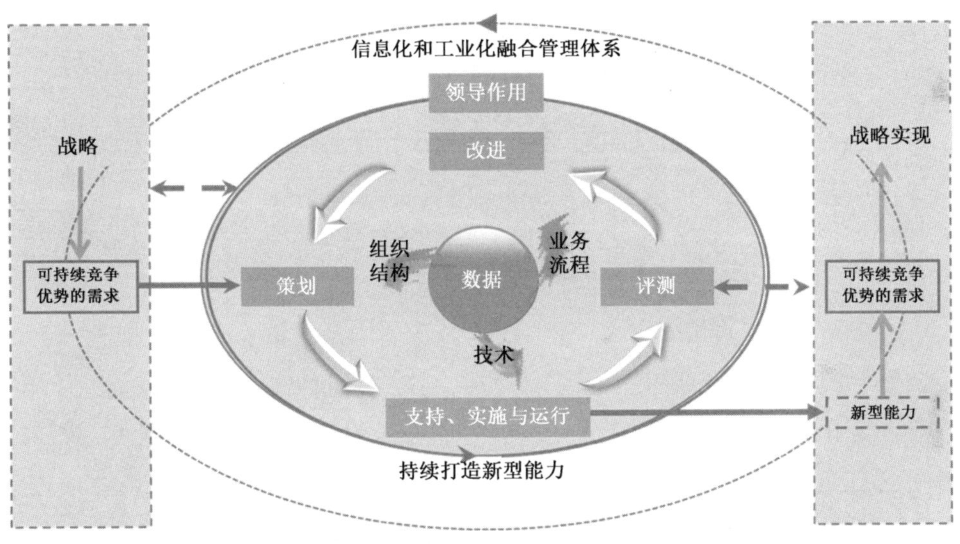

图 5-5 两化融合管理体系的基本框架

3. 两化融合管理体系标准体系

两化融合管理体系标准体系是我国首套自主研制、实现大范围应用推广并正式向国际输出的管理体系类标准，如图 5-6 所示。截至 2020 年年底，完成立项的两化融合管理体系国家标准共有 12 项，其中 7 项已发布实施，另有 5 项标准进入国家标准立项程序。基于 GB/T 23000—2017 和 GB/T 23020—2013 核心成果的 2 项国际标准项目已在国际电信联盟（ITU）

成功立项并发布，成为我国两化融合管理体系国际标准化工作的重要里程碑。

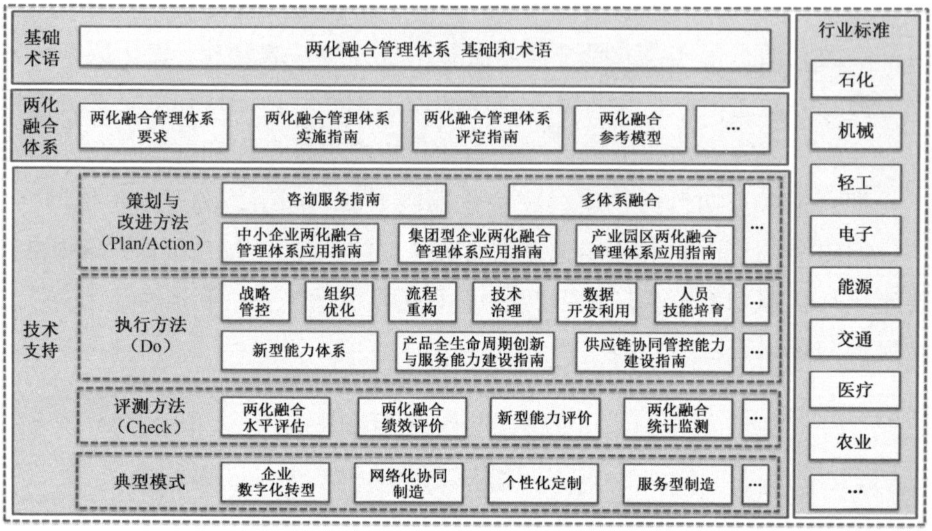

基础术语
两化融合管理体系 基础和术语
两化融合体系
两化融合管理体系要求
两化融合管理体系实施指南
两化融合管理体系评定指南
两化融合参考模型
…
技术支持
策划与改进方法（Plan/Action）
咨询服务指南
多体系融合
中小企业两化融合管理体系应用指南
集团型企业两化融合管理体系应用指南
产业园区两化融合管理体系应用指南
…
执行方法（Do）
战略管控
组织优化
流程重构
技术治理
数据开发利用
人员技能培育
…
新型能力体系
产品全生命周期创新与服务能力建设指南
供应链协同管控能力建设指南
…
评测方法（Check）
两化融合水平评估
两化融合绩效评价
新型能力评价
两化融合统计监测
…
典型模式
企业数字化转型
网络化协同制造
个性化定制
服务型制造
…
行业标准
石化
机械
轻工
电子
能源
交通
医疗
农业
…

图 5-6 两化融合管理体系标准体系

4. 两化融合管理体系应用推广

截至 2020 年年底，全国两化融合管理体系贯标企业数量已达 30000 余家，其中 14000 余家企业通过评定，占贯标企业总数的 44.9%。中央企业在两化融合管理体系工作中的示范带头作用日益凸显，全国 97 家央企中已有 79 家积极推动下属 1137 家企业开展贯标，其中 734 家企业通过评定，达标企业运营成本平均下降 10.0%，经营利润平均增加 11.2%。

同时，第三方咨询机构、技术服务供应商、软硬件解决方案供应商等积极参与两化融合管理体系与系统解决方案应用推广工作，逐步形成了完善的市场化服务体系，评定结果得到了政府机关、金融机构及市场的广泛认可。

（三）两化融合管理体系的贯标与评定

1. 两化融合管理体系的贯标与评定流程

贯标流程如图 5-7 所示，适用于企业建立、实施、认定、保持和改进两化融合管理体系，有效实现数字化转型目标。

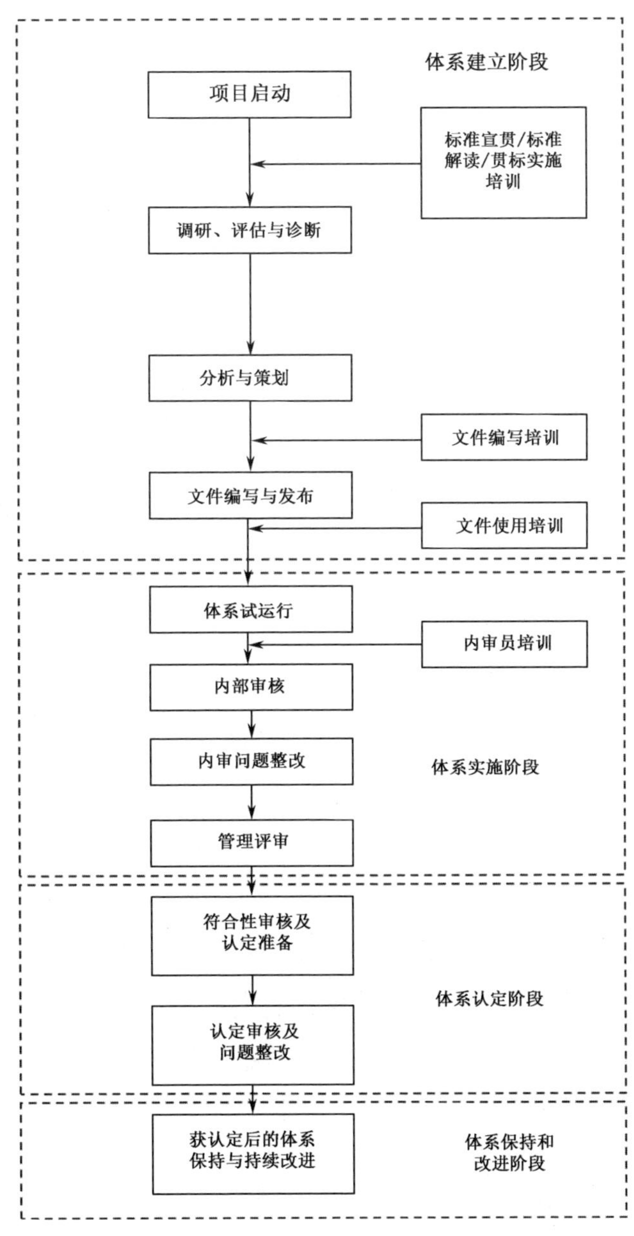

图 5-7 两化融合管理体系的贯标流程

2. 两化融合管理体系的评定

管理体系稳定运行一段时间且开展了标准要求的所有活动以后，企业可申请两化融合管理体系评定。企业应选择经工业和信息化部批准的两化融合管理体系认定机构，并做好必要的准备工作。

3. 两化融合管理体系的保持与持续改进

体系的持续改进通常包括制度优化、执行环节改进、目标提升等途径。体系持续改进的关键在于全员参与，需要固化成果实现“积沙成塔”。

企业通过评定后，一方面应按文件要求继续贯彻执行管理体系并保存相关记录；另一方面还应注意形成内在驱动力，并与企业数字化发展长期目标结合，持续推动体系保持和改进。

四、企业数字化转型动能保障——数据管理能力成熟度评估

（一）数据是企业数字化转型的核心动能

数字化转型的关键驱动要素是数据。数据是继土地、劳动力、资本、技术之后的第五大生产要素，其核心关键作用首先是作为一种信息沟通的媒介，通过数字化转型推动基于数据的信息透明和对称，可提升组织综合集成水平，提高社会资源的综合配置效率。其次，随着区块链等技术的发展，数据也已成为一种新的信用媒介，通过数字化转型推动基于数据的价值在线交换，可提升数字组织价值创造能力，提高社会资源的综合利用水平。用数据科学重新定义生产机理，数据还将成为知识经验和技能的新载体，通过数字化转型推动基于数据模型的知识共享和技能赋能，可提升生态组织开放合作与协同创新能力，提高社会资源的综合开发潜能。

（二）数据管理能力成熟度评估模型（DCMM）介绍

1. DCMM 的提出

2018 年，国家标准《数据管理能力成熟度评估模型》（Data Management Capability Maturity Assessment Model，DCMM）（GB/T 36073—2018）正式发布。该标准涵盖“数据战略”“数据治理”“数据架构”“数据应用”“数据安全”“数据质量”“数据标准”“数据生存周期”8 个能力域，可以对组织和机构数据管理能力成熟度等级进行界定，为企业数据管理能力建设与提升提供具体指导。

在工业和信息化部的支持和指导下，中国电子信息行业联合会组织成立了数据管理能力成熟度评估指导委员会，并积极推动 DCMM 贯标工作，以应用实施 DCMM 为抓手，全面推进数据管理能力培育工作，探索开展数据管理贯标试点示范，引导地方企事业单位提升数据管理能力。

2. DCMM 的基本框架

在借鉴国内外成熟度相关理论思想的基础上，融合我国大数据发展特色与趋势，结合数据生命周期管理各阶段的特征，由全国信息技术标准化技术委员会大数据标准工作组、中国电子技术标准化研究院编制的《数据管理能力成熟度评估模型》（Data Management Capability Maturity Assessment Model，DCMM）国家标准于 2018 年 3 月 15 日正式在国家标准化管理委员会网站发布，这是我国首个数据管理领域的国家标准。针对一个组织数据管理、应用能力的评估框架，通过数据能力成熟度模型，组织可以清楚地定义数据当前所处的发展阶段及未来发展方向。

DCMM 能力域和能力项如表 5-1 所示。

表 5-1 DCMM 能力域和能力项

能力域	能力项
数据战略	数据战略规划
	数据战略实施
	数据战略评估

续表

能力域	能力项
数据治理	数据治理组织
	数据制度建设
	数据治理沟通
数据架构	数据模型
	数据分布
	数据集成与共享
	元数据管理
数据应用	数据分析
	数据开放共享
	数据服务
数据安全	数据安全策略
	数据安全管理
	数据安全审计
数据质量	数据质量需求
	数据质量检查
	数据质量分析
	数据质量提升
数据标准	业务术语
	参考数据和主数据
	数据元
	指标数据
数据生存周期	数据需求
	数据设计和开发
	数据运维
	数据退役

3. 成熟度等级

DCMM 模型对组织的数据管理能力进行了分析、总结，提炼出组织数据管理的八大能力域，每项能力域均可分解成 28 个二级能力项和 441 个具体评价指标，描述了每个组成部分的定义、功能、目标和标准，并据此将组织的数据管理能力划分为 5 个等级，每个能力等级的具体情况如

图 5-8 所示。本标准适用于信息系统的建设单位、应用单位等进行数据管理时的规划、设计和评估，也可以作为信息系统建设状况的指导、监督和检查的依据。

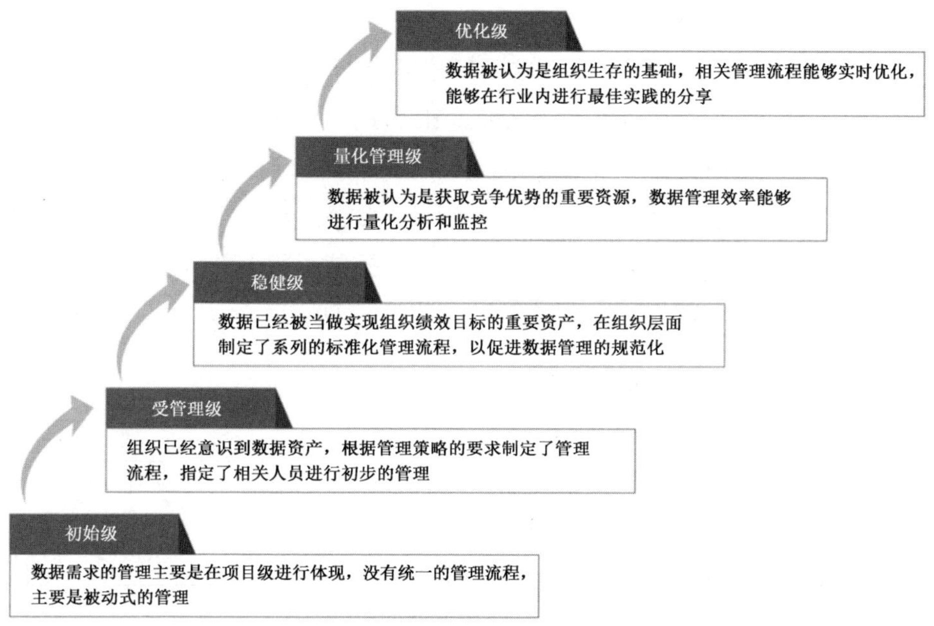

图 5-8 DCMM 能力等级说明

（三）DCMM 的贯标与评估

1. DCMM 贯标的依据

为培育企业在数字化转型过程中的数据管理能力，充分发挥数据资源的关键要素作用，DCMM 贯标工作将以国家政策为指导，以国家数据管理标准为基础依据，以管理办法、实施细则、作业指导书等作为推进和操作准则，评估企业数据要素管理能力水平，并面向企业数字化转型目标持续完善数据管理机制。

2. DCMM 贯标的目的

DCMM 可帮助和指导相关组织系统、规范地建立数据管理能力，提升数据资产价值。通过 DCMM 贯标，可以实现以下内容：

梳理组织数据资产。数据资产正逐渐成为企业数字化转型过程中的重要战略资产和核心要素，通过数据管理能力的构建将加快数据红利释放，提升组织的核心竞争力。

提升组织数据应用。组织通过 DCMM 贯标，充分挖掘、梳理组织数据，提高组织数据的一致性及准确性，推动数据全过程应用，引导组织用好各业务环节的数据，帮助组织以数据管理驱动数据应用。

降低组织数据风险。组织通过 DCMM 贯标，建立形成数据安全标准和策略，制定数据访问的授权、分类分级的控制、监控数据的访问等管理制度，实现组织对数据生存周期的数据安全管理。

3. DCMM 贯标的基本方法

DCMM 贯标需要组织在理念、制度、组织、流程、技术和利益等各维度和方面进行统筹协调。组织管理层要将贯标过程作为“一把手工程”和“系统工程”来抓，以确保组织数据管理能力策略和措施的符合性、有效性和持久性。组织贯标工作的基本流程如图 5-9 所示。

虽然不同组织的自对标需求和过程是个性化和差异化的，但自对标流程是具有高度共性的内容，可重点提炼总结为差距分析和能力建设两个阶段：差距分析阶段包括贯标准备、贯标启动、调研、评估与诊断、差距分析和建设规划环节；能力建设阶段涵盖能力建设、试运行和自评估环节。

4. DCMM 的评估

申请《数据管理能力成熟度评估模型》评估的组织均需向中国电子信息联合会授权的评估机构提出申请，只有在评估机构审批通过后方可进行评估流程。通常，评估流程分为 3 个阶段，分别是评估策划、预评估和正式评估：评估策划是评估前的准备工作；预评估是进行客观证据的审查；正式评估则是开展全面的现场评估工作，包括客观证据审查、对过程和活动进行实际观察、人员访谈、成熟度定级和报告会议等内容。

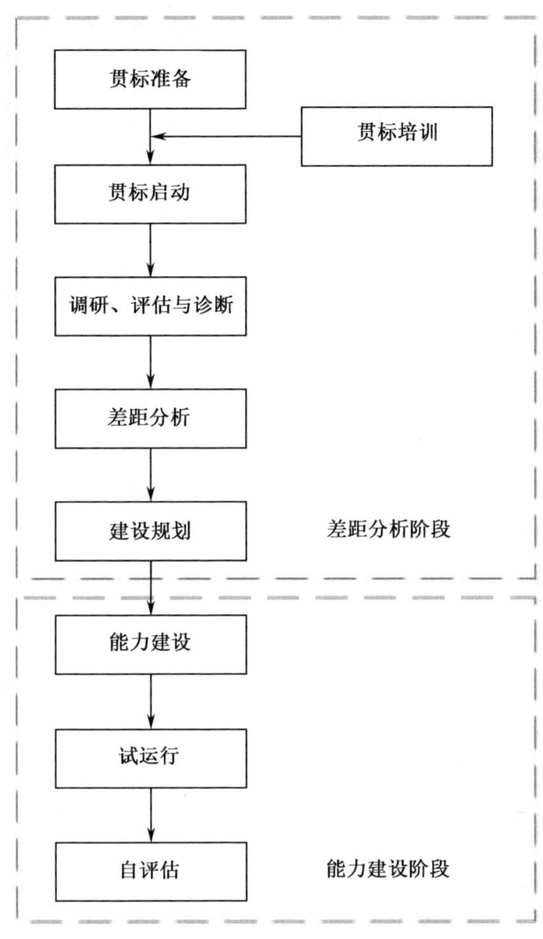

图 5-9 组织贯标工作的基本流程

5. 能力的持续提升

数据管理能力的持续改进是为了不断提升组织数据管理能力，并达到目标等级标准要求所采取的循环活动。组织开展持续改进相关过程可以参考以下经验和做法：专门成立持续改进小组，落实相关责任并纳入考核；通过过程控制中内部的日常检查、考核及定期的自评估等诸多机制发现已经发生的或潜在的问题；对问题的原因进行分析，并按组织现有条件采取纠正措施或预防措施；有效地评估改进的效果，避免改进流于形式等。

参考资料

1. 周剑，马冬妍，柴雯，付宇涵，许雅丽. 中国两化融合十年回顾与展望//国家信息化专家咨询委员会秘书处. 信息化蓝皮书：中国信息化形势分析与预测（2018—2019），北京：社会科学文献出版社，2019：162-189.

2. 周剑. 两化融合管理体系构建. 计算机集成制造系统，2015，21（7）：1915-1929。

3. 牙伟. 企业互联网化转型路径研究. 北京：中国地质大学（北京），2016。

4. 李立伟，马冬妍，崔学民. 两化融合评估系统建设方案探究. 物联网技术，2019，9（5）：37-39+42。

5. 周剑，徐大丰. 两化融合的概念内涵和方法路径研究. 产业经济评论，2015（5）：12-19。

6. GB/T 23020—2013. 工业企业信息化和工业化融合评估规范. 北京：中国标准出版社，2013。

7. GB/T 23000—2017. 信息化和工业化融合管理体系　基础和术语. 北京：中国标准出版社，2017。

8. GB/T 23001—2017. 信息化和工业化融合管理体系　要求. 北京：中国标准出版社，2017。

9. GB/T 36073—2018. 数据管理能力成熟度评估模型. 北京：中国标准出版社，2018。

Ⅱ 产 业 篇

Industry Articles

B.6

我国制造业数字化转型路径与趋势研究

付宇涵 王丹 王庆瑜 王文娟 张磊 巴旭成[1]

摘 要： 面对全球范围内以互联网为代表的新一轮信息通信技术引发的科技革命和产业变革，我国提出两化融合发展战略，在顶层设计、理论支撑、实践应用等方面形成一整套适应数字经济时代发展规律和我国国情的系统化的新理论和新方法。推动制造业数字化转型是当前两化融合的主要任务，是在高质量发展、国际国内双循环等新形势、新挑战下的成熟应对。通过制造业数字化转型推进

[1] 付宇涵，国家工业信息安全发展研究中心信息化所工程师，资深研究员，从事两化融合、工业互联网、数字化转型相关领域研究；王丹，国家工业信息安全发展研究中心信息化所助理工程师，硕士，从事两化融合研究；王庆瑜，国家工业信息安全发展研究中心信息化所工程师，硕士，从事两化融合、数字化转型等相关领域研究；王文娟，国家工业信息安全发展研究中心信息化所工程师，硕士，从事两化融合研究工作；张磊，国家工业信息安全发展研究中心信息化所助理工程师，硕士，从事两化融合、数字化转型等相关领域研究；巴旭成，国家工业信息安全发展研究中心信息化所助理工程师，硕士，从事两化融合、数字化转型等相关领域研究。

两化融合走向深入，发展壮大工业数字经济，能够有效优化制造资源配置效率、提高制造业全要素生产率，从而加快国内制造业供给侧结构性改革，为构建国际国内双循环的新发展格局提供重要支撑。本文基于两化融合服务平台采集的近 20 万家企业的两化融合评估数据，对我国原材料、装备、消费品等重点制造领域数字化转型现状和趋势进行量化分析和归纳总结，并分别以冶金、机械、轻工行业为例进行深入探讨，通过分析发现，我国原材料、装备、消费品行业分别围绕构建智能生产新体系、创造智能服务新价值、实现精准定义新供给等方面展开了积极探索。

关键词： 两化融合；产业数字化；制造业

Abstract: Facing the scientific and technological revolution and industrial change caused by the new round of information and communication technology represented by the Internet in the world, China puts forward the development strategy of integration of industrialization and informatization, and forms a set of systematic new theories and methods to adapt to the development law of the digital economy era and Chinese national conditions in the aspects of top-level design, theoretical support and practical application. Promoting the digital transformation of manufacturing industry is the main task of the integration of industrialization and industrialization. It is a mature response to the new situation and new challenges such as high-quality development, international and domestic double cycle. With the digital transformation of manufacturing industry, promoting the integration of informatization and industrialization, developing and expanding the industrial digital economy can effectively optimize the allocation efficiency of manufacturing resources and improve the total factor productivity of manufacturing industry, so as to accelerate the supply side structural reform of domestic manufacturing industry and provide important support for the construction of a new development pattern of international and domestic double cycle. This paper is based on the integration of two services platform. Based on the data collected from nearly 200000 enterprises, this paper makes a quantitative analysis and summary of the current situation and trend of digital transformation in Chinese key manufacturing fields such as raw materials, equipment and consumer goods, and takes metallurgy, machinery and light industry as an example for in-depth discussion. Through analysis, we find that the industries of raw materials, equipment and consumer goods have launched active exploration around the construction of a new intelligent production system, the creation of new value of intelligent services, and the realization of precise definition of new supply.

Keywords: Integration of Informatization and Industrialization; Digital Transformation; Manufacturing Industry

目前，全球正处于从工业经济向数字经济加速转型过渡的重大变革时代，由工业社会向信息社会转型过渡是一个不断演进的长期进程，变革涉及生产要素、生产方式、管理模式、产业体系及社会经济运行方式等不同层面，站在历史转折点，我国提出深入推进信息化和工业化融合（以下简称“两化融合”），在顶层设计、理论支撑、实践应用等方面形成一整套适应数字经济时代发展规律和我国国情的系统化的新理论和新方法。当前，两化融合在企业、行业、区域各层面深层次渗透并产生全方位的影响，有效改造提升传统产业，培育产业新动能、新模式，推动我国制造业向更高质量、更优结构发展。本文面向原材料、装备、消费品等重点制造领域选取冶金、机械、轻工行业进行实证分析，归纳总结数字经济时代我国制造业重点行业数字化转型现状和趋势，找准亟须突破的关键问题，并有针对性地集中设备、网络、软硬件、咨询等力量共同攻关，探索形成可推广的系统性解决方案，推动我国制造业向更高质量、更优结构发展。

一、原材料：构建智能生产新体系

原材料行业是典型的流程/混合工业，主要包括石化化工、钢铁、有色金属等。原材料行业生产装备数字化和网络化水平以及生产过程的数控化水平较高，2020 年原材料行业的关键工序数控化率达到 65.0%，分别较装备和消费品行业高出 22.4 个和 18.3 个百分点，较好的底层生产数字化基础为原材料行业智能化转型奠定了基础。

（一）原材料行业数字化转型主要方向

如图 6-1 所示，围绕产能平衡、稳定生产、降本增效等方向，原材料行业数据开发利用场景重点集中在排产优化、现场调度、生产监控等方面，技术应用主要集中在 ERP、PIMS、MES、APC、DCS 等信息系统应用以及智能化检测测量等方面，具体从产能平衡与稳定生产以及质量、安全、节能、环保的精细化管控两个角度来分析。

1. 产能平衡与稳定生产

钢铁、石化、有色、建材等原材料行业企业致力于推动生产计划、生产调度、生产现场操作等多层次生产业务的在线及时交互、协同优化和全过程闭环管理。例如，快速采集和全面统筹市场需求、产能、装置、物料等信息，高效地形成全流程效益最佳的生产计划；推动实现事前科学预测、事中动态改进、事后全面分析的高效调度指挥方式，全程监控和自动分析生产运行绩效，辅助生产调度指挥决策；自动采集和上传生产现场装置运行参数，对装置运行参数进行智能优化等。

图 6-1 原材料行业数字化转型主要趋势

2. 质量、安全、节能、环保的精细化管控

钢铁、石化、有色、建材等原材料行业企业致力于对能、效、安、环等生产效益的重大影响因素进行精细化管控。例如，在质量管控方面，对原辅料质量、生产过程质量、产成品质量等信息进行实时自动监测与分析，实现产品全生命周期的一体化质量管控、精确定位的全程质量追溯，以及基于控制和检验实际的产品质量持续优化；在能耗管控方面，开展能源集中统一监控和调配，结合能源成本等自动开展能源优化配置以及能源动力的自动平衡，持续优化能源利用效率，实现节能降耗；在环保管控方面，对废水、废气、废料等排放数据进行实时采集与监控，与环保要求进行自动对标和调整，加强环保管理，有效降低废弃物排放。

（二）以冶金行业为例的数字化转型路径探究

冶金行业是我国重要的原材料行业，兼具流程与离散的制造特征，是典型的混合制造行业，对能源管控、质量管控等方面要求极为严格，基于稳定生产与产能平衡的高端产品制造是行业发展的重要方向，历经三四十年的发展，冶金行业集约高效、实时优化的智能生产新体系正逐步构建。

1. 数字化：生产、能源、质量环节数字化建设既是重点也是难点

冶金行业在生产、能源、质量环节的数字化建设既是重点也是难点，是构建集约高效、实时优化的智能生产体系的基础。

生产制造数字化：冶金行业在生产制造数字化建设方面处于工业领域的前列，也是行业数字化水平优于其他行业的重要标志之一。例如，目前烧结控制系统、高炉综合自动化系统、高炉热风炉自动控制系统、热连轧计算机控制系统等底层控制系统已在大型钢铁企业得到广泛应用。2020 年，冶金行业关键工序数控化率达到 64.6%，生产流程关键工序装备基本实现较为全面的数字化控制，行业内超过 50%的企业实现生产过程中生产计划与调度、物料需求计划、配送管理等环节的数字化应用。

能源管理数字化：在国家相关政策的引导下，冶金企业积极推进绿色发展，基于能源管控系统的建设与应用，企业能源流、金属流、信息流同步管控能力显著增强，极大地促进了由局部到整体的系统性节能转型。

质量管理数字化：目前，冶金企业基本实现基于质量信息实时监测分析在产成品、产成品制造过程、原材料入场等环节的全面覆盖，以实现贯穿产品全生命周期的质量管控、质量追溯以及基于控制和检验实际的产品质量持续优化。

2. 网络化：业务集成互联与数据交互共享有效提升企业各环节协作效率和水平

冶金企业推进网络化建设，一方面在业务层面推动生产、经营、管理、服务等活动和过程的集成与互联；另一方面在数据层面针对多种异构数据源进行科学、系统的规划管理。无论是业务还是数据的集成互联，最终目的都是提高各部门的协作效率和水平，实现原有工作方式和模式跨业务领域和环节的整体优化。

底层装备网络化基础：工业设备设施联网是制造业生态良好发展的基础，2020 年冶金行业数字化生产设备联网率为 46.9%，即将近半数的生产设备能够与控制系统进行数据交换，冶金企业在提升工业设备设施网络化

水平方面仍需加大力度。

纵向集成：市场对冶金工业产品日益凸显的个性化和高端化需求给冶金企业提出了更高的要求，企业生产制造过程变得越发复杂和灵活。因此，从企业管理级、车间级、过程控制级到设备级均实现精细化管控和优化调度，推动不同层级之间信息双向流动，实现从管理到生产的纵向集成，从而形成生产管控闭环，是达到产能平衡和稳定生产的前提，进而实现高端产品制造的有效突破。但目前，我国冶金行业实现管控集成的企业比例仅为 18.4%，冶金企业应进一步提升生产管控水平，实现自动化、过程控制、生产控制、制造管理的数据自下而上的贯通，由此实现管控衔接和工序衔接，形成制造过程的整体协同，突破个性化高端产品制造的瓶颈。

横向集成：提升供应链的横向集成水平，实现物流、信息流和资金流在供应链各环节的高效流通和实时转换，提高供应链协同运作水平，是冶金企业获取竞争优势、构建集约高效生产体系的重要方面。2020 年，我国冶金行业实现产供销集成的企业比例仅为 21.2%，冶金企业应着力突破供应链集成关键环节，形成产供销相结合的整体供应链体系，提升供应链能力，实现绩效的有效增长。

3. 智能化：以强化制造环节的智能化水平为着力点，积极打造集约高效、实时优化的生产新体系

2020 年，冶金企业智能制造就绪率达到 8.7%，较全国平均水平（8.6%）高出 0.1 个百分点，这些企业围绕降本提质增效，在质量全过程管控、设备预防性管理、能源综合管理、供应链集成等方面不断提升智能化水平，以强化制造环节的智能化水平，并以其为着力点积极打造集约高效和实时优化的生产新体系。

智能生产新体系构建：冶金行业作为典型的前端流程后端离散的混合型制造行业，有效构建基于大数据应用的实时采集分析体系，是实现集约高效、实时优化智能生产的重点。同时，随着市场供需关系的转变和对个性化、多样化产品需求的不断增加，消费者对个性化、低价优质产品的需

求与企业的大规模生产能力和高研发成本形成矛盾，基于大数据、人工智能技术的智能生产体系可以有效降低研发成本，提高客户在产品全生命周期的参与度和对产品的满意度，强化消费者对企业的信任和依赖，进而建立坚实的市场竞争能力基础。

二、装备：创造智能服务新价值

装备行业是典型的离散工业，包括机械、交通设备制造等细分行业，装备行业两化融合水平高于原材料和消费品行业，向综合集成迈进趋势明显，信息技术在研发、管理等环节的应用普及广度和深度处于领先地位。2020 年，装备行业数字化研发设计工具普及率达到 85.2%，关键业务环节实现全面数字化的企业比例达到 55.6%，两项指标均领先于原材料和消费品行业。此外，行业重点聚焦研发与制造一体化的关联管控和协同优化，2020 年实现生产管控纵向集成的企业比例达到 24.1%，较原材料和消费品分别高出 4 个和 1.6 个百分点。

（一）装备行业数字化转型主要方向

如图 6-2 所示，围绕产品高端化、快速定制研发、后市场服务等方向，装备行业数据开发利用场景重点集中在 BOM[1]优化、数字孪生、市场信息获取等方面，技术应用主要集中在产品设计和工艺设计数据的标准化管理，研发管理平台、PDM[2]、CAD[3]/CAM[4]/CAE[5]、CAPP[6]工艺制造系统等信息系统集成等方面。

---

1 BOM，Bill of Material，物料清单。

2 PDM，Product Data Management，产品数据管理。

3 CAD，Computer Aided Design，计算机辅助设计。

4 CAM，Computer Aided Manufacturing，计算机辅助制造。

5 CAE，Computer Aided Engineering，工程设计中的计算机辅助工程。

6 CAPP，Computer Aided Process Planning，计算机辅助工艺过程设计。

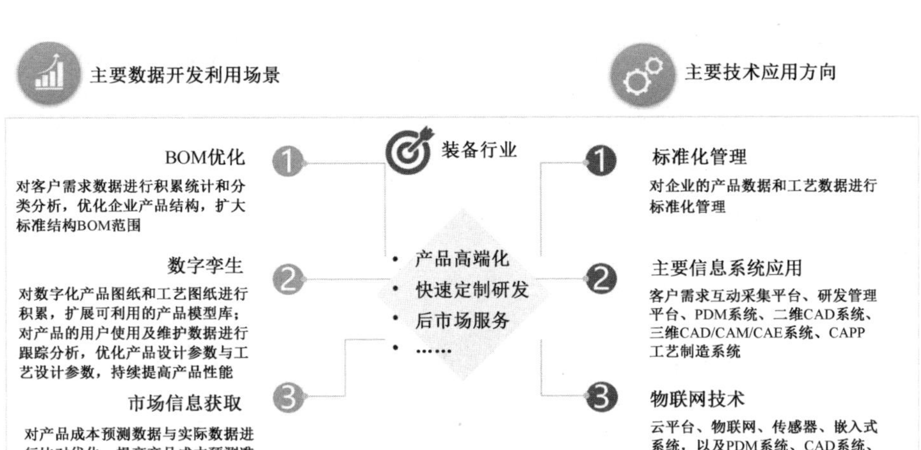

图 6-2 装备行业数字化转型主要趋势

1. 基于客户需求的数字化快速定制研发

机械、汽车、航空、船舶等装备行业企业致力于推动基于客户需求的数字化快速定制研发，例如建立数字化研发平台，对客户个性化需求进行快速响应和有效对接，并将客户需求快速转化为研发需求；在数字化产品设计的基础上，推动产品模块化设计，提高产品设计标准化、系列化、通用化水平，扩大产品和零部件数据库中通用标准件的覆盖范围，提高产品结构 BOM 的准确率和覆盖率，加快客户订单产品结构 BOM 的生成速度；开展产品性能的数字化验证和分析，以及工艺设计的数字化仿真分析和参数优化。总体上，提高研发效率、降低研发成本、缩短研发周期，推动产品优化和创新，促进企业向高质量、高技术含量、高附加值的产品研发制造方向转型。

2. 产品研发、工艺设计、生产制造一体化

机械、汽车、航空、船舶等装备行业企业致力于推动产品研发、工艺设计、生产制造一体化，例如基于企业级产品设计、工艺设计、生产制造的协同工作平台，建立起产品研发、工艺设计及验证、工艺管理、生产制造全过程并行的研发制造模式，实现按照产品三维设计模型依次自动生成

工艺路线、编制和下发加工制造的数控程序、开展数字化加工制造等的无图纸智能研发制造；强化贯穿产品全生命周期各阶段的产品状态信息跟踪和反馈，加强在产品设计、工艺、制造、组装、测试、使用等各阶段的知识积累，对已经确认的知识和过程信息进行高频次复用，利用工艺和制造信息优化产品设计。

（二）机械行业的数字化转型路径探究

机械行业作为典型的资本、技术密集型行业，正积极探索以数字化研发工具的集成应用和基于产品的智能服务为双向突破口，提升产业价值链水平，行业内协同设计、大规模个性化定制、全生命周期管理、网络精准营销、电子商务等新模式新业态不断涌现，研发、制造、服务等环节附加值不断提升，智能服务新价值不断丰富。

1. 数字化：复杂的生产模式提升了研发和生产的数字化转型难度

数字化研发设计工具的普遍应用为机械行业以客户需求为核心开展定制化协同研发、基于智能化产品的敏捷售后服务等创新性探索奠定了良好基础。

产品设计数字化：机械行业二维设计仍是主流的建模工具，同时三维设计发展迅速，2020 年机械行业数字化研发设计工具普及率达到 84.6%，高于制造业整体水平 13.1 个百分点。

工艺设计数字化：工艺过程的仿真分析是验证工艺设计实用性、提高新工艺过程成功率的重要手段，但与产品设计相比，企业对工艺设计的数字化建设普遍不足。

生产制造数字化：机械行业作为典型的离散制造行业，产品品种多样化、差异化特征明显，复杂的生产模式提升了生产制造数字化建设难度，2020 年机械行业关键工序数控化率为 38.6%，关键工序中数控系统覆盖仅逾三成。

2. 网络化：聚焦于研发与制造一体化的关联管控和协同优化

实现信息化环境下产品研发、工艺设计、生产制造的一体化关联管控和协同优化是机械行业实现网络化改造的重要内容，也可以为实现智能制造奠定基础，目前机械行业在产品研发、工艺设计、生产制造、现场安装等环节实现产品数据管理的覆盖广度尚可，但是深度不足，在此基础上产品模型在各环节传递、关联、共享水平有待提升。

产品数据管理：产品数据管理能够帮助企业实现产品设计、工艺设计、生产制造乃至现场安装等各环节的产品数据唯一性和一致性，是实现产品设计与制造集成的关键内容。2020 年机械行业在产品设计、工艺设计、生产制造、现场安装调试环节实现全面覆盖的企业比例不足 30%，产品数据管理覆盖广度尚可，但是深度不足。

产品模型传递、关联、共享：产品模型能够在产品设计、工艺设计、生产制造、生产管理各业务环节无障碍传递、有效集成、共享是实现研发与制造一体化管控的基础，2020 年机械行业仅有不足 20%的企业能够实现产品信息在研发和生产等各业务环节的关联维护和一致性管理，水平尚待提升。

3. 智能化：服务型制造和研发制造体系创新成为发展新趋势

越来越多的机械企业尤其是工程机械制造企业基于智能产品建立服务型制造体系，包括个性化定制、精准营销、远程监控、在线运维等；同时，机械企业也在不断创新研发制造体系，例如开发了创新众包设计、云设计等新型研发模式等。

新产品新价值：机械行业企业逐步由单纯提供产品向提供整体解决方案、批量定制服务、融资租赁等方向转变，服务要素比重不断增加。近些年，机械行业产业链、供应链和价值链不断延伸和提升，2020 年机械行业建立服务型制造体系的企业比例为 25.0%。

新设计新制造：多研发主体间的在线、异地协同研发与生产制造是机械企业的发展重点，应用公有云开展设计与制造服务成为主流。例如，基于统一协同研发平台实现研发主体向供应链相关方辐射和覆盖，推动研发过程中终端用户和供应链上游资源提供方及研发人员的深入交流和互动，创新众包设计、云设计等新型研发模式等。

三、消费品：实现精准定义新供给

消费品行业与民生关系最为紧密，包括轻工、纺织、服装、医药、食品、家电等多个细分行业，大多数消费品细分行业集中度较低，庞大的中小企业群体使得消费品行业两化融合水平显著低于原材料和装备行业，但与用户关系紧密的特征促使其在以用户为核心的个性化定制、精准化营销以及产品全生命周期追溯和监管方面开展创新性的探索，2020 年消费品行业实现产业链协同的企业比例达到 13.9%，高于装备行业 4.7 个百分点。

（一）消费品行业数字化转型主要方向

如图 6-3 所示，围绕精准营销、大规模个性化定制、敏捷服务等方向，消费品行业数据开发利用场景重点集中在用户信息管理、多渠道营销数据汇聚与应用、产品全生命周期追溯等方面，技术应用主要集中在信息系统应用、互联网应用、物联网技术等方面。

1. 用户互动与敏捷服务

轻工、纺织、食品等消费品行业企业致力于持续提升用户服务体验。例如，建立用户互动交流平台，面向用户推动实现研发设计、生产、销售、配送、售后服务等各阶段的全流程可视化、透明化、可交互和可参与，基于移动社交平台等丰富用户交互参与方式，持续提升用户交互与参与水平，并对用户交互信息进行统计、分析和有效利用；基于全企业内部信息互联互通和实时共享，通过电话客服、社交媒体、在线交互、官网自助及舆情监控等多元化的线上线下服务方式，建立全业务覆盖的“一站式”用户服务中心，优化用户服务流程，提升用户服务的专业化水平，实现覆盖售前、售中、售后等各阶段用户需求的快速响应和高效处理，提供多元、时尚、便捷、周到的用户服务体验。

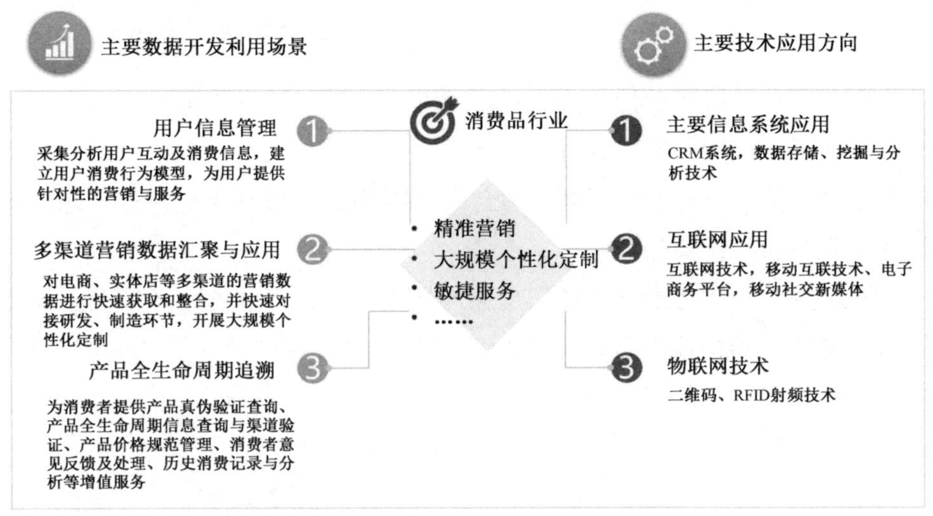

图 6-3 消费品行业数字化转型主要趋势

2. 供应链协同运营

企业致力于实现供应链协同运营，例如加强供应链上销售、采购、生产、库存、物流、应付、应收等核心环节之间的综合集成运作，深化产供销平衡和精细化管控，以及物流、信息流、资金流的统一。同时，在此基础上将企业内部供应链不断向产业链上下游延伸，在上下游企业间打造贯通供应商、企业、客户等的供应链协同平台，及时共享客户订单、生产计划、物料需求、采购计划、生产实际状况等关键信息，推动与供应商、配套厂商、客户等上下游相关方之间的无缝对接、资源共享与业务协同，建立起资金占用少、库存周转快、交付时间短的敏捷供应链。

（二）以轻工行业为例的数字化转型路径探究

轻工行业作为典型的消费近端行业，越来越多的家电、纺织等企业在信息化环境下探索“互联网工厂”的生产模式，将企业和用户真正融为一体，力求创造出用户的最佳生活体验，行业深度触网催生用户参与价值共创模式创新，基于用户需求精准定义的新供给体系不断完善。

1. 数字化：电子商务应用、用户管理是行业数字化建设重点

为有效满足消费者消费需求的动态变化，轻工行业数字化建设重点应发展电子商务应用、用户管理，生产企业逐步向电商化发展，包括传统的轻工连锁渠道、轻工生产厂商、网上商城等都把发展电子商务和加强用户管理作为当前的首要任务。

渠道建设：渠道建设是轻工行业连接市场、感知市场而开展的重要工作，为适应市场快速变化，轻工行业逐步抛弃传统的“先生产、后销售”的大规模制造和大规模库存的模式，形成以客户订单为中心的“先预订、后生产”的生产制造模式，这就对轻工企业基于信息化手段构建高效的O2O 销售渠道提出了新的要求。2020 年，轻工行业工业电子商务普及率达 65.7%。

用户管理：轻工行业基于互联网、大数据等技术对终端用户信息进行广泛搜集和深入挖掘，准确定位用户需求、行为习惯、市场趋势，面向不同用户群展开适合其特征的精准营销。

2. 网络化：加强企业内部供应链集成互联和外部产业链协同运作，构建敏捷精准的供给体系

近些年，越来越多的轻工企业探索“互联网工厂”的生产模式，不断加强企业内部供应链集成互联和外部产业链协同运作建设，为打造更为精准、敏捷的供给体系奠定基础，目前轻工企业内部供应链集成管理和外部产业链协同运作水平仍有待提升。

内部供应链集成：通过整合供应链上下游相关方的物流、信息流和资金流等信息，实现基于用户需求的供应链协同运作效率，是轻工行业企业实现精准采购、定制生产、精准配送，不断提升敏捷精准供应能力和供需匹配水平的前提，2020 年轻工行业实现产供销集成的企业比例为 26.7%。

外部产业链协同：加强产业链企业间的信息交互共享和业务协同运作，

能够有效提升轻工企业精细化管理程度和资源配置效率，使原材料企业、生产制造企业、电商、物流、用户等多方主体实现共生共赢。2020 年，轻工企业与产业链上下游企业的生产计划、物料、订货业务、仓储物流、加工配送、财务结算等业务协同的水平较高，实现产业链协同的企业比例达到 11.5%。

3. 智能化：探索以用户为核心的精准营销和产品个性化生产的模式创新

轻工行业与用户和终端消费者接触紧密，在利用信息化手段提升用户产品使用体验及后市场服务等方面积极开展相关探索。

个性化定制：轻工行业紧紧契合消费者需求，从用户的各种应用场景出发，向终端用户提供基于轻工产品的个性化和人性化服务。2020 年，轻工行业有 10.8%的企业开展个性化定制服务。

用户参与价值共创：用户参与设计是轻工行业在研发环节的典型发展趋势，产品的智能化水平不断得到提升，实现人和产品之间、产品和产品之间的交互，通过有效收集、精准定义用户需求，实现用户参与的价值共创。2020 年，轻工行业“双创”平台普及率达到 84.9%，基于互联网积极开展社区开放物流、协同营销、协同生产、协同设计。

四、结束语

本文选取冶金、机械、轻工行业深入分析其两化融合发展路径，通过分析发现，我国原材料、装备、消费品行业分别围绕构建智能生产新体系、创造智能服务新价值、实现精准定义新供给等方面展开积极探索。下一步，不同行业应结合自身发展方向和路径，找准亟须突破的关键问题，并有针对性地集中设备、网络、软硬件、咨询等力量共同攻关，探索形成可推广的系统性解决方案，推动我国制造业向更高质量、更优结构发展。

参考资料

1. 付宇涵. 我国制造业两化融合发展路径. 企业管理，2020（9）：104-109。

2. 两化融合服务联盟. 中国两化融合发展数据地图（2018）.（2018-06-01）[2018-10-23]. http://cspiii.com/pgzd/gzzd/jd/。

3. 工业互联网产业联盟. 垂直行业工业互联网实施架构白皮书（讨论稿）.（2018-02-06）[2019-7-12]. http://www.aii-alliance.org/index.php?m=content&c=index&a=show&catid=23&id=320。

4. 工业和信息化部. GB/T 23020—2013 工业企业信息化和工业化融合评估规范. 北京：中国标准出版社，2013。

5. 工业和信息化部. GB/T 23000—2017 信息化和工业化融合管理体系基础和术语. 北京：中国标准出版社，2017。

6. 中国信息化百人会课题组. 信息经济崛起——"物联网+"时代产业转型路径、模式与趋势. 北京：电子工业出版社，2017。

7. 黄育德. 大数据与钢铁企业生产力提升. 经济研究参考，2014（10）：49-52。

8. 颉建新，张福明. 钢铁制造流程智能制造与智能设计. 中国冶金，2019（2）：1-6。

9. 李欢，莫欣岳. "互联网+"时代下智能制造技术在我国钢铁行业的应用. 世界科技研究与发展，2017，39（1）：62-67。

10. 李西兴，郭顺生，杜百岗. 纺织机械制造企业数字化智能化制造与管理平台设计与实现. 计算机集成制造系统，2016，22（3）：672-685。

11. 刘永清. "互联网+"战略下家电逆向物流营销模式的变革. 中国流通经济，2015，29（6）：30-35。

12. 孙彦广. 钢铁工业智能制造的集成优化. 科技导报，2018，36（21）：30-37。

13. 徐尧舜，范征. 家电零售企业发展趋势分析——基于传统实体连锁经营和新兴网络销售模式. 商业时代，2012（32）：22-24。

14. 杨明朗，胡雅婷. “互联网+”与传统家电产品的创新之路. 包装工程，2016，37（12）：139-142。

15. 殷瑞钰. 关于智能化钢厂的讨论——从物理系统一侧出发讨论钢厂智能化. 钢铁，2017，52（6）：1-12。

B.7

我国汽车企业数字化转型发展现状与趋势

柴雯　王丹　崔佳星[1]

摘　要： 随着新一代信息技术与制造业深度融合，我国汽车企业数字化转型是大势所趋，越来越多的龙头企业竞相探索数字化转型之路，加快推进数字化、网络化、服务化、智能化发展进程。为研究我国汽车企业新时期数字化转型发展的现状，本文基于汽车企业两化融合评断诊断数据展开深入量化分析。在此基础上，本文探讨了汽车企业数字化转型所面临的挑战，并聚焦服务创新、智慧供应链和智能网联汽车等热点领域对相关发展趋势进行展望。

关键词： 数字化转型；新一代信息技术；融合发展；智能网联汽车

Abstract: With the deep integration of new generation information technology and manufacturing industry, Chinese automobile enterprises digital transformation is the trend. More and more leading enterprises are competing to explore the road of digital transformation, and accelerate the development process of digitization, networking, servitization and intelligentization. In order to study the current situation and challenges of digital transformation of Chinese

[1] 柴雯，国家工业信息安全发展研究中心信息化所高级工程师，博士，从事两化融合研究；王丹，国家工业信息安全发展研究中心信息化所助理工程师，硕士，从事两化融合研究；崔佳星，国家工业信息安全发展研究中心信息化所工程师，博士，从事两化融合研究。

automobile enterprises in the new era, this paper carries out in-depth quantitative analysis based on the evaluation data of the Integration of Informatization and Industrialization. Then, this paper discusses the challenges faced by the automobile enterprises during the digital transformation process. Finally, focus on service innovation, smart supply chain and intelligent connected vehicle, the related development trend is prospected.

Keywords: Digital Transformation; New Generation Information Technology; Integrated Development; Intelligent Connected Vehicle

新一代信息技术与实体经济深度融合是发展数字经济的根本支撑，正引领制造业发生深刻变化。汽车工业经过一百多年的发展，已经形成了成熟的产品结构、生态体系及运营体系，并向制造业输出了大量的先进管理理念和人才。作为制造业技术创新的集大成者，汽车行业在新一轮数字化科技革命中走在了最前沿，消费者不断升级的数字化生活方式和快速提升的服务创新需求直接推动了汽车行业的数字化转型和升级。与汽车工业发达的国家相比，我国汽车企业“大而不强”的问题仍然突出，在核心技术突破和智能化发展方面仍有很大的提升空间。在新时代两化融合新目标、新内容、新要求的指引下，我国汽车产业发展的内生动力与活力已实现根本性改变，借助新一代信息技术加快数字化转型升级，实现产业变革和跨越式发展是我国汽车产业的必然选择。目前，我国各大汽车企业竞相探索数字化转型之路，加快推进数字化、网络化、服务化、智能化发展进程。在此背景下，研究我国汽车企业在新时期实现全面创新转型的发展现状与趋势具有十分重要的意义。本文基于我国大量汽车企业数据，围绕企业上云用云、工业大数据分析应用、人工智能技术应用、生产模式与产品服务创新等重点领域，对我国汽车企业数字化转型发展现状展开深入量化分析，并在此基础上探讨汽车企业在转型创新过程中面临的主要挑战，最后对汽车企业的数字化发展趋势进行展望。

一、我国汽车企业数字化转型发展的意义与内涵

日趋严重的能源短缺和环境污染使传统产业转型发展的需求日益迫切。对汽车制造业而言，竞争日益激烈的市场环境，客户需求和动态成本的不断变化，使行业面临巨大压力。通过改善运营和财务管理方式来增强企业核心业务、提升盈利是传统车企较为通用的做法。但随着数字技术的广泛应用和在各业务环节的覆盖，汽车企业已不再只关注提升核心业务，而是越来越清楚地意识到数字化转型将发挥独特的催化剂作用，帮助汽车企业创造价值并持续创新。只有将企业的管理模式与思维和数字化技术深度融合，并付诸在企业的实际业务中，才能真正实现数字化转型。

对于汽车企业来说，数字化转型是通过数字技术的应用（包括软件、硬件和整体解决方案），引发企业传统创新体系、生产方式，乃至产业结构等发生系统性重构，涵盖研发、采购、组装、营销、零配件和用户服务等诸多环节，汇聚整合企业内外部多种资源，有助于企业实现质量、效率、用户体验、创新成长和效益的全方位提升。虽然不同企业的情况不同，转型的路径和方法也不同，但企业数字化转型过程的本质是一致的，即技术创新与管理创新协调互动，生产力变革与生产关系变革相辅相成，实现螺旋式上升、可持续迭代优化的体系性创新和全面变革。汽车企业开展数字化转型工作将涉及战略调整、能力建设、技术创新、管理变革、模式转变等一系列转型创新，是一项复杂的系统工程。

二、我国汽车企业数字化转型发展现状分析

（一）汽车企业样本概况

本文量化分析部分汽车企业的样本数据。数据来自两化融合服务平台，

共计 4000 余家来自不同区域的不同规模整车及零部件制造企业。其中，规模在 5000 人以上的汽车企业约占 2%，规模在 1000～5000 人的企业占比约为 10%，近 60%的企业为 300 人以下的小微企业。从行业分布来看，近 90%的企业为零部件及配件制造商，整车制造企业约占 10%。从区域分布来看，华东地区的企业占比最多，达到近 50%。华中、华北地区占比较为接近，均为 13%左右。西南、华南、东北、西北地区企业占比均在 10%以下，其中西北地区企业占比最少。

（二）汽车企业上云用云情况

云计算具有大规模、虚拟化、高可靠及弹性配置等属性。汽车企业通过上云用云可便捷地按需使用云资源（包括计算资源、存储资源、应用软件、服务及网络等），实现高度可拓展、灵活易管理的业务模式，帮助企业提高资源配置效率、降低信息化建设成本、促进共享经济发展。在车企上云的浪潮下，很多大型车企不同程度地引入公有云和私有云，搭建了与自身特点相吻合的混合云部署模式，中小型车企则更多偏向公有云。

在设备设施上云方面，当前实现工业设备运行数据自动记录并上传至云平台的汽车企业比例约有四分之一。进一步深度分析发现，在已经实现设备云端管理的汽车企业当中，设备状态监测的应用比例最高，约为三分之一，通过云平台实现远程控制和故障排除的企业比例仅为十分之一左右，基于数据分析进行设备预测性维护、风险预警和运行优化的企业比例均不足十分之一。相较于其他行业，汽车行业的底层设备数字化、联网化水平已处于领先位置，但仍未实现全面普及，设备设施云端管理的基础还需进一步夯实。

在软制造资源融云方面，汽车行业借助云计算、移动互联网等新兴技术对信息系统、应用软件等进行轻量化、移动化、互联网化改造或应用。当前，将信息系统部署在云端的汽车企业比例达到 45%以上，有近 20%的企业通过 SaaS 服务订阅使用应用软件。在已经实现系统云端部署的企业当中，办公管理系统上云的比例达到 90%以上，人力资源管理和财务管理系统上云也较为普及，采购管理和生产管理系统上云达到一半，设备管理系统的迁云比例最低，仅占三分之一。汽车企业在云服务应用方向发展的态势良好，但又主要集中于企业运营管理层面，在研发设计、设备管理和物流管理等环节还有很多工作要做。

（三）汽车企业开展工业大数据应用的情况

如何运用制造大数据提升生产制造水平、改变经营业务模式、提升消费者体验，成为当代汽车产业面临的巨大挑战。基于产品市场、用户服务、生产制造、研发设计等环节的联动数据，找出彼此之间的关联关系，量化解构相关表现的成因和规律，使汽车生命周期的决策变得更精准。开展大数据治理与大数据技术创新应用实践，将实现汽车制造过程价值发现和供应链业务智能优化。特别是对于整车制造企业，大数据支撑的需求非常迫切，基于大数据将各项业务的目标、资源、状态、产出及内外部环境可能产生的影响进行智能量化分析，才能把集团管控做深做透。当前，我国整车制造企业已有 50%以上实现了数据统一集中管理，70%左右的企业初步具备开展下一步相关大数据应用的基础条件并通过信息化手段展开综合决策。整车制造企业中将大数据应用于产品设计与开发的企业占比较高，达到近 30%，应用于销售预测与需求管理的企业占比次之，约为 25%，应用于生产流程优化和故障诊断与预测的企业比例均达到了 20%左右。数据表明，我国的大中型汽车企业已经具备了应用工业大数据的基础，并已在多个领域积极开展探索。

（四）汽车企业人工智能技术应用情况

人工智能技术在汽车行业充满了发展潜力，无论是汽车的研发设计、市场拓展，还是智能驾驶，均为人工智能的应用落地提供了大量场景。在智能化设计方面，智能设计软件通过植入专家系统配合设计师整合素材，将大幅降低设计工作的试错成本；在智能化营销方面，通过应用搭载自然语言处理技术的虚拟助手，可为用户提供偏好匹配、车型比较、车辆细节信息、线下商店信息、试驾预约、财务计算等功能；在智能化人车交互方面，借助人工智能技术实现诸如虚拟车载助手、车主身份识别、疲劳监测、手势识别、自动驾驶等更便捷的人车交互功能正逐渐出现在汽车市场中。从目前人工智能技术应用类别来看，增强学习、机器视觉、运动控制等技术应用相对广泛，应用企业比例均在 10%～20%，此外，深度学习、知识图谱、生物特征识别等技术也有一定程度的应用。从人工智能技术应用场景来看，应用生产监控、数据分析、质量管理业务场景、工控安全场景的企业占比集中在 10%～15%。

（五）汽车企业生产模式转型与服务模式创新情况

根据我国当前汽车产业与经济发展形势，传统生产经营方式已经无法适应快速发展的市场的变化，传统的用户服务模式已经不能满足快速增长的用户需求。通过借鉴互联网思维，应用互联网技术，与新一代信息技术融合发展，汽车企业在生产模式转型和服务模式创新方面取得了明显的进展。当前，我国汽车企业能够实现网络化协同生产的企业的比例已超过三分之一，具备智能制造基础条件实现智造就绪的企业比例超过 10%，实现个性化定制的企业比例约为 8%。此外，汽车企业在数字化产品方面不断探索，目前产品数量已经超过了主营产品数量的 60%。重视生产模式转型与产品服务创新的发展，是未来成功车企必须具备的特征。

三、我国汽车企业数字化转型面临的困难与挑战

（一）企业管理层对数字化转型的认知有待深化

数字化转型是一个相对漫长的过程，涉及战略调整、能力建设、技术创新、管理变革、模式转变等一系列转型创新，是一项复杂的系统工程，

需要企业上下一心、全力推动。但事实上，很多车企对数字化转型的认知还比较片面，存在多种误解。有的车企认为只要部署数字技术，便可以解决业务和组织流程方面遇到的一切问题，进而实现数字化转型。有的车企过度倚重 IT 系统，认为只依靠 IT 系统升级优化和数据孤岛打通互联便可以实现数字化转型。有的车企认为 IT 部门需要主导数字化转型，并对数字化转型的成败负责。还有些车企认为软硬件装备的全面升级便可一劳永逸地解决发展中面临的各种挑战。真正做到发挥数字化效能、实现成功转型，必须纠正片面的理解甚至错觉，用系统思维厘清数字化转型的真正含义，统一数字化转型愿景与目标。

（二）缺乏清晰的实施路径和系统化的管理机制

由于数字化转型的复杂性和系统性，在推进过程中必须做好路径规划、跨部门协作和系统化管理。有些车企急于在所有业务单元中全面开展数字化项目，可能导致资源严重分散或不同项目间的资源需求冲突。有些车企选择在数字化难以带来实际效益的业务领域耕耘，可能导致企业内部对转型效益失去信心。有些车企在小范围的业务主题上浅尝辄止，无法体现数字化转型真正的价值。还有些企业在推动数字化转型的过程中，由于跨部门间的合作机制和系统化的管控机制，致使不同部门间难以彼此合作，难以合理、高效地调配人才与资金，亦难以系统化地管控项目进度与质量。因此，推动数字化转型，必须建立企业的数字化蓝图，厘清各项重点工作和不同任务或项目间的关系，识别并优先推动那些效益显著、可行性较强的项目进行，再将成功经验推广至其他数字化项目，分步骤实现整体转型。

（三）数据价值分析挖掘的应用场景和能力不足

构建高效的数据分析挖掘平台，需要贯穿管理—业务—系统—数据，绝不仅仅是 IT 系统建设。我国大部分车企的传统数据来源已具备成熟体系，涵盖分销商管理系统（DMS）、客户（经销商）管理系统（CRM）、客服中心（Call Center）、生产管理系统、质量管理系统（QIS）等，且绝大多数车企已经具备了运用信息化手段在某一领域进行综合决策的能力。但整体来看，其数据价值分析挖掘的应用场景和能力均有不足。目前，我国车企借助数据技术实现在合同、收入、成本、利润方面决策支持的数量较多，能够实现产品盈利和市场趋势、研发生产与经营管理的集成运营决策的企业则相对较少。此外，对客户深度剖析的数据来源比较匮乏，无法构建多维的客户数据。产品质量数据多用于被动故障分析排查，难以做到预测性故障分析。客户信息传播行为发生变化，仅通过传统销售系统、售后系统、客服系统相对被动，无法快速获取市场需求和信息。汽车企业重视大数据开发利用与传统优势的结合，但现阶段在应用广度和深度还存在诸多不足。企业应进一步增加数据源，拓展数据价值挖掘的应用场景、提升数据分析能力。

四、我国汽车企业数字化转型发展趋势展望

（一）从消费产品到消费“产品＋服务”演变

随着科技的不断发展，汽车企业逐渐意识到硬件产品将不再是汽车行业的主要营收手段，其所搭载的服务和用户数据才是未来行业的关键着力点。新一代信息技术的飞速发展为传统工业带来了越来越多的智能化元素，消费者的消费对象开始从单纯的功能性智能产品延伸至具有全套解决方案的“产品+服务”，终端消费者全新的体验背后是企业传统思维模式的自我突破。汽车行业将优化基于产品整合的增值服务，打造工业设计、个性化定制等基于产品设计的创新服务，积极应对信息技术背景下的各类新型消费模式。以人为中心的服务化转型将贯通汽车流通全流程，通过形成“人—车—店—厂”的闭环，使经销商、车企与用户建立更紧密的联系，围绕车主的用车习惯进行专属定制服务，实现全生命周期数字化零售新生态。汽车企业和信息企业还将跨界合作，以满足消费者的需求为方向，连接车

企、开发者及众多生态合作伙伴，为消费者提供更多全时在线、无缝对接的车上数字化服务，实现覆盖自主出行、共享出行、公共出行等出行全场景服务化的升级。

（二）供应链智能化推动制造业迭代与重构

汽车行业竞争日趋激烈，并呈现出车型多样化、需求多样化、产销计划随市场波动频繁及各类不确定性增加等趋势，企业间的竞争逐步转化为供应链之间的竞争。汽车行业的供应链涉及产品研发、供应商管理、需求管理、计划与制造、原材料与零部件物流管理、生产制造物流管理、整车网络配送、连锁经营、消费者管理、售后维修与后市场服务等一系列内容。汽车行业的供应链已经进入了与物联网深度融合的智能供应链新阶段，能够从根本上改变汽车企业的运作方式，推动整个汽车产业发生重构。智慧供应链将供应链中各环节和不同利益主体都互联互通起来，既有协同管理，又体现出不同环节动态调整与优化的能力。面对汽车企业的各种订单，智慧供应链将事先进行系统的模拟演练，最大限度地降低突发事件带来的危害，增加各环节的协调性。汽车行业智慧供应链将要求各环节的逻辑性更强，不再单纯以生产为中心，而更多的是以服务为中心、以个性化的私人定制为中心。智慧供应链的深化应用有助于实现汽车企业的全流程数字化、智能化，可将从原材料到产品交付的所有物流流程全部实现智能化，进行实时监控，利用网络化手段确保各项资源的无缝衔接。

（三）智能网联汽车技术成熟度将加速提升

智能网联汽车是指车联网与智能汽车的有机联合，搭载先进的车载传感器、控制器、执行器等装置，并融合现代通信与网络技术，实现车与人、车与车、车与路、车与后台等智能信息交换共享，实现安全、舒适、节能、高效行驶，并最终可替代人来操作汽车，是未来出行的最佳载体。发展智能网联汽车顺应我国汽车行业转型发展的趋势，是我国汽车行业从速度增长到质量增长的重要突破。随着产业互联网在汽车行业的渗透，车联网新业态的逐步形成，智能网联汽车成了汽车企业在汽车 4.0 时代的新战场。在跨界合作方面，传统车企、互联网公司、初创公司等正试图进入智能驾驶领域，通过跨界合作打造未来智能汽车。网联式系统能从时间和空间维度突破自主式系统对于车辆周边环境的感知能力，网联式智能技术与自主式智能技术相辅相成，互为补充，加速融合发展。此外，5G 技术的商用普及将推动智能网联汽车进入面向场景化的时代，对智能网联汽车的应用将起到关键的支持作用。自动驾驶的诸多场景，如自动超车、协作式避碰、车辆编队都对可靠性和延时性提出了要求，需要 5G 超可靠、低时延时作为保证。5G 的高带宽除了满足车辆的需求，还可以满足车内乘客对 AR/VR、游戏、电影、移动办公等车载信息娱乐，以及高精度地图的需求。

参考资料

1. 赵敏. 工业互联网平台的六个支撑要素——解读《工业互联网平台白皮书》. 中国机械工程，2018，29（8）：1000-1007。

2. 高继欢. 试析中国汽车的发展现状及前景. 时代汽车，2019(1)：25-26。

3. 鞠圆. 信息产业深化汽车智能化应用的思考. 机电技术，2018(4)：114-116。

4. 陈虹，郭露露，边宁. 对汽车智能化进程及其关键技术的思考. 科技导报，2017，35（11）：52-59。

5. 董志学. 中国汽车产业与信息技术产业耦合发展研究. 北京：首都经济贸易大学，2016。

6. 杨丹. 我国汽车产业发展研究. 无锡：江南大学，2017。

7. 赵福全，刘宗巍. 中国发展智能汽车的战略价值与优劣势分析. 现代经济探讨，2016（4）：49-53。

8. 北京市经济和信息化委员会. 国内外智能网联汽车产业发展概况. 科技中国，2019，257（2）：56-66。

9. 唐葆君，王翔宇，王彬，等. 中国新能源汽车行业发展水平分析及展望. 北京理工大学学报（社会科学版），2019，21（2）：6-11。

10. 王如玉，梁琦，李广乾. 虚拟集聚：新一代信息技术与实体经济深度融合的空间组织新形态. 管理世界，2018，34（2）：13-21。

11. 乔英俊，延建林，钟志华，等. 我国汽车产业转型升级研究. 中国工程科学，2019，21（3）：41-46。

12. 梁妮. 基于“互联网+”背景下汽车行业智慧生产与智慧供应链融合研究. 商场现代化，2019（15）：25-26。

B.8

我国纺织行业数字化转型发展现状

崔学民　付宇涵　师丽娟　李立伟[1]

摘　要： 纺织行业是我国优势产业，拥有世界上最为完整的产业链条和最为庞大的产业规模，在国民经济中占有举足轻重的地位。全国纺织服装企业超过 20 万户，其中规模以上企业达到 3.4 万户，产业形式整体向好。近年来纺织行业对数字化转型发展的认识水平不断提高，信息化应用覆盖面不断扩展，行业内的大企业数字化转型不断走向纵深，中小微企业数字化转型发展速度明显加快，并呈现灵活多样、务实发展的特点。同时我们也认识到，纺织行业近年来在数字化、网络化方面取得了较快的发展，但总体应用水平依然偏低，智能制造就绪率只有 10.4%，工业软件普及率也有待提升，纺织企业急需数字化转型引导，协同发展生态尚待打造与强化，建议持续推动纺织行业工业互联网平台建设与应用推广，持续构建、周期性跟踪纺织企业数字化转型画像，完善多方协同工作机制和要素保障体系，共同推进纺织行业数字化转型发展。

关键词： 数字化；网络化；智能化；纺织

---

[1] 崔学民，国家工业信息安全发展研究中心信息化所高级工程师，硕士，从事两化融合、工业互联网、数字化转型等领域的技术与产业研究；付宇涵，国家工业信息安全发展研究中心信息化所工程师，资深研究员，从事两化融合、工业互联网、数字化转型相关领域研究；师丽娟，国家工业信息安全发展研究中心信息化所工程师，博士，从事两化融合研究、数字化转型等研究；李立伟，国家工业信息安全发展研究中心信息化所工程师，硕士，从事两化融合、数字化转型等研究。

Abstract: Textile industry is Chinese advantageous industries, with the world's most complete industrial chain and the most massive industrial scale, occupying a pivotal position in the national economy. National textile and apparel enterprises more than 200,000, including above-scale enterprises reached 34,000, the overall form of industry to the good. In recent years, the textile industry on the digital transformation of the development of the level of awareness continues to improve, the application of information technology to expand the coverage, the industry's digital transformation of large enterprises continue to move deeper, medium and small micro enterprises digital transformation development speed significantly accelerated, and presents a flexible and diverse, pragmatic development characteristics. At the same time, we also recognize that the textile industry in recent years in the digital, networked has made rapid development, but the overall application level is still low, the intelligent manufacturing readiness rate of only 10.4%, industrial software penetration rate also needs to be improved, textile enterprises in urgent need of digital transformation guidance, collaborative development ecology is still to be built and strengthened, it is recommended to continue to promote the construction of the textile industry industrial Internet platform and application promotion, continued It is recommended to continue to promote the construction and application of the textile industry's industrial Internet platform, continuously build and periodically track the digital transformation portrait of textile enterprises, and improve the multi-party collaborative work mechanism and element guarantee system to jointly promote the development of the textile industry's digital transformation.

Keywords: Digital; Networked; Intelligent; Textile

一、纺织行业数字化转型发展宏观环境

纺织行业是我国历史最为悠久的民生产业和具有国际竞争优势产业之一，也是我国体制改革当中最早进入市场化的工业行业之一，在市场经济的大潮中，纺织行业深入贯彻落实“三品”战略，在激烈的市场竞争和复杂的国际环境中不断迈向中高端。我国纺织工业拥有世界上最为完整的产业链条和最为庞大的产业规模，在国民经济中占有举足轻重的地位。截至目前，全国纺织服装企业超过 20 万户，其中规模以上企业达到 3.4 万户。据国家统计局数据，2019 年规模以上纺织企业实现营业收入 49436.4 亿元，全国限额以上服装鞋帽、针纺织品类商品零售额达到 13517 亿元。我国纤维加工总量占世界的 51%，纺织品服装出口额占全球的 35%左右，纺织行业吸纳了超过 2000 万人就业，贡献了我国净创汇额的 71%，是我国稳外贸、稳就业的重要支柱产业。

（一）纺织行业经济运行情况

内需销售持续改善，出口实现超预期增长。2019 年，我国纺织品服装内销市场的增长速度有所放缓。根据国家统计局数据，2019 年全国限额以上服装鞋帽、针纺织品类商品零售额同比增长 2.9%，增速较 2018 年放缓了 5.1 个百分点。2020 年，国内新冠肺炎疫情暴发初期，关闭实体商业、居家隔离、减少社交活动等防疫措施使得纺织服装类商品内需消费在一季度出现大幅下滑。二季度以来，随着经济生活有序恢复，居民消费活动日渐活跃，在国家各项促进消费政策的良好支持下，纺织行业内需市场销售逐季度改善。国家统计局数据显示，2020 年全国限额以上单位服装鞋帽、针纺织品零售额同比减少 6.6%，降幅较前三季度收窄 5.8 个百分点；网络零售规模恢复更为迅速，到 2020 年 7 月底全国网上穿类商品零售规模已

超过 2019 年同期水平，全年同比增长 5.8%，增速较前三季度加快 2.5 个百分点。

纺织行业出口形势总体向好。根据中国海关数据，2019 年我国纺织品服装累计出口金额为 2807 亿美元，同比减少 1.5%，增速低于 2018 年 5.3 个百分点；我国对美国、日本和欧盟出口金额同比分别减少 6.6%、4.6% 和 4.4%。进入 2020 年，在防疫物资采购需求带动下，纺织行业出口规模创 2015 年以来新高。海关快报数据显示，2020 年我国纺织品服装出口总额为 2912.2 亿美元，同比增长 9.6%，增速高于 2019 年 11.1 个百分点。其中，纺织品出口金额为 1538.4 亿美元，同比大幅增长 29.2%，占全行业出口总额的比重由 2019 年的 44.3%大幅提升至 58.2%；2020 年服装出口形势上半年较为严峻，但下半年随着海外经济重启，我国纺织产业体系的完善性和供应链的运转稳定性优势显现，服装出口逐步好转，到 2020 年年底出口额同比降幅已收窄至 6.4%，自 2020 年 8 月起单月出口额均实现正增长。

企业效益持续修复，运行压力仍然突出。伴随着内外市场需求逐步回暖，以及国家大规模采取的减税降费等助企助困政策措施，纺织企业经济效益在经历年初大幅下滑后，呈现稳步修复、逐季改善的态势。根据国家统计局数据，2020 年全国规模以上纺织企业实现营业收入 45190.6 亿元，同比减少 8.8%，降幅较前三季度和 1—2 月分别收窄 3.3 个和 20.7 个百分点；实现利润总额 2064.7 亿元，同比减少 6.4%，降幅较前三季度和 1—2 月分别收窄 5.7 个和 46.9 个百分点。规模以上纺织企业营业收入利润率为 4.6%，较 2020 年年初 2.2%的水平大幅改善，并超过 2019 年 0.2 个百分点。其中，产业用和家用纺织品行业盈利能力表现突出，利润总额同比分别增长 203.2%和 14.7%，营业收入利润率分别为 11.4%和 5.6%，居于产业链各环节前列。

随着效益修复，纺织企业运行质量较 2020 年年初也有所改善，但经营压力仍然较大。2020 年，规模以上纺织企业亏损面为 22.7%，亏损企业亏损额同比增长 26.8%，较 2020 年 2 月末分别下降 13.6 个和 2.7 个百分点；总资产周转率和产成品周转率分别为 1.1 次/年和 13.2 次/年，同比分别放缓 11.6%和 10.9%；三费比例为 7%，较 2019 年提高 0.2 个百分点。

产业集群特征明显，集群经济初具规模。我国纺织产业集群化发展特征明显，中国纺织工业联合会（以下简称“中国纺联”）自 2002 年开始进行纺织产业集群的试点工作，以促进产业集群持续健康发展。经过十多年的推动和发展，截至 2019 年，与中国纺联有试点产业集群关系的地区有 204 个，产业集群试点地区的企业总户数约为 19.43 万户，其中规模以上企业 1.53 万户；工业总产值达 3.63 万亿元，其中规模以上企业为 2.56 万亿元；主营业务收入达 3.60 万亿元，其中规模以上企业为 2.58 万亿元；利润总额达 2195.02 亿元，其中规模以上企业为 1485.63 亿元；产业集群试点地区的企业总户数和主营业务收入分别约占全国纺织行业规模以上企业户数和主营业务收入的 45.1%和 51.8%，集群经济已极具规模。

（二）纺织行业数字化转型发展面临的基本形势

国际形势复杂多变，中国制造面临挑战。突如其来的新冠肺炎疫情，致使口罩、医用防护服等重要物资严重短缺，促使世界各国特别是工业大国纷纷对全球化带来的风险进行重新评估和反思，更多的国家将重新审视和思考国际产业布局和产业分工，以更大力度推动供应链的本土化与多元化。短期来看，我国纺织工业产业链比较优势依然明显，国际地位不会改变；但长期来看，在多重因素作用下，降低对“中国制造”的依赖或将成为全球各国产业政策的一个重要方向。

市场需求持续减弱，行业运行压力增大。近年来，国内外市场需求持续减弱，贸易环境风险不断上升。特别是新冠肺炎疫情在全球蔓延，且疫情发展仍未出现明显的拐点，成为影响全球产业发展的重要变量之一。世界经济前景的高度不确定性，使得全球市场增长缺乏稳定支撑，市场需求不振将成为一种长期存在。同时，随着我国劳动力成本、能源成本、运输成本和环境治理成本的不断上升，加之中美贸易摩擦和关系走向等不确定因素，纺织产业供需两端经受着前所未有的冲击，面临着巨大的环境压力和系统性风险。

融合发展持续深化，数字化转型势在必行。纺织行业面临着消费者需求的不断升级，以及全球产业布局和产业分工重新调整的双重压力的背景下，在新的市场形势和竞争格局下，纺织行业数字化转型势在必行。近些年，纺织行业始终如一地推进两化深度融合，引导企业加快企业全链条数字化改造，通过加快工业网络改造、装备数字化升级，加强各业务环节的数字化应用和数据的集成共享，取得积极成效。新一代信息技术在纺织企业不断深化应用，企业数字化转型基础日趋坚实，数字化转型已经“箭在弦上”。纺织行业与融合技术产业良性互动发展，面向纺织行业的专业化的工业软件等信息化产品，以及智能制造、工业互联网等综合解决方案水平不断提高，服务供应商队伍不断壮大；平台服务企业跨界向纺织行业加速拓展，基于平台带动纺织产业链上下游中小企业协同融通发展；工业电子商务应用创新发展，探索产融互动、产融双驱的发展新路径，纺织行业数字化转型支撑能力不断增强。

二、纺织行业数字化转型发展现状

随着我国劳动力成本、能源成本、运输成本和环境治理成本的不断上升，以及消费者时尚化、个性化需求的不断提高，纺织行业面临着转型升级和探求高质量发展路径的迫切需求。如何通过深化互联网、大数据、人工智能等新一代信息技术与纺织工业融合发展，打造新型数字化产业体系，推动行业沿着数字化、网络化、智能化方向演进升级，向创新驱动的科技产业、责任导向的绿色产业和文化引领的时尚产业发展，成了一个重要的时代命题。

（一）纺织行业数字化转型发展整体水平不断提高

近年来纺织行业对数字化转型发展的认识水平不断提高，信息化应用覆盖面不断扩展，行业内的大企业数字化转型不断走向纵深，中小微企业数字化转型发展速度明显加快，并呈现灵活多样、务实发展的特点。随着信息技术的多样性发展，纺织行业大中小型企业融通发展的趋势非常明显，推动企业实现需求精准响应、资源动态配置、业务高效协同，行业数字化转型总体水平正在加速向集成提升阶段迈进。

如图 8-1 所示，2020 年纺织行业两化融合发展水平达到 55.4，近 5 年持续保持稳定增长。从发展水平来看，2020 年，我国纺织行业两化融合水平较 2019 年增长 0.2%。在过去两年，我国纺织行业两化融合发展水平持续保持 5%以上的速度增长，2020 年受新冠肺炎疫情等因素影响，增速有所放缓。大数据、工业互联网、人工智能等新技术与产业融合渗透持续深化，企业发展理念、发展模式、绩效产出等发生显著变化，供给侧结构性改革成效持续显现，高效率、高质量的供给体系正在形成，数字化转型正在向更广范围、更深程度、更高水平持续稳定迈进，纺织行业工业化和信息化发展步入从数量扩张转向质量提升的新阶段。

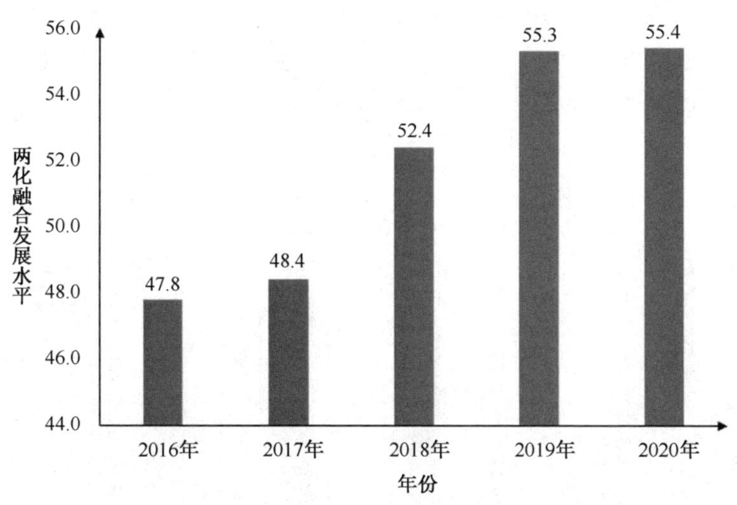

图 8-1 2020 年纺织行业两化融合发展水平

（二）以制造为本加速推进数字化、网络化、智能化发展进程

我国纺织行业已经进入新的发展阶段，行业结构不断调整，服装、家

纺等传统纺织行业逐步实现个性化定制，企业注重打造中国品牌，产业用纺织品行业成为纺织行业新的经济增长点。目前，我国纺织行业正以制造为本，加快新技术与传统制造业的融合，开发数字化、网络化、智能化纺织装备，推动企业智能工厂的建设，推动网络进一步演进升级，推动信息领域技术创新突破，推动数字经济与实体经济深度融合。

数字化：行业企业设备终端的数字化、联网化覆盖平均水平达到50.7%、44.3%，PLM、MES等软件及云平台应用逐渐推广。纺织行业设备自动化、数字化改造力度较大，设备联网、生产实时监控成效明显。如图8-2所示，2020年，纺织行业生产设备数字化率和联网率分别达到50.7%和44.3%，分别高于消费品行业平均水平2.9个和3.9个百分点。纺织行业工业软件普及率高于消费品行业平均水平，ERP、PLM、MES等工业软件的应用为纺织企业提升经营决策智能化水平，大力推广大规模定制技术及其制造模式，推动纺织制造向服务化转型奠定基础，2020年，ERP、PLM、MES等工业软件的普及率分别达到60.9%、18.0%、22.7%，较消费品行业平均水平分别高出1.5个、0.2个、2.6个百分点。如图8-3所示，2020年，纺织行业云平台应用率达到47.4%，略低于消费品行业47.5%的平均水平。

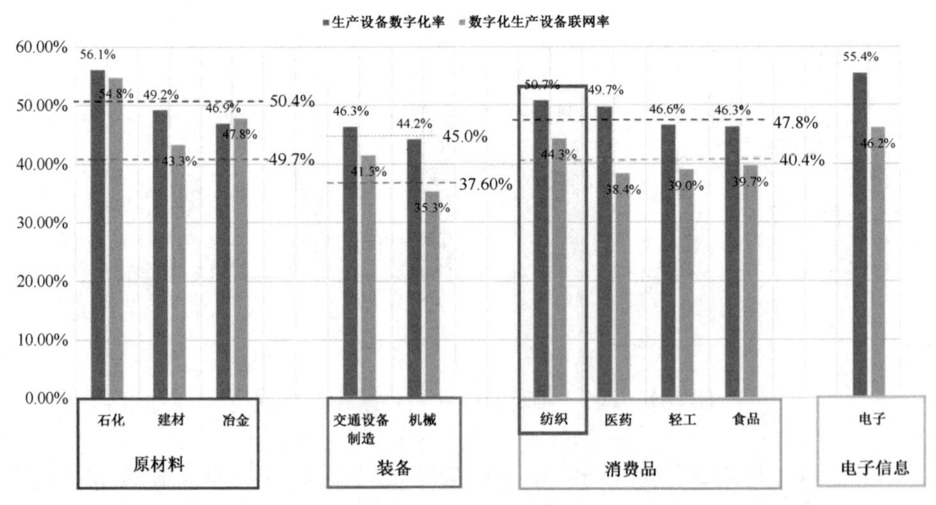

图8-2　2020年生产设备数字化率、联网率

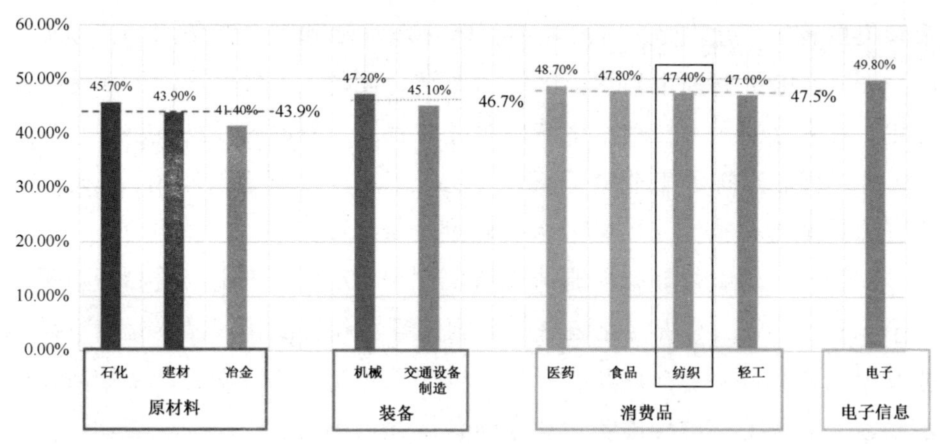

图 8-3 2020 年工业云平台应用率

网络化：产供销集成水平进一步提升，工业电子商务普及率达到 64.6%。由于用工贵、招工难、提高产品质量和效益等诸多因素，使得企业对数字化网络化存在巨大需求，产供销水平进一步提升。工业电子商务可以推动工业企业交易方式、经营模式的网络化、协同化和智能化，推动企业组织形态和管理体系的变革，是企业数字化转型的一条有效路径，如图 8-4 所示，2020 年，纺织行业工业电子商务普及率为 64.6%，略低于消费品行业平均水平 0.8 个百分点。目前，纺织行业工业电子商务正呈现出集成、集

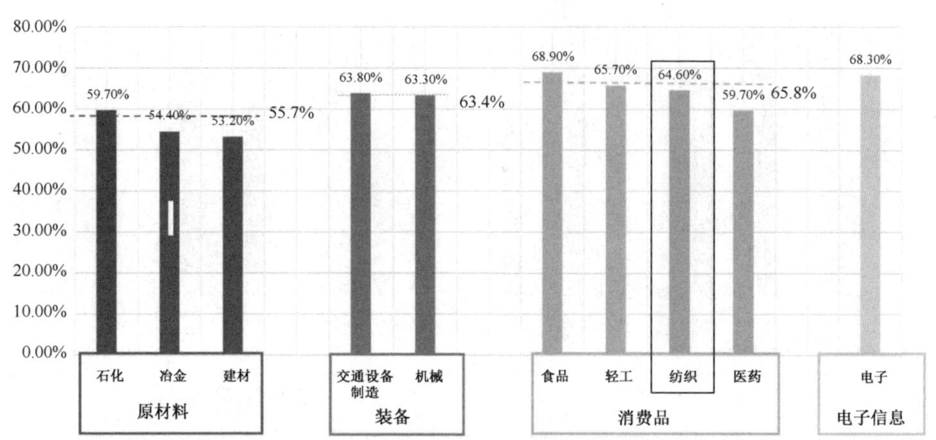

图 8-4 2020 年重点行业工业电子商务普及率

聚和集群特征，有效促进了产业链整体协作水平和综合竞争力的持续提升，同时，工业电子商务也加快了区域产业结构调整，一方面推动了制造业服务化，另一方面大力拉动了生产性服务业发展，为地区经济发展注入新活力，纺织行业发挥了工业电子商务在汇聚工业全要素上的作用，优化了工业资源的配置，推动了实体经济的转型升级。

智能化：纺织行业智能制造就绪率达到 10.1%，高出消费品行业平均水平 1.5 个百分点。智能化装备、智能化运营和智能化产品仍是推动纺织业发展的强劲动力，并以此实现机器替代人工，提高劳动生产率和实现柔性制造，实现生产过程透明化和车间管理的精细化。纺织行业智能制造带动实现纺织制造模式变革，并进而推进纺织服务制造变革和纺织绿色制造变革。目前，我国正积极推进智能车间（工厂）在化纤纺丝、纺纱、织造、非织造、染整、服装和家纺等重点领域开展生产过程智能化的技术研发与试点示范，加快建设和普及纺织智能车间（工厂），实现纺织生产过程全流程自动化、智能化，推动纺织行业向新一代智能制造转型升级。如图 8-5 所示，2020 年，纺织行业智能制造就绪率达到 10.1%，高出消费品行业平均水平 1.5 个百分点。

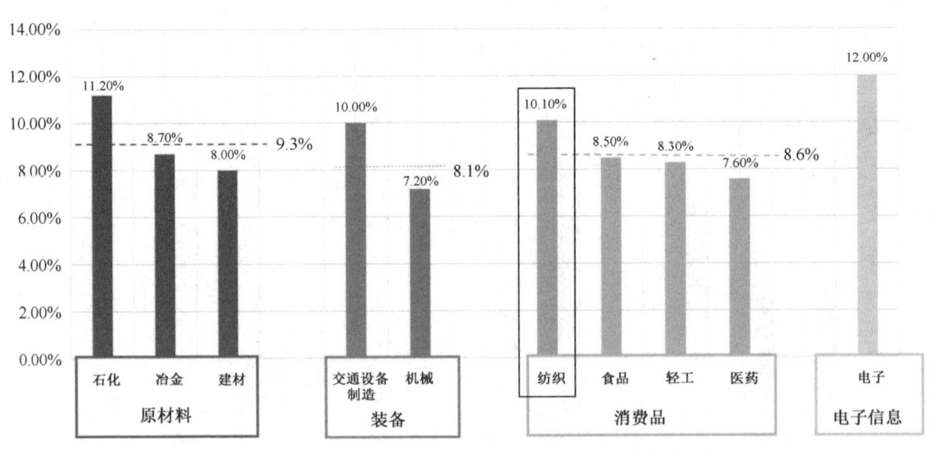

图 8-5 2020 年智能制造就绪率

（三）平台化运营、个性化定制、服务型定制等新模式、新业态不断涌现

纺织行业大型企业加快业务系统云化改造，创新创业要素平台化开放，大型骨干企业“双创”平台普及率达到 85.9%，高于全国平均水平；中小微企业互联网应用活跃，业务云端迁移加速，大中小企业协同发展的生态正在形成；基于平台的个性化定制、共享制造等新模式、新业态不断涌现，平台经济、共享经济等新业态加速形成，纺织行业数字化转型能力不断提升。随着深化产业链上下游和金融机构资源对接政策的落实，金融部门对工业互联网平台的发展特征、趋势和未来可能创造的收益等有更准确的把握，同时也能更及时地反映工业互联网平台发展过程中企业的融资需求，必将促进形成产融结合的创新发展模式，工业互联网的应用场景也将不断丰富和拓展。

平台化运营，共享制造。网络化协同以产业园区、工业互联网平台为载体实现生产要素和各方资源的有效汇聚、高效流动和最优配置。纺织行业的网络化协同发展，需要机械、纺织、自动化、计算机、信息等多专业和技术的有效结合，完成不同类型和功能的智能单机设备互联，形成柔性化新型生产模式。纺织行业正在形成集智能管理、智能车间、智能物流运输、产品管理、售后追踪于一体的完整的网络化协同模式，通过智能计划、智能生产调度、智能监控、实时成本分析、市场分析、智能决策形成智能管理系统。如图 8-6 所示，2020 年，纺织行业实现网络化协同的企业比例达到 40.3%，高于其他消费品行业。

个性化定制：建立用户体验中心、在线设计平台等形成动态感知、实时响应消费需求的大规模个性化定制模式。个性化定制是纺织行业典型的基于工业互联网的新模式应用，通过数据化、部件化、智能化等实现服装个性化定制生产等。如图 8-7 所示，2020 年，纺织行业开展个性化定制的企业比例达到 12.0%，高于其他消费品行业。

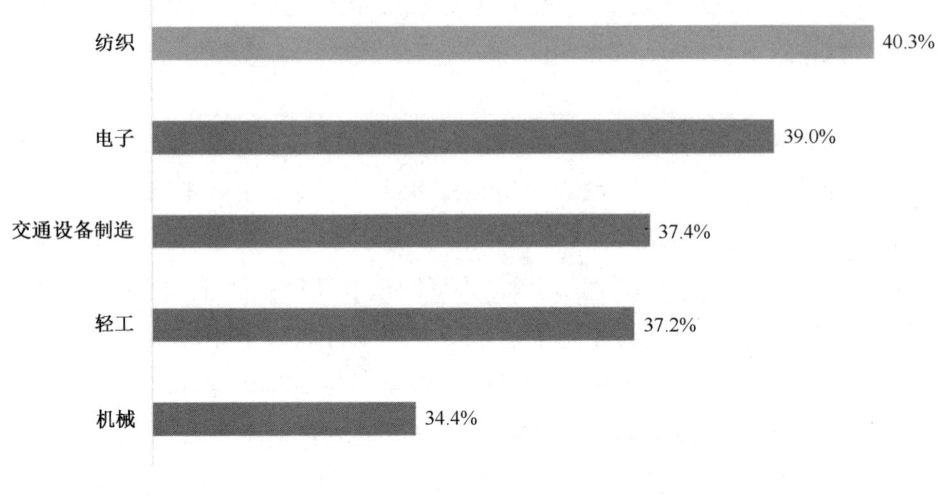

图 8-6　部分消费品实现网络化协同的企业比例

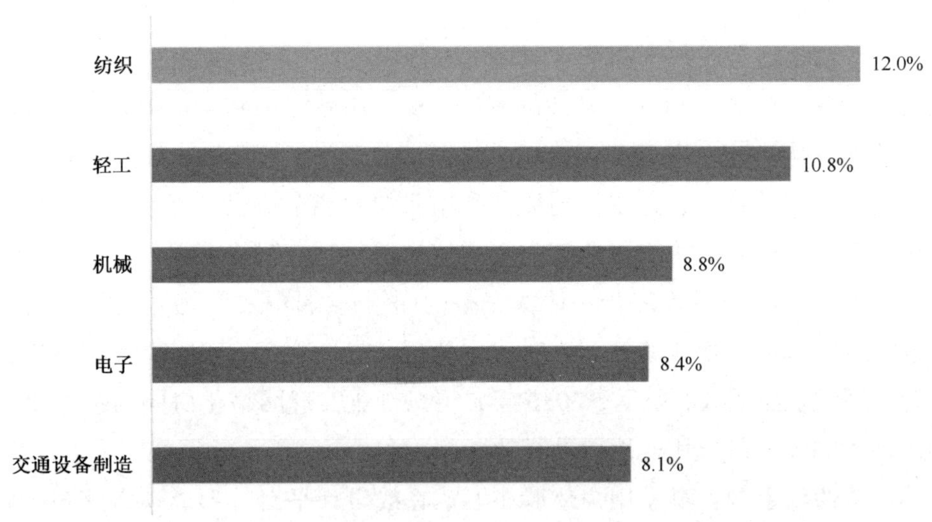

图 8-7　部分消费品行业开展个性化定制的企业比例

服务型制造：聚焦供应链一体化管理推动价值链延伸与重构。纺织行业服务型制造包括远程在线服务、网络化精准营销、基于智能终端提供创新服务等，一般通过客户体验中心、在线设计中心和大数据挖掘等方式，采集分析客户需求信息，增强定制设计和用户参与设计能力。如图 8-8 所示，2020 年，纺织行业开展服务型制造的企业比例达到 25.5%。

图 8-8 部分消费品行业开展服务型制造的企业比例

三、纺织行业数字化转型发展主要趋势

（一）企业上云用云步伐加快，云化软件和工业 App 发展提速

随着工业协议兼容适配能力、设备接入能力、工业设备数据采集能力等方面技术能力的不断提高，以及制造能力模块化平台化水平的提升，加之各级政府的鼓励和支持措施，企业上云、上平台步伐必然加快。大型企业通过业务系统云化改造提高集成管控能力，中小企业通过业务云端迁移导入先进的技术方案、管理理念和商业模式。

另外，云化工业软件及工业 App 发展迅速，各类云化软件工具资源加速向平台聚集，并依托工业互联网加速应用和推广，又进一步激发了云化软件的开发热情，仿真设计、嵌入式组态、制造执行等核心关键工业软件研发和产业化过程将提速发展，工业 App 等新型工业软件向定制化、平台化、体系化方向发展。

（二）数据驱动生产模式初现，行业大数据创新应用发展空间广阔

一方面，纺织企业对数据资源的认识水平逐渐提升，对开发利用需求日趋增多，企业将逐步加深对数据资源的有效积累和开发应用，不断加强信息技术和业务技术的深度融合，实现从技术驱动生产到“技术+业务+数据”驱动生产转变。另一方面，工业大数据技术飞速发展，面向特定工业场景的时序数据库、挖掘工具、分析模型等工业大数据产品日益丰富，企业数据驱动生产模式的转变，势必对纺织行业数据资源的深入挖掘和共享应用的需求也越来越强烈，成为企业提升产品全生命周期管理、智能制造效率和水平的重要工具，可以预见，纺织行业大数据创新应用必将提速，且发展空间十分广阔。

（三）智能制造基础不断夯实，智能产线、智能车间建设进程加快

纺织企业数字化改造提速，通过生产装备数字化升级、企业内外工业网络改造、工业数据采集等加速数字化改造进程，夯实智能化发展基础，进而推动研发、设计、生产、营销、供应和服务体系变革，加速数字化转型步伐。

纺织行业高端智能装备不断取得技术突破，基于高端智能装备的智能制造单元、智能生产线、智能车间、智能工厂等系统解决方案不断涌现；纺织行业新增、扩建产能智能化水平快速提升，智能生产线、智能车间建设较为普遍。

（四）工业互联网平台垂直深耕，双跨平台积极布局、产业集群加速落地

跨行业、跨领域的大型工业互联网平台非常看重纺织行业工业互联网

发展前景，正积极布局纺织行业，并与纺织行业优势企业强强联合，优势互补。例如，海尔 CosmoPlat 平台打造纺织服装行业“海织云”平台，除提供大规模定制解决方案外，还提供纺机远程运维服务和“衣联网”应用；树根互联的根云平台提供了刺绣行业和缝制行业解决方案，并已服务众多企业；阿里云的“supET 工业互联网平台”，构建“1+*N*”联盟，面向中小微服装企业提供数字化解决方案。这些大型工业互联网平台技术实力雄厚，以“基础平台+纺织行业赋能子平台”的典型模式，加速在纺织行业进行布局与拓展，已在行业内取得较大的影响力和较好的应用效果。

同时，在国家政策引导下，各级政府也高度重视工业互联网发展，纷纷出台支持政策，推动工业互联网平台的落地建设，由地方政府驱动建设的工业互联网平台带有明显的地域特征。例如，常州市天宁区依托长三角地区经济优势，落地建设“航天云网纺织工业互联网平台”，天宁区政府和航天云网数据研究院联合启动了“百企先行，千企上云”专项行动，开启了“政企联动”新模式，也被总结为“常州模式”，短时间内就推动超过 2 万台设备上云，快速实现大规模的企业上云覆盖。

四、纺织行业数字化转型发展面临问题与挑战

（一）纺织行业关键基础能力仍显不足，智能化发展依然任重道远

2020 年，纺织行业生产设备数字化率和数字化设备联网率分别是 50.7%和 44.3%，关键工序数控化率 48.6%，尽管近年来在数字化、网络化方面取得了较快的发展，但总体应用水平依然偏低，智能制造就绪率只有 10.4%，纺织行业向智能化演进发展的基础依然薄弱，面临着大范围、深层次的数据采集能力、异构数据的协议转换与边缘处理能力不足的问题。

（二）工业软件普及率略低，综合集成应用发展水平有待进一步提高

2020年纺织行业工业云平台应用率为47.4%，低于消费品行业平均水平0.1个百分点；MES的普及率仅有23.7%，低于全行业平均水平0.9个百分点，PML的普及率仅有19.2%，低于全行业平均水平1.4个百分点。在线生产监控系统应用水平总体偏低，直接制约了纺织企业信息化综合集成应用的深入发展，纺织行业亟待努力提高基于在线生产监控的信息化综合集成应用水平，实现企业发展的跨越式提升。

（三）纺织企业亟须数字化转型引导，协同发展生态尚待打造与强化

我国制造业的数字化转型之路还处于起步发展的阶段，纺织服装企业在数字化转型的过程中普遍存在着方向不明、路径不清、系统性不强等突出问题。在纺织行业数字驱动型工业新生态构建过程中，亟须在政策法规制定、应用生态构建等多领域协同发展与强化。例如，随着工业互联网平台建设等方面的快速发展，平台上汇聚的企业数据、设计图样等工业数据的权属问题日益凸显，对工业数据的所有权、使用权、管理权、交易权等缺乏清晰的法律认同和界定，存在着数据产权纠纷等方面的隐患。

（四）纺织行业普遍存在复合型人才短缺、资金投入不足等问题

纺织企业大多地处乡镇，且相较于高新技术行业待遇水平整体偏低，很难留住信息技术人才，专业人才短缺，特别是复合型技术人才更加匮乏。另外，由于国内外市场环境错综复杂，纺织企业特别是中小微企业生存压力加大，数字化转型相关资金投入明显不足。

五、思考与建议

（一）持续推动纺织行业工业互联网平台建设与应用推广

运用工业互联网平台实现产业链资源优化配置和协同延伸，以及价值链、物流链、金融链的全面融合。提高纺织行业产业链的协同能力和快速响应能力，打破与农畜产品加工、石化、新材料等行业间的壁垒，助力实现产业链资源优化配置和协同延伸。利用工业互联网加速中小微企业数字化转型，着力解决占比超过 99%的中小型纺织企业数字化转型基础薄弱及人才、技术、资金相对匮乏等方面的问题。利用工业互联网加强联防联控能力应对疫情等突发情况，强化产业链资源整合和优化配置，以及行业知识复用和供需对接等方面的优势。运用工业互联网实现产品设计、生产、销售、采购、管理等环节的企业间协同，形成网络化企业集群，加强纺织产业集群数字化转型，形成区域数字产业集聚和数字经济发展。运用工业互联网激发创新活力、促进创新要素开放，提高企业和产业链的快速反应能力，以及企业个性化、柔性化供给能力。

（二）持续构建、周期性跟踪纺织企业数字化转型画像

加快推动建立符合行业特点、面向行业应用的纺织企业数字化转型评估服务体系，引导企业以用户为中心，重构企业价值链，形成数物融合、贯穿产品全生命周期、全价值链的数据链路，以数据为驱动，实现产品与业务的深度融合以及业务模式和商务模式创新。研究建立细化、可测量的纺织服装行业数字化转型评估体系，开发相应的评估诊断工具集，有效地引导企业通过自评估、自诊断查找数字化基础和数字化应用的不足和短板，找准数字化转型发展方向。建立纺织企业数字化转型评估数据库和对标诊断模型，加强数字化转型咨询服务体系建设，开展咨询服务，提出关于数

字化转型建设路径的建议。

（三）构建纺织行业大数据服务体系，提高数据资源管理与服务能力

推进纺织行业大数据中心建设，并与重点产业集群的区域性大数据中心互联，形成行业大数据服务体系，实现重点区域和重点企业的数据收集、汇总和应用，提高数据资源管理能力，为行业宏观决策、企业生产经营、区域经济发展和应对国际贸易争端等服务提供数据支持。同时，要出台相关政策措施，促进数据有序共享、全球流动和充分利用，释放数据对经济发展的放大、叠加和倍增效应。

（四）持续完善多方协同工作机制和要素保障体系

一是建立多方参与的数字化转型推进工作长效工作机制。充分发挥行业协会和专业组织作用和科研院所的科研与人才优势，建立常态化协同工作机制，使国家相关政策措施能够尽快转化成为可操作、可推广的研究成果，进而更好地在纺织行业落地并发挥更大的作用，有关工作也能够得到政府部门的更多指导和支持。

二是调整税收优惠政策，鼓励企业加大数字化转型资金投入。两化深度融合、工业互联网建设，企业需要投入大量的人力和财力，企业将面临较大的资金压力，建议调整税收优惠政策，扩大加计扣除的范围，将企业信息化及数字化转型方面的资金投入列入加计扣除的范围，鼓励企业加大投入力度，引导企业加快数字化转型建设步伐。

三是推动对工业数据的所有权、使用权、管理权、交易权等方面的法律法规界定，消除数据产权纠纷等方面的隐患，加快数字工业新生态的形成和发展。

四是加大纺织行业数字化转型发展政策支持力度。

五是推动交流合作与人才培养，推动两化深度融合、数字化转型和工

业互联网建设与应用等方面的技术交流，加强技术、产品、解决方案、投融资等多领域合作；加强复合型人才培养，特别是领军人才培养，激发企业家创新应用的意识与潜能。

参考资料

1. 国家工业信息安全发展研究中心，中国两化融合发展数据地图（2020），2020。

2. 国家工业信息安全发展研究中心，中国两化融合发展数据地图（2020），2019。

3. 中纺联产业集群工作委员会，中国纺联. 2020 年纺织行业经济运行报告：积极助力疫情防控，经济运行平稳回升. http://www.ctei.cn/jq/gzdt/202102/t20210207_4105427.html。

4. 国务院第四次全国经济普查领导小组办公室. 中国经济普查年鉴. http://www.stats.gov.cn/tjsj/pcsj/jjpc/4jp/zk/indexch.htm。

5. 国家统计局. https://data.stats.gov.cn。

6. 海关总署. 统计月报. customs.gov.cn/。

7. 中国纺织工业联合会产业经济研究院. 助力疫情防控经济平稳回升，中国纺织报. 2021-02-08/001。

8. 中华人民共和国中央人民政府，国务院. 关于印发工业转型升级规划（2011—2015 年）的通知. http://www.gov.cn/gongbao/content/2012/content_2062145.htm。

9. 李颖. 深化新一代信息技术与制造业融合 加快产业数字化转型. 中国电子报，2019-01-30，001。

10. 钟强. 工业电子商务：企业数字化转型重要路径. 中国电子报，2018-11-27，005。

11. 李锋白. 纺织行业审慎推进智能制造. 中国工业报，2018-06-27。

12. 王继征. 数据分类共享 释放更大价值. 中国纺织报，2020-07-27。

13. 王雨阳. 蹄疾步稳 我国两化融合发展水平加速提升. 中国工业报，2019-03-04。

B.9

我国石化行业数字化发展现状分析

赵珏昱　付宇涵　师丽娟[1]

摘　要： 石化行业作为传统能源行业，设备价值高、工艺复杂、产业链长、危险性高、环保压力大，面临设备管理不透明、工艺知识难传承、产业链上下游协同水平较低、安全事故易发等痛点。借助新一代科技革命和产业变革的机遇，提升石化行业的生产效率、环保性能及安全效益，是其高质量可持续发展的必然要求和现行路径。本文总结了我国石化行业数字化建设发展历程，结合具体数据对石化行业数字化发展现状进行分析，并根据当前所面临的问题，提出思考与建议。

关键词： 石化行业；数字化发展；产业变革

Abstract: As a traditional energy industry, petrochemical industry not only has high equipment value, complex process, long industrial chain, high risk and great pressure on environmental protection, but also faces some pain points, such as opaque equipment management, difficult inheritance of process knowledge, low level of upstream and downstream

---

[1] 赵珏昱，国家工业信息安全发展研究中心信息化所助理工程师，硕士，从事数字化转型研究；付宇涵，国家工业信息安全发展研究中心信息化所工程师，资深研究员，从事两化融合、工业互联网、数字化转型相关领域研究；师丽娟，国家工业信息安全发展研究中心信息化所工程师，博士，从事两化融合研究、数字化转型等研究。

collaboration of industrial chain, and prone to safety accidents. With the opportunity of the new generation of scientific and technological revolution and industrial change, improving the production efficiency, environmental performance and safety benefits of the petrochemical industry is the inevitable requirement and current path of its high-quality sustainable development. This paper summarizes the development process of digital construction in Chinese petrochemical industry, analyzes the current situation of digital development of petrochemical industry combined with specific data, and puts forward some thoughts and suggestions on the current problems.

Keywords: Petrochemical Industry; Digital Development; Industrial Transformation

石油和化学（以下简称“石化”）工业是我国国民经济重要的能源和基础原材料工业，也是国民经济的支柱性产业，经过多年发展，形成了包括油气开采、炼油、基础化学原料、化肥、农药、专用化学品、橡胶制品等约 50 个重要子行业，可生产 6 万多个（种）产品，是涉及国民经济各领域的完整工业体系，是流程型制造业的重要组成部分。石油和化工行业经历了十余年的产业调整优化，信息化建设基础逐步夯实，数字化转型走实向深。

一、我国石化行业信息化建设历程

作为典型的流程型制造行业，石化行业围绕提质增效，在质量全过程管控、设备预防性管理、能源综合管理、供应链集成等方面不断提升智能化水平，不断探索基于数据的产业生态圈、产业链集成共享平台等新模式，为推动石化行业数字化转型与发展奠定了坚实基础。石化企业信息化建设工作经历了 20 多年的发展，在产业布局、加工装置配置、产品结构调整与产业工程化能力等方面取得了长足的进步，为石化行业的发展提供了强劲动能。

纵观石化行业信息化建设的历程，可以分为以下三个阶段。

（一）第一阶段：信息化建设阶段

20世纪中后期，随着计算机技术日益完善及通信技术普遍数字化，各行各业不同程度上开展业务的信息化改造工作。石化行业早期的信息化建设主要集中在生产过程控制、工程计算、计算机辅助 CAD 及流程模拟技术等软硬件应用，在财务、数据统计等方面实现了单项应用。此阶段虽然开始有意识进行数字化建设，但是没有统一的规划和数据标准，信息化布局杂而乱，仅能在单项业务环节简化工作流程，提升工作及沟通效率。

（二）第二阶段：数字化建设阶段

2000 年左右，石化企业开始重视信息化建设的顶层设计。1999 年年末，大庆油田首次在国内提出“数字油田”的概念，强调信息化的整体性、一致性和业务板块的协调性。2000 年开始，中国石油化工集团（以下简称“中石化”）提出了信息化的“六统一原则”（统一规划、统一标准、统一设计、统一投资、统一建设、统一管理），并以 ERP 建设为核心，打造集中统一的经营管理平台、办公系统、生产执行系统（MES）等覆盖集团各层面的信息系统。其他石化企业也开始部署企业层面的信息基础设施与经营管理工作，开展 ERP、MES 等软件系统的深化应用，石化企业信息化建设由零散化单元建设向规范化集成方向建设发展。

（三）第三阶段：智能化建设阶段

随着大数据、人工智能、云计算等新一代信息技术的深度研究与广泛应用，数字化技术对产业的赋能作用愈加明显，我国部分石化企业也开始了在智能制造领域的创新探索。2012 年，中石化启动智能工厂的试点建设，2016 年在江西九江、浙江镇海、北京燕山、广东茂名的四家企业建成投用，2017 年进一步升级，江西九江、广东茂名、浙江镇海的三家企业步入智能制造 2.0 阶段。通过打造生产优化、安全环保管控、节能减排以及设备管理等智能平台，推动石化企业生产方式及管理模式的变革，不仅提升了企业的生产效益和资源利用效率，更提高了企业生产的安全性能和环保水平，促进了企业的集约型内涵式发展。此外，智能油田、智能管网、智能物流、智能云、智能服务等多种形式的新工程也陆续推进，生产管理运营模式由数字化、离线化、局部化向智能化、在线化、一体化方向提升发展。

二、石化行业企业数字化发展现状

（一）数字化、网络化、智能化发展现状分析

1. 数字化：设备终端的数字化、联网化覆盖平均水平居于制造业前列，工业软件及云平台应用逐渐推广

生产设备数字化。工业设备设施联网是先进制造业生态良好发展的基础，但由于传统工业封闭技术体系和价值壁垒的影响以及商业模式不清晰、线上服务能力不足、设备入网成本高昂、价值回报预期不足等原因，我国工业设备设施联网水平普遍偏低。石化行业作为典型的流程型制造行业，基于生产工艺和作业环境的精细要求，亟须形成全面、实时、准确、共享的数据采集体系。目前，石化行业终端设备数字化和联网化覆盖平均水平居于制造业前列，如图 9-1 所示，2020 年，石化行业生产设备数字化率及联网率分别达到 56.1%、54.8%，分别高于原材料行业平均水平 5.7 个、5.1 个百分点，高于全国整体水平（48.7%）7.4 个、（42.6%）12.2 个百分点。

主要工业软件应用。工业软件是连接传统工业生产和现代信息化先进生产的桥梁与纽带。石化行业因其连续化或间歇式的行业特征，工厂装置的自动化控制在基建投资初期便已固化，工业软件应用可能需要增加或更换部分控制设备及仪器，成本较为昂贵。但在传统石化行业产能过剩、成

本持续上升、盈利空间变窄的新常态下，提升经营决策智能化水平、降低运营成本成为石化行业的必然选择。如表 9-1 所示，2020 年，石化行业 ERP 普及率达到 60.4%，高于原材料行业（55.5%）4.9 个百分点；PLM 普及率达到 14.7%，低于原材料行业（15.3%）0.6 个百分点；MES 普及率达到 23.8%，高于原材料行业（22.5%）1.3 个百分点，石化行业工业软件应用由经营管理向生产管控延伸。

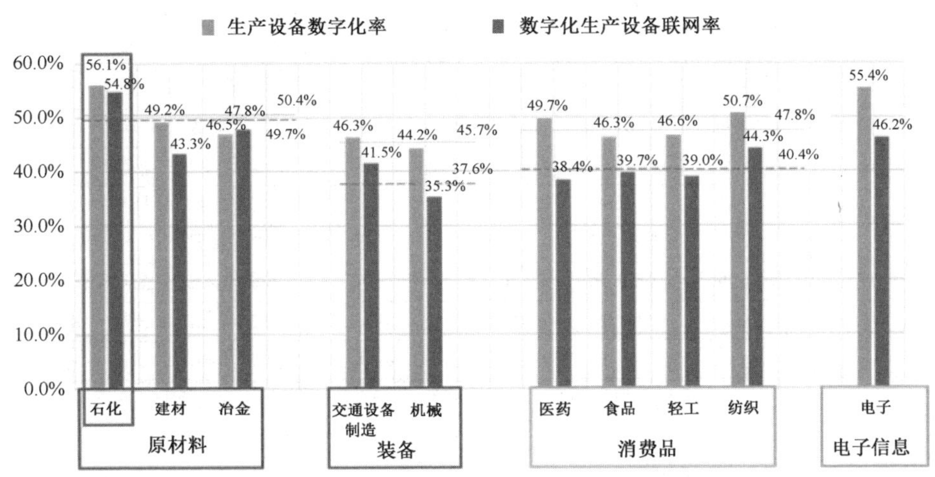

图 9-1 生产设备数字化率、联网率

表 9-1 重点制造行业工业软件普及率

行业	ERP 普及率	PLM 普及率	MES 普及率
原材料	**55.5%**	**15.3%**	**22.5%**
石化	60.4%	14.7%	23.8%
建材	51.2%	16.7%	20.6%
冶金	55.4%	14.0%	23.9%
装备	**64.5%**	**24.1%**	**26.1%**
交通设备制造	70.5%	29.6%	34.9%
机械	62.6%	22.3%	23.3%
消费品	**59.4%**	**17.8%**	**20.1%**
纺织	60.9%	18.0%	22.7%

续表

行业	ERP 普及率	PLM 普及率	MES 普及率
医药	63.8%	17.2%	17.5%
食品	52.4%	17.4%	17.9%
轻工	63.0%	18.4%	21.7%
电子信息	**72.3%**	**24.5%**	**33.1%**
电子	72.3%	24.5%	33.1%

工业云平台应用。随着技术的革新和迭代，以云平台为依托的智能制造正逐渐成为新的技术趋势。云平台的出现打破了传统数据资源封闭式管理的禁锢，通过云平台将生产链、供应链、设备管理、安全管理、办公及财务管理信息进行联通共享，为企业的提质增效提供动力。目前以中石油、中石化为代表的龙头企业已经开展了大量企业云平台的建设和开发工作，越来越多的石化企业也意识到数据的价值，着手开展私有云平台的搭建与公有云平台租赁服务。如图 9-2 所示，2020 年，石化行业云平台应用率达到 45.7%，较原材料行业平均水平高出 1.8 个百分点。

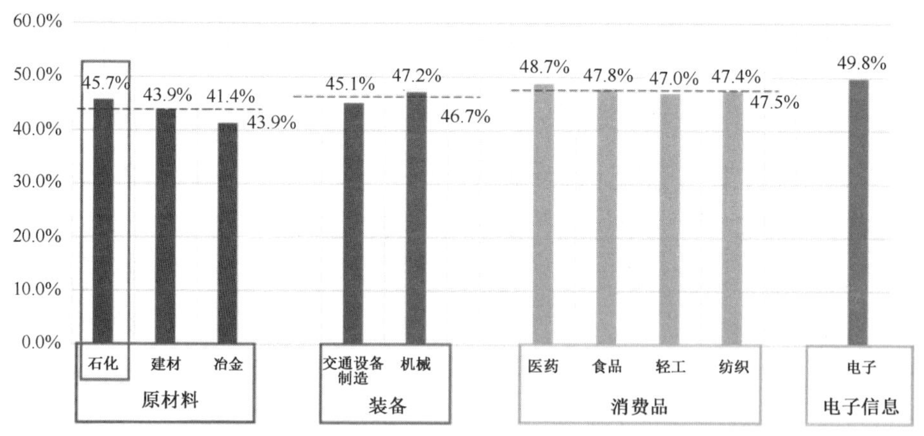

图 9-2　2020 年重点制造行业工业云平台应用率

2. 网络化：整合供应链集成网络，聚焦数据打通产业链壁垒

供应链一体化运作。实现供应链的横向集成，有效整合优化供应链上

下游物流、信息流及资金流，提高供应链协同运作水平，是石化企业获取竞争优势，构建集约高效生产体系的重要方面。如图 9-3 所示，2020 年，我国石化行业实现产供销集成的企业比例为 26.9%，石化企业应着力突破供应链集成关键环节，形成产供销相结合的整体供应链体系，加快供应链能力和绩效的有效增长。当前，宏观经济下行压力加大、市场需求相对萎缩、资源和环保的约束力度加大，粗放式生产和简单扩能已经不能满足石化企业高质量发展的需要，推动产供销供应链一体化发展不仅是提升石油化工企业发展水平的必由之路，更是由低端制造向高端制造发展的重要一环。

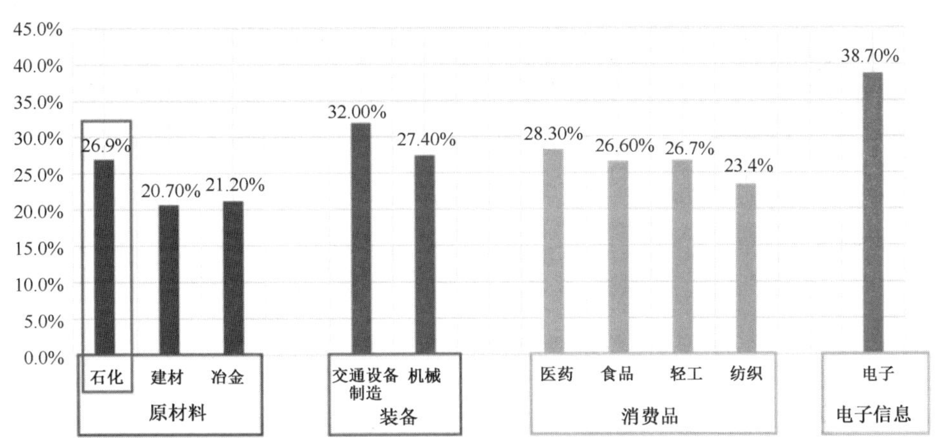

图 9-3 2020 年企业产供销集成情况

产业链拓展延伸。石化行业市场响应机制单一，极易形成产能过剩导致的市场恶性竞争，企业间合作松散，协同创新能力欠缺，产品开发与用户企业实际需求结合不紧密。石化行业目前亟须解决的问题包括基于数据充分打通产供销存各环节壁垒，有效集中利用资源，基于用户精准需求开发新产品，避免同质化竞争，提高产业链附加值等。如图 9-4 所示，2020 年，石化行业实现产业链协同的企业比例为 18.1%，较全国平均水平（12.1%）高出 6 个百分点。

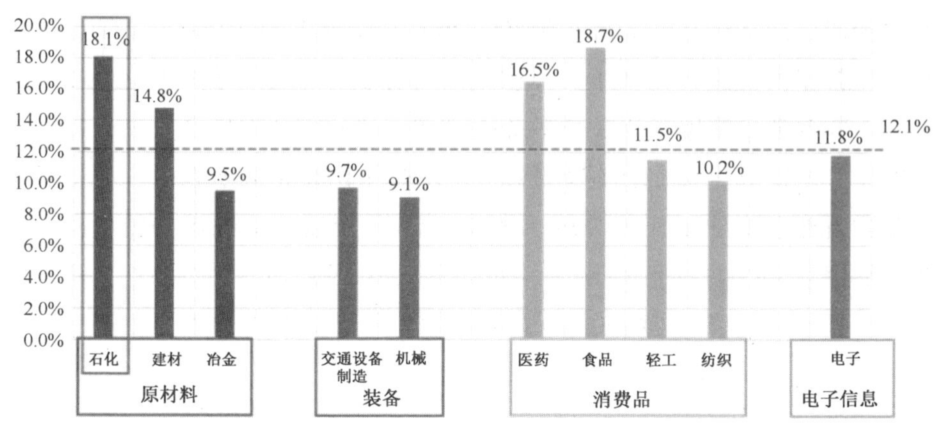

图 9-4　2020 年实现产业链协同的企业比例

3. 智能化：以强化制造环节的智能化水平为着力点，打造集约高效实时优化的生产新体系

围绕降本提质增效，石化行业在质量全过程管控、设备预防性管理、能源综合管理、供应链集成等方面不断提升智能化水平，如图 9-5 所示，2020 年，石化企业智能制造就绪率达到 11.2%，较原材料行业平均水平（9.3%）高出 1.9 个百分点。这些企业底层装备数控化程度高，管理信息化

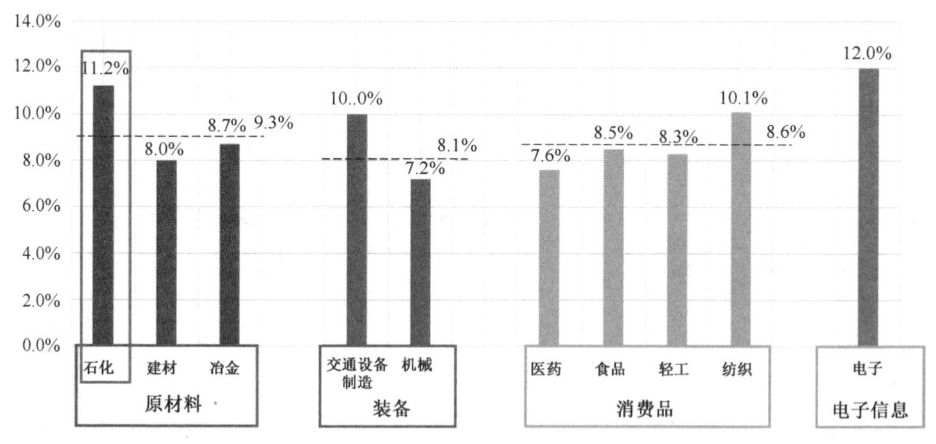

图 9-5　2020 年重点制造行业智能制造就绪率

与底层自动化之间及内部供应链上主要业务环节实现集成，已开始向智能工厂、智慧企业迈进。对于石化行业，有效构建基于大数据应用的实时采集、分析体系是实现智能生产的重点环节。目前大数据技术在大型石化企业中得到广泛应用，主要体现在工业污染与环保监测及预警、产品质量管理与分析、生产计划与排程、销售预测与需求管理、供应链分析和优化、生产流程优化、产品设计与开发等方面。

（二）新模式新业态发展现状分析

1. 大型企业私有平台外化为行业公共平台，支撑行业内资源供需有效对接

大型石化企业私有平台外化为行业公共平台，促进供给侧的生产组织以需求侧为中心，加速供给侧结构性改革步伐。石化行业大型企业基于市场营销、产品研发、生产管控、两化融合等多方面的优势，逐步成为行业一极，承担带动行业转型发展的重任。大型石化企业将自有电子商务平台向行业公共平台转化，行业相关制造企业通过平台快速且精准地了解市场需求变化，敏捷地组织物料采购、生产制造和物流配送，通过市场需求倒逼生产企业加强供应链的各方面紧密协同，通过数字化的研发设计、一体化的集成管控，实现柔性化生产和大规模个性化定制。如图 9-6 所示，2020 年，石化行业工业电子商务普及率为 59.7%，高于原材料行业平均水平 4.0 个百分点。通过 5G 通信、卫星互联网、海底光缆、数据中心、云平台、边缘计算等信息基础设施建设，能够改善网络带宽、数据算力、信息孤岛等因素对业务的制约，实现设备设施的实时互联和智能感知，进一步提升石化企业泛在感知、高速互联和智能融合的基础能力，促进行业公共平台深化数字化技术应用。

2. 探索构建围绕工业大数据的产业生态圈

石化行业围绕工业大数据的产业生态已现雏形，以数据共享为基础，

共创价值网络，并呈现蓬勃发展之势。信息技术在石化企业研发、设计、制造、采购、销售、服务等环节的应用，产生了爆炸性增长的工业大数据，围绕大数据信息的处理和应用催生了新的产业，基于大数据对顾客群体进行细分，为每个群体制定量体裁衣般的个性化服务，运用大数据模拟实境发掘、引导用户新的需求，大数据在行业间的分享可提高整个产业链条的投入回报率，开启数据使能模式。大型石化企业或行业协会将成熟自主的行业解决方案向全行业推广应用，逐步汇聚行业企业、设备提供商、工业软件商、数据服务商形成“硬件+软件+服务”的一体化产业生态模式。

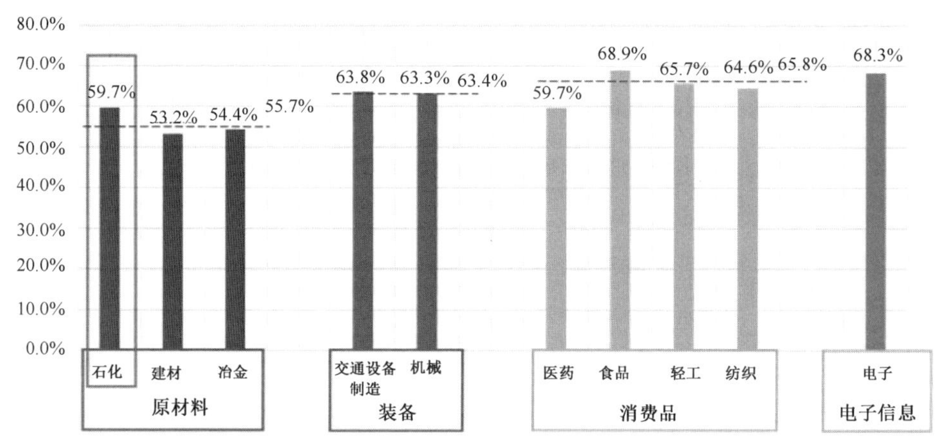

图 9-6　2020 年重点制造行业工业电子商务普及率

如图 9-7 所示，2020 年，石化行业“双创”平台普及率为 82.2%，略低于原材料行业平均水平（83.1%）0.9 个百分点。在石化行业中，工业互联网、工业云平台等正成为融合发展的新基础；数据作为新的生产要素与传统要素加速融合，成为提升全要素生产率的倍增器；人工智能正在为传统制造业赋能、赋智。新的智能制造产业生态圈正在构建中，为我国石化行业抢占全球新一轮产业竞争制高点奠定了基础。

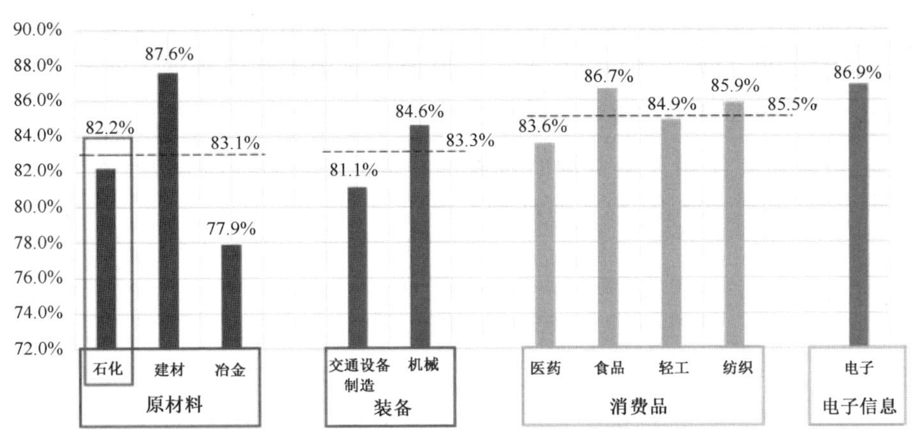

图 9-7 2020 年重点制造行业“双创”平台普及率

三、石化行业数字化发展面临的问题与挑战

（一）数据依存度较高，亟须形成全面、实时、准确、共享的数据采集体系

基于生产工艺和作业环境的精细要求，数据成为石化行业打开生产制造“黑箱”的重要手段。虽然对数据依存度较高，但目前行业内数据采集和集成能力较为薄弱。在工业物联层面，亟须突破设备终端全面连接的瓶颈，虽然 PLC/DCS 等过程控制系统的产线覆盖率能达到 73.1%，但数字化且联网的生产设备占比不足 30%，有效的数据采集手段尚未全面覆盖生产线和工序。在数据集成层面，亟须打破生产数据流通壁垒。石化行业企业上云率不足 50%，海量生产过程数据和设备状态数据仍封闭在各专业系统中，不同业务生产数据标准不一，自由流动程度和共享水平不足。只有形成全面、实时、准确、共享的数据采集体系，才能通过数据集成分析标准量化生产经验，为提质增效保驾护航。

（二）产品高端化发展，亟待提升生产模型的沉淀复用和工艺过程精准控制能力

石化行业普遍面临“低端过剩、高端不足”的产能结构化过剩问题，附加值较高的高端产品市场仍存在较大缺口。由于产品高端化发展需求与工艺水平滞后存在矛盾，石化企业在应对高品质产品制造、多品种生产组织等方面往往表现出适应性和灵活性不足。一方面，企业现有生产工艺模型多以经验模型为主，规模化质量在线判定、设备状态预测、高级优化排产等自适应、自学习的智能决策模型鲜有应用；另一方面，石化行业目前应用工业大数据开展产品研发设计、生产计划排程、生产流程优化、产品质量管控、供应链分析等的企业比例仅为 20%左右。

（三）产业链拓展延伸，全面提升产业链协同和集聚、实现产业的整体转型升级

石化行业市场响应机制单一，极易形成产能过剩导致的市场恶性竞争，企业间合作松散，协同创新能力欠缺，产品开发与用户企业实际需求结合不紧密。目前，仅有 30%的石化企业建立了业务系统间信息交换接口，统一了信息标准规范，在此基础上，约三分之一的流程企业能够实现物料、储运、订货和结算等单项业务协同。流程行业基于数据充分打通产供销存各环节壁垒，有效集中利用资源，基于用户精准需求开发新产品，避免同质化竞争，提高产业链附加值是目前亟待解决的问题。

（四）国产技术发展滞后，亟须加强自主创新力、破解科技成果产业化困境

作为全球石化产品需求最大的国家，我国石化产业基础薄弱，低端同质化竞争激烈，技术产品国产化程度低，对进口技术产品依赖性较强。一方面我国行业性基础共性创新能力不足，核心元器件、先进基础工艺、基

础算法框架、智能控制等基础共性技术供给短缺，数字化发展关键产品“缺芯少魂”；另一方面缺乏有效的产学研一体化创新传导机制，实验室科技成果难以跨越产业化沟壑，全行业科技成果转化率仅约三成。此外受国际厂商先发优势影响，国产技术产品应用范围有限，通过产业实践迭代升级滞后，难以对行业转型升级提供有力支撑。

四、思考与建议

展望“十四五”时期，5G、大数据、云计算等新兴技术蓬勃发展，在产业化应用方面将出现爆炸式增长，新一代信息技术的发展将会凸显当代先进生产力的突出特征，改变传统工业的生产模式与发展。在此背景下，应在规划引导、产学研用、标准化、人才培养与技术落地 5 个方面进行全面保障。

（一）注重顶层设计明确转型升级路径

制定 5～10 年的行动计划和实施指南，面向石化工业的数字化智能化建设列为其中的重大专项工程并予以资助，分级设立标杆引领、推广应用、基础保障、重点产品四类项目，对大型石化企业的智能装备、石化智能工厂、关键技术等深化应用进行引导和支持。通过无偿资助、贷款贴息、补助（引导）资金、保费补贴和创业风险投资等方式，加快自主创新的石化工业数字化智能化成果产业化和推广应用。

（二）推动产学研用促进自主创新成果转化

支持企业联合高等院校和科研机构，以市场需求为导向，以产学研用结合的形式，共建国家级石化工业智能技术工程技术研究中心。中心定位于突破先进信息技术与企业业务、工艺和过程的深度集成，建成代表国内外先进水平的流程工业数字化和智能化技术研究中心和培养高层次人才的基地。

（三）加大行业融合发展标准建设力度

推进石化工业数字化智能化标准体系建设。提高标准意识，充分调动各方面的积极性，鼓励以企业为主体，联合高校和科研机构制定行业标准和规范，参与国际标准的制定和修正。支持标准化组织联合行业协会、相关工业企业，重点制定共性基础标准规范，加快制定数据交换、基础编码、集成接口等支持综合集成的标准规范。鼓励成熟的行业标准或企业标准上升成为国家标准。

（四）引导转型经验推广和人才培养

高度重视人才工作，加快信息技术带头人培养。全面加强信息产业高层次人才队伍建设，加快信息技术带头人的培养，建立以企业信息主管（CIO）为首的、精干的多层次综合自动化管理和技术队伍。同时，企业需要建立留住信息化骨干人才机制和成长通道，培育一批流程行业掌握最新信息及自动化专业技术、熟悉生产工艺、了解企业经营管理、具有开发创新能力，技术水平高、知识结构合理、能够适应综合自动化事业发展的管理和技术的复合型人才。

高等院校要适应流程工业综合自动化发展的需要，调整专业和课程设置，加快人才培养。同时展开多种形式的人才培训服务。加强工业综合自动化人才培训机构的资质认证，规范培训市场，通过无偿资助、补贴（引导）资金等方式支持培训机构编写细分行业关键环节综合自动化培训教材和开展相关培训项目。

（五）推进关键技术的研发和应用落地

聚焦数字化发展的关键核心技术，发挥高等院校和科研院所的创新资源集聚优势，进一步提升基础研究和原始创新能力，推进新一代执行器/传感器网络、海量信息实时处理和知识库技术、人机协同的决策与可视化技术、全供应链的石化生产资源优化技术、面向绿色制造的过程系统集成技术、面向本质安全的化工安全运行管控技术等关键技术的研发突破，推动产学研相结合，加速科技成果转化落地，以科技创新催生新发展动能。

参考资料

1. 李剑峰. 智慧石化建设：从信息化到智能化. 石油科技论坛，2020，39（1）：34-42。

2. 赵旭飞. 以两化融合为契机 推动石化行业高质量发展——浅析石化行业信息化现状及发展趋势. 中国管理信息化，2019，22（17）：52-55。

3. 梁郁超. 石化企业智能工厂建设的探索与思考. 广东化工，2021，48（1）：41-42。

4. 马铭. 石化智能工厂发展与展望. 中国石油和化工标准与质量，2020，40（13）：159-160。

5. 曹晓红，韩永立. 两化融合环境下智能工厂探索与实践. 无机盐工业，2019，51（5）：1-5。

6. 周剑，陈杰. 制造业企业两化融合评估指标体系构建. 计算机集成制造系统，2013，19（9）：2251-2263。

7. 周剑. 两化融合管理体系构建. 计算机集成制造系统，2015，21（7）：1915-1929。

8. 焦优静. 我国石化数字化应用存在的问题及对策建议. 世界电信，2017（2）：68-71。

9. 赵元旭. 数字化炼油面临的思考. 中国石油化工信息学会，2013。

10. 陆琨. 传统制造工厂数字化转型路径研究. 中国设备工程，2021（4）：57-59。

Ⅲ 区域篇

Area Articles

B.10

我国区域数字化转型发展趋势分析

师丽娟　赵珏昱　高欣东　付宇涵　崔佳星[1]

摘　要： 数字化转型是两化融合实践经验在新时代的提炼与升华，深入推进数字化转型发展是当前持续推进我国产业转型升级和实现高质量发展的重要举措。依据《工业企业信息化和工业化融合评估规范》（GB/T 23020—2013），本文通过对全国近 20 万家样本企业展开数字化转型发展特征分析，揭示出我国数字化转型发展存在显著的区域差异特征。近年来，我国数字化转型发展稳步提升，虽然存在显著的区域差异特征，但区域间不平衡程度趋于缓和。

---

[1] 师丽娟，国家工业信息安全发展研究中心信息化所工程师，博士，从事两化融合、数字化转型研究；赵珏昱，国家工业信息安全发展研究中心信息化所助理工程师，硕士，从事数字化转型研究；高欣东，国家工业信息安全发展研究中心信息化所高级工程师，博士，从事两化融合研究；付宇涵，国家工业信息安全发展研究中心信息化所工程师，资深研究员，从事两化融合、工业互联网、数字化转型相关领域研究；崔佳星，国家工业信息安全发展研究中心信息化所工程师，博士，从事两化融合研究。

关键词： 数字化转型；两化融合；区域差异；评估规范

Abstract: Digital transformation is the refining and sublimation of the practical experience of integration of industrialization and informatization in the new era, and further promoting the development degree of digital transformation is an important measure to realize the industrial transformation and upgrading and high-quality development in China. According to *Assessment specification on integration of informatization and industrialization for industrial enterprises* (GB/T 23020-2013), this paper analyzes the characteristics of digital transformation development of nearly 200,000 sample enterprises in China, and reveals that there are significant regional differences in the development of digital transformation in China. In recent years, the development of digital transformation in China has improved steadily. Although there are significant regional differences, the degree of imbalance between regions is tending to ease.

Keywords : Digital Transformation; Integration of Informatization and Industrialization; Regional Differences; Evaluation Criteria

一、研究背景

面对当前复杂的国际形势与挑战，我国迅速结合自身发展优势，聚焦发展重点，加强战略总体布局，积极培育经济发展新动能，探索发展新路径，着力打造新型环境下的国家制造业竞争新优势。数字化转型成为新形势下经济创新发展的重要突破口，是实现经济高质量发展的重要抓手。党的十九届五中全会审议通过的《中共中央关于制定国民经济和社会发展第十四个五年规划和二〇三五年远景目标的建议》提出，“发展数字经济，推进数字产业化和产业数字化，推动数字经济和实体经济深度融合，打造具有国际竞争力的数字产业集群”，进一步明确了我国经济产业创新发展的主攻方向。工业和信息化部面向全国全面开展企业两化融合评估诊断和对标引导工作，为摸清数字化转型情况积累了重要资料。国家工业信息安全发展研究中心作为重要支撑单位，持续量化跟踪我国数字化转型的发展水平和发展进程，客观描绘数字化转型发展全景，为有关部门的精准施策、精准服务提供科学依据。

对我国制造业两化融合与数字化转型发展情况的量化研究，是摸清转型发展现状、把握发展趋势的重要环节。周剑等从水平与能力评估、效能与效益评估两方面，以及产品、企业管理、价值链三个维度提出制造业两化融合评估框架，构建涵盖不同行业数字化、网络化、智能化发展内容的评估指标体系；张卫华通过构建后发展地区创新数字化程度和链接全球创新资源能力的评价体系，对全国 31 个省份的创新数字化程度进行测度。在区域融合与转型发展研究方面，学者对新疆、山东、江苏、浙江等地区两化融合发展与数字化转型水平进行评价研究，提出企业数字化转型与新基建的发展路径。通过对全国不同区域的融合发展水平进行横向比较，研究指出信息化程度由高到低依次是中国东部、中部、东北、西部，东、中、西部融合环境水平呈纺锤形区域差异化分布，东、中、西部的时空分异特征十分明显。近几年由于微观数据服务于宏观政策分析的作用越来越受到重视，基于两化融合服务平台上累积的对全国近 20 万家企业两化融合发展情况的评估数据，在《工业企业信息化和工业化融合评估规范》（GB/T 23020—2013）指引下，国家工业信息安全发展研究中心跟踪评估我国两化融合及数字化转型发展水平现状，分析四大经济区域的两化融合及数字化转型区域差异特征，并研究区域数字化转型与融合水平发展趋势。

二、区域数字化转型发展总体现状

（一）我国制造业数字化转型发展水平稳步提升

2020 年，我国两化融合发展水平指数为 56.0，发展水平增速为 2.8%，继续保持良好发展势头。我国经济发展已步入新常态，工业增长速度正从高速转向中高速，经济结构正从增量扩能为主转向调整存量、做优增量并举，发展方式正从规模速度型转向质量效率型，发展动力正从要素驱动转向创新驱动。在新型环境下探索适合当前经济发展需要的制造业转型发展路径，是实现经济高质量发展的必修课。如图 10-1 所示，当前全国两化融合发展水平总体保持稳定增长趋势。

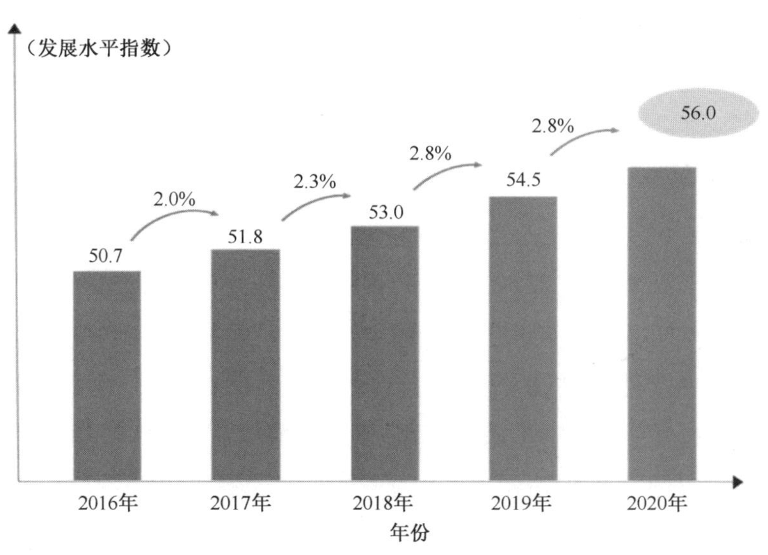

图 10-1 2016—2020 年全国企业两化融合发展水平

资料来源：国家工业信息安全发展研究中心按年度发布的《中国两化融合发展数据地图（2020）》。

我国两化融合发展程度逐步加深，企业整体向中高级阶段加速迈进。2020 年，我国起步建设的企业比例为 20.2%，较 2016 年的 34.9%减少了一半以上，实现综合集成的企业比例由 2016 年的 17.8%上升至 2020 年的 31.1%。整体来看，经过几年的发展，我国企业整体正向中高级阶段加速迈进，已经具备两化融合深度应用的坚实基础。但不可否认的是，企业突破综合集成的瓶颈仍然存在。具体情况如图 10-2 所示。

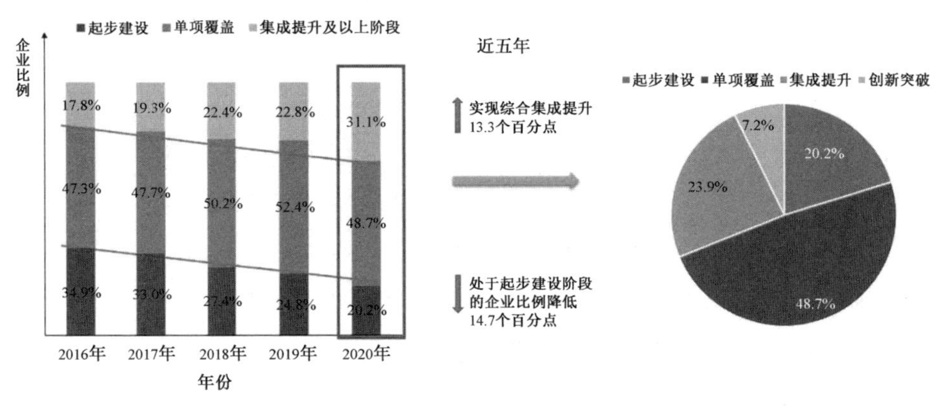

（a）整体情况　　（b）2020 年全国企业两化融合发展阶段分布情况

图 10-2　2016—2020 年全国企业两化融合发展阶段分布情况

实现数字化、网络化、智能化的制造企业比例呈现金字塔式分布。我国制造企业的数字化基础不断夯实，从信息技术在各业务环节的覆盖情况来看，49.3%的企业在研发设计、生产、采购、销售、财务、人力、办公环节实现数字化工具的全面覆盖，为企业数字化转型打下了良好的基础，有效促进企业组织管理变革、数据开发利用、商业模式创新、降本盈利能力全面提升。当前，我国两化融合发展整体处于数字化向网络化过渡阶段，工作重心正在由“深化局部应用”向“突破全面集成”转变。目前，我国有 31.1%的企业实现“综合集成”跨越，在较好的数字化基础上，应用网络技术、系统集成技术、管理技术等，实现跨业务领域、跨企业边界的整体优化。2020 年，我国初步具备探索智能制造基础条件的企业比例为 8.6%，这些企业底层装备数控化程度高，管理信息化与底层自动化之间以及内部供应链上的采购、生产、销售、库存、财务等环节间实现了集成，并开始向智能工厂、智慧企业发展。

（二）我国数字化转型呈现显著的区域差异特征

我国两化融合与数字化转型发展在四大经济区域间存在区域差异，东部区域两化融合发展水平显著高于其他区域。2020年，两化融合与数字化转型发展水平评估结果显示，东部省份除河北与海南外，两化融合发展水平均高于全国平均水平，其中两化融合发展水平指数达到60以上的省份占一半以上；中西部及东北地区除四川与重庆外，均低于全国平均水平。

东部省份数字化转型基础扎实，网络化与智能化生产制造模式逐步普及。数字化是企业两化融合发展进程的初级阶段，主要任务是推动数字技术在传统生产、经营、管理、服务等活动和过程中的应用。在数字化基础准备方面，企业初步引入数字技术（例如信息系统等），逐步夯实数字化转型发展的基础设施和条件，在企业业务数字化应用方面，例如生产、研发、销售、采购、办公等普及渗透的阶段，企业开始探索关键业务系统集成、资源优化和一体化管理模式。从表10-1可以看出，东部省份的数字化基础建设水平与应用水平显著高于其他区域，东部省份关键业务环节全面数字化企业比例大于50%的省份达到一半，中部达到这一比例的省份仅有三分之一，东北没有省份达到该比例，西部的12个省份只有重庆的关键业务环节全面数字化的企业比例大于50%（51.2%）。东部实现综合集成的企业比例大于30%的省份占比超过一半，其他区域除重庆与四川外，均低于30%。东部省份中具备智能制造基础条件的企业比例大于10%的省份数量占比达一半，其他省份除安徽、重庆、四川外均低于该比例。整体来看，东部数字化转型发展水平领先于其他区域。2020年全国各省（自治区、直辖市）（不含港澳台地区）两化融合与数字化转型发展具体情况见表10-1。

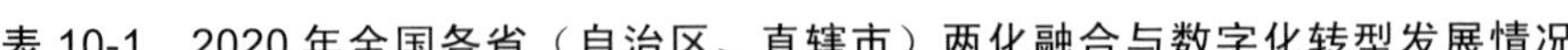

表 10-1　2020 年全国各省（自治区、直辖市）两化融合与数字化转型发展情况

区域	省（自治区、直辖市）	两化融合发展水平指数	实现关键业务环节全面数字化的企业比例	实现综合集成的企业比例	具备智能制造基础条件的企业比例
东部	北京	61.2	40.9%	19.1%	7.4%
	天津	58.5	55.9%	39.0%	12.2%
	河北	53.0	31.7%	16.5%	6.4%
	上海	61.5	45.6%	34.6%	10.1%
	江苏	63.2	55.5%	32.4%	15.5%
	浙江	62.0	68.3%	38.7%	17.5%
	福建	58.4	63.5%	22.3%	6.9%
	山东	62.4	64.8%	43.5%	15.5%
	广东	60.5	36.7%	54.3%	9.5%
	海南	45.0	17.2%	13.7%	7.0%
中部	山西	49.8	40.6%	22.0%	8.0%
	安徽	52.7	55.3%	17.3%	10.0%
	江西	48.6	48.9%	21.3%	6.3%
中部	河南	53.2	38.2%	26.5%	7.8%
	湖北	53.5	55.0%	25.2%	8.7%
	湖南	50.7	43.0%	14.4%	7.2%
东北	辽宁	53.5	37.8%	15.6%	4.7%
	吉林	47.6	37.9%	14.9%	4.4%
	黑龙江	46.9	25.4%	12.7%	3.9%
西部	内蒙古	50.3	35.6%	19.1%	6.1%
	广西	46.5	41.9%	17.5%	4.6%
	重庆	59.2	51.2%	35.3%	12.4%
	四川	57.0	49.9%	36.0%	13.2%
	贵州	47.7	35.9%	28.3%	4.7%
	陕西	49.2	37.2%	18.4%	5.9%
	甘肃	43.5	20.9%	12.8%	2.9%
	青海	44.1	28.0%	13.9%	3.6%
	宁夏	47.0	33.8%	16.6%	6.0%

续表

区域	省（自治区、直辖市）	两化融合发展水平指数	实现关键业务环节全面数字化的企业比例	实现综合集成的企业比例	具备智能制造基础条件的企业比例
西部	新疆	44.0	31.7%	17.8%	3.3%
	西藏	42.8	15.8%	19.5%	—
	云南	46.6	29.2%	13.7%	6.0%

注："—"为当年样本量不足的省份，我国港澳台地区未列入本次统计。

为探究不同经济区域的两化融合发展水平是否存在统计差异，对不同经济区域下省市两化融合发展水平做方差分析。如表 10-2 所示，方差分析结果显示，方差齐性检验通过，P-value 为 0.0003，不同经济区域的两化融合发展水平没有差异的原假设被拒绝，我国两化融合发展存在极显著的区域差异。

表 10-2　2020 年不同经济区两化融合发展水平方差分析表

差异来源	离差平方和	自由度	均方差	F 值	P-value
组间	630.008382	3	210.002794	9.07	0.0003
组内	625.485167	27	23.1661173		
全部	1255.49355	30	41.8497849		

为进一步明确不同经济区域两化融合发展水平的两两差异，本文对数据进行 Bonferroni T 校正检验，结果见表 10-3。在多重比较中，Bonferroni 是以 T 分布作为检验分布的，因为多重检验中，显著性检验的小概率原则不再适用，Bonferroni 通过分组数与多重比较次数对小概率的校正，控制了第一类错误概率在小概率范围内。Bonferroni T 校正检验结果显示，东部经济区与其他经济区域的两化融合水平存在显著差异，在 0.05 的显著性水平下，东部两化融合水平比中部、东北和西部分别高出约 7.15、9.24 和 10.41，其中，东部与西部差距的 P- value 最小，差距最为显著；中部、东北、西部两两之间的两化融合水平没有显著的区域差异。

表 10-3　2020 年不同经济区两化融合发展水平区域差异的 Bonferroni T 校正检验表

	东部	中部	东北
中部	−7.15333 （0.046）		
东北	−9.23667 （0.042）	−2.08333 （1.000）	
西部	−10.4117 （0.000）	−3.25833 （1.000）	−1.175 （1.000）

（三）我国数字化转型区域差异正趋于缓和

融合发展与数字化转型区域差异正呈现缓和趋势。从发展态势看，发展增速超过 5%的省份中近一半是中西部省份；发展水平处于第一梯队的山东、上海、广东、重庆同比增速放缓；而发展水平处于第三梯队的贵州、广西、新疆等省份进入快速发展期，两化融合发展水平同比增速跃居第一梯队。原本受经济水平、产业结构、地缘优势等因素的影响在东西部之间存在的两化融合发展差距正由于中西部地区快速追赶而呈现缩小态势，区域间发展的不均衡性趋于缓和，如表 10-4 所示。

表 10-4　2020 年我国不同区域企业两化融合发展增速地图

区域	省份	同比增速≥5%	3%≤同比增速<5%	同比增速<3%	数据量不足
东部	北京	✓			
	天津		✓		
	河北		✓		
	上海		✓		
	江苏	✓			
	浙江	✓			
	福建		✓		
	山东		✓		
	广东		✓		
	海南			✓	

续表

区域	省份	同比增速≥5%	3%≤同比增速<5%	同比增速<3%	数据量不足
中部	山西		✓		
	安徽	✓			
	江西		✓		
	河南		✓		
	湖北	✓			
	湖南	✓			
东北	辽宁		✓		
	吉林			✓	
	黑龙江		✓		
西部	内蒙古		✓		
	广西	✓			
	重庆		✓		
	四川		✓		
	贵州	✓			
	陕西		✓		
	甘肃		✓		
	青海			✓	
	宁夏		✓		
	新疆	✓			
	西藏		✓		
	云南				✓

注：我国港澳台地区未计入本次统计。

三、重点区域数字化转型现状

（一）京津冀地区数字化转型

京津冀城市群是以首都北京为核心的世界级城市群，是中国北方经济的重要核心区，是全国创新驱动经济增长的新引擎。近年来，京津冀以构建区域协同创新共同体为目标，加强产业协作和转移，在机制和模式上促进京津冀高水平与高质量协同发展。2020 年，在京津冀城市群中，北京、天津、唐山两化融合发展水平指数分别为 61.2、58.5、58.2，处于京津冀城市群前列；秦皇岛、张家口、石家庄、邯郸、邢台、承德的两化融合发展水平处于第二梯队，在全国平均水平上下小幅波动；保定、廊坊、衡水、沧州的两化融合发展水平处于第三梯队，与京津两市的发展水平存在一定差距。

截至 2020 年年底，北京市、天津市、河北省生产设备数字化率分别为 54.6%、53.3%和 47.0%，“十三五”期间累计增加值分别为 6.3%、4.9%和 3.4%。2020 年，北京市、天津市、河北省的关键工序数控化率分别为 53.2%、54.6%和 55.3%，累计增长值分别为 6.1%、5.4%和 6.1%。数字化研发设计工具普及率分别为 69.1%、81.8%与 64%，大多数企业相当重视数字化转型，不同程度地开展了数字化研发设计、仿真验证与应用等业务。京津冀区域大多数企业都实现了 ERP 系统的应用。2020 年，北京市、天津市以及河北省的 ERP 软件普及率分别 70.8%、78.5%和 62.4%，均高于全国平均水平，累计增长值分别为 7.2%、7.5%与 3.4%。数字化生产设备联网率分别为 48.0%、47.4%和 40.8%，近三年累计增长了 5.4%、4.4%和 3.0%。双创平台普及率分别为 90.0%、89.8%和 77.9%，京津冀区域以多方参与、高效协同、合作共赢的融通发展机制为纽带，推动企业全过程、全产业链、全产品生命周期创新发展。

（二）长三角地区数字化转型

长三角地区加快布局新一代信息基础设施体系，加快产业转型升级，引领产业创新发展，打造布局优化、协同创新、资源优配、融入全球的世界级产业集群。在推进两化融合进程中，一些城市抢占新技术研发和应用的产业制高点，逐渐形成信息技术产业链，两化融合与数字化建设取得显著成效。2020 年，长三角地区 26 个城市中有 18 个两化融合发展水平超过全国平均水平，占比达 69.2%；15 个城市两化融合发展水平指数超过

60，占比达 57.7%。近年来，长三角地区各城市依托大数据联盟等机构，广泛开展资源共享和产业发展合作，城市间产业和信息化领域合作不断拓展，合作模式不断创新，区域两化融合协同发展整体态势良好。

2018 年以来，长三角城市群中约半数企业实现了生产设备数字化，生产设备数字化率稳步提升。截至 2020 年年底，上海市、江苏省、浙江省、安徽省的生产设备数字化率分别达到了 54.0%、57.2%、55.2%和 49.2%，江苏省的生产设备数字化率处于国内领先水平。截至 2020 年年底，上海市、江苏省、浙江省、安徽省的关键工序数控化率分别为 50.9%、57.8%、57.0%和 50.7%，上海市关键工序数控率增幅最大，达到 16.7%。2018 年以来，长三角城市群中使用 ERP 软件的企业达到半数以上，ERP 软件普及率持续稳定增长，浙江省的 ERP 软件普及率在这三年间均高于其他省市和全国平均水平。截至 2020 年年底，上海市、江苏省、浙江省、安徽省的 ERP 软件普及率分别为 77.6%、70.9%、92%、57.2%，其中浙江省大多数企业都实现了 ERP 软件的应用。2018 年以来，江苏省的数字化生产设备联网率分别达到 44.1%、47.0%、51.0%，领先于全国整体数字化生产设备联网率。

（三）珠三角地区数字化转型

珠三角地区以建设中国开放创新先行区、转型升级引领区、协同创新示范区、创新创业生态区为目标，围绕本地区经济社会发展实际需求，着力推进信息基础设施、公共服务平台、信息网络应用的一体化发展，将珠三角地区建设成为世界级的智慧城市群。2019 年，珠三角城市群两化融合发展态势良好，广州、深圳、惠州、佛山、珠海、肇庆的两化融合发展水平均超过全国平均水平，占超过全国平均水平的城市数量的比例超过 70%，其中广州、深圳、惠州、佛山的两化融合发展水平指数均达 60 以上，处于第一梯队。在腾讯、华为、中兴等一批先进制造企业的引领下，珠三角地区先进的装备制造业产业带、电子信息产业带逐渐形成，成为国际竞争力的新经济增长极，是粤港澳大湾区产业快速转型升级的助推器，在粤港澳大湾区的金融、科技、产业共同融合发展中起到举足轻重的作用。

珠三角地区生产设备数字化率稳步提升，截至 2020 年年底，生产设备数字化率达到 49.7%，较 2016 年增加了 4.4 个百分点，生产设备数字化率明显高于全国平均水平（48.7%）。珠三角地区的 ERP 软件普及率持续增长，均高于全国 ERP 软件普及率（61.8%），大部分企业都很重视 ERP 软件在企业内部的应用。截至 2020 年年底，珠三角区域的 ERP 软件普及率达到 67.1%，较 2018 年增加了 2.3 个百分点。2018—2020 年，珠三角城市群的数字化生产设备联网率分别为 36.1%、37.1%、38.5%，累计增加了 2.4 个百分点。

（四）成渝城市群数字化转型

成渝城市群是继珠三角、长三角、京津冀等城市群之后，我国又一个重大一体化区域板块。成渝城市群一体化发展将成为西部大开发、“一带一路”倡议实施和长江经济带发展重要的引擎，关系到整个西部开发开放，是一项重大的国家战略。2020 年，成渝城市群中，成都和重庆的两化融合水平位于前列，两化融合发展水平指数分别为 59.0 和 59.2。成都和重庆作为成渝城市群的“双核”，两市的紧密相连、协同发展支撑和带动整个城市群的发展，也将推动成渝经济区成为区域发展重要增长极。

2020 年，重庆市、四川省的生产设备数字化率分别为 47.9%、47.3%，“十三五”期间累计增长值分别为 9.5%、11.5%，高于全国平均增长值（4.6%）。重庆、四川的生产设备数字化率略低于全国平均水平，但增速较高，超过全国平均增速，地区数字化转型进程势头良好。重庆市关键工序数控化比例基本保持在高于全国平均的水平，2020 年达到 55.0%。四川省关键工序数控化比例则略低于全国平均水平，2020 年达到 50.1%。但一市一省五年来数控化率皆保持稳定发展，增速远超全国平均水平（5.4%），重庆、四川累计增长值分别为 9.6%、9.3%。2020 年，重庆市、四川省和全国 ERP 软件普及率分别为 70.8%、65.6%和 61.8%，成渝城市群超过 65%的企业都实现了 ERP 系统的应用，ERP 普及水平高于全国平均水平。2018—2020 年，重庆市、四川省的双创平台普及率大幅增长，增长值分别为 11.8%和 9.1%。2020 年，重庆、四川双创平台普及率分别达到 84.8%、85.0%，地区双创平台普及水平较高，产业转型升级势头良好。

四、区域数字化转型发展思考

受不同区域的资源禀赋、基础设施、两化融合推进力度、企业参与积极性等因素影响，我国两化融合、数字化转型发展一直存在区域间的不平衡问题。在东部经济区，由于企业质量、信息化基础设施、管理模式等较为先进，两化融合发展水平显著高于其他区域；而中部、东北、西部区域之间的差异不显著。随着两化融合工作的深入推进、优秀企业的示范带动和技术扩散，近年来，西部部分省份两化融合水平呈赶超发展态势。贵州、四川、重庆等西部一些省市参与两化融合与数字化转型评估诊断的企业数量快速增加，这些省份在基础建设、数字化水平提升方面取得显著成效。在全面推进我国制造业企业数字化转型进程中，一方面加强对西部省份的政策支持力度，另一方面，引导东部两化融合发展先进省份对西部省份的辐射带动作用，促进不同区域两化融合、数字化转型均衡发展，助力我国经济发展的转型升级。

参考资料

1. 周剑，陈杰. 制造业企业两化融合评估指标体系构建. 计算机集成制造系统，2013，19（9）：2251-2263。

2. 张卫华. 创新链数字化转型的评价体系及区域特征分析. 经济与社会发展，2020，18（3）：38-44。

3. 杨萌，袁逸萍，李明，熊宗慧. 基于熵权模糊法的新疆区域两化融合发展水平评价研究. 新疆大学学报（自然科学版），2017，34（4）：488-492。

4. 张新，郭昊，徐德英，张戈. 两化融合对区域创新的门槛效应——基于山东省的面板数据分析. 山东财经大学学报，2019，31（2）：43-51。

5. 许轶旻，孙建军. 江苏省企业信息化与工业化融合影响因素及实证研究. 情报科学，2012，31（5）：134-138+165。

6. 江胜男. 人才驱动长三角地区区域一体化与数字化转型. 国际人才交流，2019（3）：20-22。

7. 王静. 区域创新驱动企业数字化转型与新基建的发展研究——深圳妈湾跨海通道项目开创精益管理新格局的调研报告. 新西部，2020（Z5）：108-110。

8. 黄体鸿，侯仁勇，陈天笑. 我国两化融合水平区域差异分析. 武汉理工大学学报（信息与管理工程版），2010，32（5）：787-790。

9. 张亚斌，金培振，艾洪山. 中国工业化与信息化融合环境的综合评价及分析——基于东中西部三大区域的测度与比较. 财经研究，2012，38（8）：96-108。

10. 张辽，王俊杰. 中国制造业两化融合水平测度及其收敛趋向分析——基于工业信息化与信息工业化视角. 中国科技论坛，2018（5）：32-40+70。

11. 师丽娟，马冬妍，高欣东. 区域差异视角下两化融合发展演进趋势——基于省市企业微观数据的实证分析. 中国管理信息化，2019，22（23）：117-120。

B.11

长三角模式：基于工业互联网平台的制造业集群发展研究

左越　莫笑迎　王庆瑜　孙玉龙[1]

摘　要： 长三角一体化现已上升为国家战略，工业互联网为长三角制造业一体化高质量发展提供重要支撑。为充分发挥工业互联网平台对长三角制造业集群发展的带动引领作用，本文从长三角制造业发展现状入手，分析长三角制造业发展特点以及集群化发展的需求和可行性，在此基础上分别从企业内部、企业之间、产业链、产业集群四个层面探讨了工业互联网平台助力长三角制造业集群建设的作用机理，进一步提出了培育行业性、区域性、“双跨”工业互联网平台，提升平台集成应用水平，完善产业生态等方面的策略建议。

关键词： 长三角地区；制造业集群；工业互联网平台；数字化转型；产业升级

[1] 左越，国家工业信息安全发展研究中心工程师，硕士，长期从事两化融合、数字化转型、工业互联网、数字经济等领域研究、对工信部支撑、地方政府服务、企业咨询服务相关工作；莫笑迎，北京邮电大学硕士，从事两化融合、数字化转型、数字经济等领域研究，以及对工信部支撑、地方政府服务、企业咨询服务相关工作；王庆瑜，国家工业信息安全发展研究中心信息化所工程师，硕士，从事两化融合、数字化转型等相关领域研究；孙玉龙，国家工业信息安全发展研究中心信息化所工程师，从事两化融合、数字化转型等相关领域研究。

Abstract: The integration of the Yangtze River Delta area has been rising as a national strategy, and the industrial Internet provides important support for high quality and integrated development of manufacturing industry of the Yangtze River Delta. In order to give full play to the leading role of the industrial Internet platform in the development of manufacturing clusters in the Yangtze River Delta, this article takes the present situation of manufacturing industry development of the Yangtze River Delta as a start point. First of all, analyzes the characteristics of the Yangtze River Delta manufacturing development and requirement and feasibility of industrial development through the form of clusters. Based on this, discusses the mechanism of the industrial Internet platform to help the construction of the manufacturing cluster in the Yangtze River Delta from the four aspects respectively, i.e., within enterprises, among enterprises, within industrial chain, and within industrial cluster. Furthermore, puts forward strategic suggestions such as cultivating industrial, regional and 'double span' industrial Internet platform, improve the level of integrated application of industrial Internet platform, improve industrial ecology, etc.

Keywords: The Yangtze River Delta; Manufacturing Clusters; Industrial Internet Platform; Digital Transformation; Industrial Upgrading

长三角一体化是符合国家发展的重大战略选择。长三角地区地处“一带一路”与长江经济带的重要交汇点，是我国开放程度最高、创新能力最强的区域之一，也是我国区域一体化起步最早、基础最好、程度最高的地区之一。长三角地区拥有上海自由贸易试验区、舟山自由贸易试验区，是我国对外开放的桥头堡和参与全球竞争的前沿阵地。长三角区域一体化，有利于发挥各地区比较优势，促进人才、资金、技术等要素无障碍流动；有利于深化制度改革，推进各地资源优势互补；有利于有效整合资源，提高资源利用效率，实现区域整体竞争力稳步提升；有利于推进更高起点的深化改革和更高层次的对外开放。

工业互联网是数字浪潮下工业体系和互联网体系深度融合的产物，是新一轮工业革命的关键支撑。工业互联网通过跨设备、跨系统、跨厂区、跨地区的全面互联互通实现工业数据充分流动，以数据流带动技术流、资金流、人才流、物资流，实现工业资源的按需高效配置。工业互联网一体化发展为区域制造业集群联动提供关键载体，是区域打造先进制造业产业集群的关键路径。

作为我国制造业发展高地，长三角地区产业门类齐全，集群优势明显，具备先发优势和高质量发展的基础及条件。长三角地区在汽车、化工、纺织等领域已经初步形成了产业集聚区，且长三角地区拥有上海宝信、江苏徐工、阿里 supET、安徽合力等诸多优秀工业互联网平台企业，亟须充分发挥区域制造业优势，依托工业互联网平台实现区域内资源汇聚和配置优化，建设产业分工合理、优势互补的世界级先进制造业产业集群，助力长三角区域实现经济发展质量变革、效率变革、动力变革。

一、制造业或产业集群相关研究

（一）产业集群发展规律

吴福象、杨婧在《产业集群的生命周期及其演化机制——基于开放条件下长三角重点制造业的实证分析》中基于新经济地理学的产业区位理论，依靠统计数据构建模型并实证研究了长三角地区制造业集群中集聚程度与集聚效益增速之间的倒“U”形关系；陈建军、杨书林、黄洁在《城市群驱动产业整合与全球价值链攀升研究——以长三角地区为例》中，测算了长三角城市群的专业化、分化程度以及长三角城市群的全球价值链高度，研究得出长三角城市群总体的专业化程度在不断提高，产业相似度在不断趋近，为区域内产业分工提供了基础条件，长三角城市群整合比长三角南北两翼单独与上海整合成本更低。

（二）产业集群对区域经济的影响

谢露露在《产业集聚和创新激励提升了区域创新效率吗——来自长三角城市群的经验研究》中，以2007—2015年长三角城市群中的25个单体城市为研究对象，实证研究了产业集聚对城市创新效率的影响，制造业集聚和生产性服务业集聚对城市创新效率影响的外溢性，以及政府支持和企业支持的创新激励对城市创新效率的影响及其外溢效应。

（三）产业集群建设路径规划

曲洪建在《长三角共同打造世界级产业集群研究》中梳理了国内外产业集群发展的相关理论、以及美、日、英世界级产业集群分布与发展变化规律，给出了将电子信息、高端装备、汽车、家电、纺织服装五个长三角优势产业建设为世界级产业集群的策略建议；马骏在《区域协同创新打造世界级智造产业集群——关于推进长三角智能制造协同创新发展的思考》中，在总结上海智能制造产业发展实践的基础上，提出强化创新、开展示范、建设平台、融合发展、开放发展的总体思路，以及深化机制改革、打造创新生态、推进产融结合、强化人才支撑、推动国际化发展、优化制度供给六个方面推进长三角智能制造协同发展的对策建议。

（四）本文视角

工业互联网是新一代信息通信技术与现代工业技术深度融合的产物，是制造业数字化、网络化、智能化的重要载体。其中，工业互联网平台是工业互联网的核心，是构建数字化生态的基础支撑。工业互联网平台通过海量异构数据汇聚与建模计算、工业经验知识软件化与模块化，可支撑构建数据驱动的网络化工业生产制造体系和服务体系，不断提升全产业链资源要素配置效率，有效提升传统产业的发展质量与效益，为长三角地区产业梯度布局、市场对接、优化升级、模式创新提供重要基础支撑。

现阶段，工业互联网平台仍旧是新生事物，学术界和产业界对工业互联网平台带动制造业发展和提质增效方面的研究仍相对较少，针对工业互联网平台带动制造业集群发展的研究基本处于空白。因此，本文将从长三角制造业发展集群现状入手，首先分析长三角地区制造业发展特点、长三角制造业集群化发展的需求，在此基础上分析工业互联网平台助力长三角制造业集群建设的作用机理，最后提出以工业互联网平台为切入口打造长三角世界级制造业集群的建议。

二、长三角制造业集群发展现状及需求

（一）长三角制造业发展整体情况

长三角地区是我国经济发展的领头羊。2018 年，长三角地区“三省一市”的 GDP 总和为 211479.24 亿元，约占全国 GDP 的 23.49%（见图 11-1），其中，上海约占 3.63%，江苏约占 10.29%，浙江约占 6.24%，安徽约占 3.33%。长三角地区面积占全国不到 1/26，常住人口约占全国 1/6，却创造出了约占全国 1/4 的经济总量，是我国经济最发达、最开放、最具活力的地区之一，并且也是我国第一区域经济板块和“世界第六大城市群”。来自“三省一市”统计部门数据显示，2018 年上半年，上海、江苏、浙江、安徽“三省一市”的经济增速分别达到 6.9%、7.0%、7.6%、8.3%，均高于全国平均增速。

从发展特色方面看，长三角地区制造业门类齐全、生产力强、集群优势明显、工业化水平高，形成各具特色的产业体系，制造业竞争力强。上海制造业起步早、发展快，区域发展的示范和辐射带动作用较强，在三地

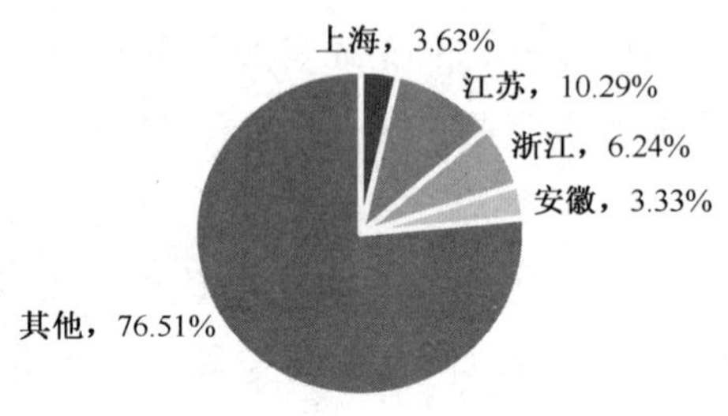

图 11-1　2018 年长三角地区各省市 GDP 占全国 GDP 比重情况

布局制造业创新中心将产生更加巨大的溢出效应，惠及周边地区的产业发展，推进长江经济带协同创新。苏州长期坚持创新驱动，在纳米材料、光伏、云计算、氮化镓、机器人、生物医药、医疗器械等前沿技术领域，发展一批拥有核心技术和自主知识产权的科技型企业。杭州在“电子商务+集群升级”新模式和新模式新业态助推产业集群发展方面积累了大量经验和优势。合肥近年来不断强化创新驱动发展战略，大力培育发展智能制造、新能源汽车、住宅产业化、电子信息、太阳能光伏、节能环保等新兴产业。近年来，长三角地区各省市积极进行传统制造业转型升级，逐步形成了各自具有专业化优势的高技术行业。上海在航空、航天器及设备制造业，计算机及办公设备制造业上的比较优势明显；江苏在航空、航天器及设备制造业，电子及通信设备制造业，医疗仪器设备及仪器仪表制造业上形成了微弱的专业化优势；浙江在医药制造业，电子及通信设备制造业，医疗仪器设备及仪器仪表制造业具有专业优势；安徽在医药制造业，计算机及办公设备制造业上具有比较优势。

从制造业产业规模来看，江苏制造业体量大，浙江、安徽次之，上海总量最小。江苏是我国制造业大省，制造业工业总产值、主营业务收入、利润总额、全社会固定资产投资额、就业人数等各项指标均居四地之首（见表 11-1）。浙江制造业法人单位数与江苏相差并不多，但制造业工业总产值不足江苏的四成，可以看出，浙江制造业中小企业众多，但总体还处于价值链较低环节，制造业“大而不强”、发展质量不够高的问题依然存在。安徽虽然制造业大部分指标均滞后，但在工业增加值累计增长率方面处于领先地位，呈现较强发展潜力。上海制造业总体规模较小，但制造业整体销售利润率高于其他三省，且作为全国最具创新活力的地区，上海工业互联网、智能制造走在全国前列，在制造业转型升级等方面具有良好基础和突出优势。

表 11-1　长三角“三省一市”制造业主要指标情况对比

重点指标	上海	江苏	浙江	安徽
工业增加值*	8392.8	34013.6	19474.5	10916.3
工业增加值同比增长/%**	4.9	3.7	6.9	5.4
工业增加值累计增长/%**	-1.0	5.6	5.9	7.1
制造业工业总产值/亿元*	32578.1	157789.5	59404.94	43436.35
制造业主营业务收入/亿元*	36255.1	142942.1	60352.21	38811.68
制造业利润总额/亿元*	3150.8	9696.0	4249.89	2154.26
制造业全社会固定资产投资/亿元*	793.3	24433.7	7993.1	11434.2
制造业法人单位数/个*	83847	553654	473283	124605
2018 年制造业城镇单位就业人员/万人	161.7	497.6	289.3	139.5
2017 年制造业城镇单位就业人员/万人	172.1	543.2	315.0	119.8

* 工业增加值、制造业工业总产值、制造业主营业务收入、制造业利润总额、制造业全社会固定资产投资、制造业法人单位数等统计数据为 2017 年全年数据。

** 工业增加值同比增长和工业增加值累计增长统计时间为 2019 年 10 月份月度数据。

从两化融合发展水平方面看，截至 2019 年 3 月，长三角地区推动超过 4500 家企业开展两化融合管理体系贯标。国家级贯标试点企业数量达 784 家，通过评定企业数量共 1542 家，占全国总量的 30%以上。上海（58.5）、江苏（58.0）、浙江（55.8）两化融合发展水平指数均高于全国平均水平（53.0）。在生产设备数字化率、数字化研发设计工具普及率、实现管控集成的企业比例、实现产供销集成的企业比例、实现产业链协同的企业比例等两化融合关键指标方面，“三省一市”均高于全国平均水平（见表 11-2）。不同类型企业贯标自发性、积极性、示范性空前高涨，为打造企业信息化环境下新型能力营造了良好氛围，也为推动长三角地区制造业互联网化转型发挥了重要的标准引导和培育作用。

表 11-2 长三角“三省一市”两化融合关键指标（截至 2019 年 3 月）

关键指标	上海	江苏	浙江	安徽	全国
生产设备数字化率	49.6%	51.0%	47.5%	45.2%	45.9%
数字化研发设计工具普及率	85.2%	78.3%	75.6%	68.0%	67.4%
实现管控集成的企业比例	20.9%	29.7%	32.6%	23.1%	20.4%
实现产供销集成的企业比例	25.1%	30.6%	41.2%	27.1%	24.7%
实现产业链协同的企业比例	5.4%	10.0%	9.4%	9.4%	7.8%

（二）长三角区域已有制造业集群情况

1. 汽车产业集群

我国是世界汽车产销大国，2020 年，长三角地区汽车产业产值占全国的 26.23%，是我国六大汽车产业聚集区之一。长三角地区以上海、杭州、南京、合肥为中心，聚集了 100 多个年工业产值超过 100 亿元的产业园区，包括上汽集团、吉利集团、众泰集团以及东风系客车、卡车、乘用车等在内的数千家大型企业。上海、南京、杭州、合肥、芜湖的产业园区侧重于提高整车和关键零部件创新能力，推进汽车制造向低碳化、智能化、网联化发展；浙江、安徽的产业园区着力建设零部件生产基地，重点提升动力系统、传动系统、汽车电子等关键系统、零部件的技术和性能，聚焦提升我国汽车品牌核心关键零部件自主供应能力。可以看出，“三省一市”在汽车产业集群发展方面角色有重合但又各有侧重，要打造世界级汽车产业集群还需要进一步进行区域整合和协同发展，提前做好汽车产业规划布局。工业互联网平台可为长三角汽车产业有效分工合作、实现内部资源共享提供关键载体，避免区域内多点布局带来的同质化竞争等问题。

2. 高端装备制造产业集群

2020 年，长三角地区高端装备制造业产值已高达 2.81 万亿元，在全国高端装备制造业的总产值中占比接近 36%，拥有上海振华重工集团、江苏徐工集团、埃夫特智能装备等行业知名企业，目前已在上海、杭州、南京、合肥等城市形成了国内领先的高端装备制造业领域的成熟产业集群。

整体来看，“三省一市”发展各具优势，但产业协同创新能力不足，缺乏核心竞争优势。由于我国创新体制不够完善，高端装备制造业领域的产、学、研并没有得到很好的利用，科技转换能力不高，关键技术核心竞争力较低。亟须发挥优质工业互联网平台的整合作用，汇聚长三角产、学、研、用各方优势，以及实现产业资源跨物理空间的集聚，产生高效的产业集聚效应。

3. 集成电路产业集群

长三角地区是国内主要的集成电路开发和生产基地之一，产业规模约占全国的 50%，拥有苏州华兴源创、华大半导体、上海登临科技、中芯国际、上海华虹等多家知名企业，目前长三角地区已初步形成了包括研究开发、设计、芯片制造、封装测试及支撑业在内的较为完整的集成电路产业链，但“三省一市”发展各有侧重，上海的全产业链、江苏的封测、安徽的制造、浙江的设计各具优势，可以形成很好的产业互补，也完全具备推进形成区域分工协作、产业联动的集成电路产业集群的有利条件。集成电路是一个高技术含量、高投入的复杂产业体系，为应对日益激烈的竞争格局，不仅要开展分工合作，还须推进形成合作研发、资金密集的行业发展态势，亟须发挥工业互联网平台的资源整合作用，促进资金、人才、技术等资源的有序流动，提高长三角地区集成电路行业的整体技术创新水平。

（三）长三角制造业集群化发展需求

1.“三省一市”工业增加值占 GDP 比重均呈下降趋势，亟须通过打造集群实现协同发展

如图 11-2 所示，近十年来，上海工业增加值占本市 GDP 的比重逐年下降，且相比上一年增长值也呈现逐渐缩小的态势，这可能与上海正在主动逐步退出一般性的、劳动密集型、能耗高的制造业，集中发展现代服务经济，加快壮大高新技术产业参与国际竞争的战略布局相关。

如图 11-2 和图 11-3 所示，江苏、浙江、安徽三省的工业增加值占本省 GDP 比重均高于全国平均水平，相比上一年的增长值整体略高于全国平均水平，工业增长态势良好。值得注意的是，近十年来，安徽的工业增加值增速和增量均高于全国平均水平，发展势头强劲。可以看出，上海具有重化产业转移的战略需要，江苏、浙江、安徽具有工业高速增长的基础和条件，因此，长三角地区以工业互联网为纽带，打破地理空间限制，通过一体化发展实现协同增效具有潜在需求及现实意义。

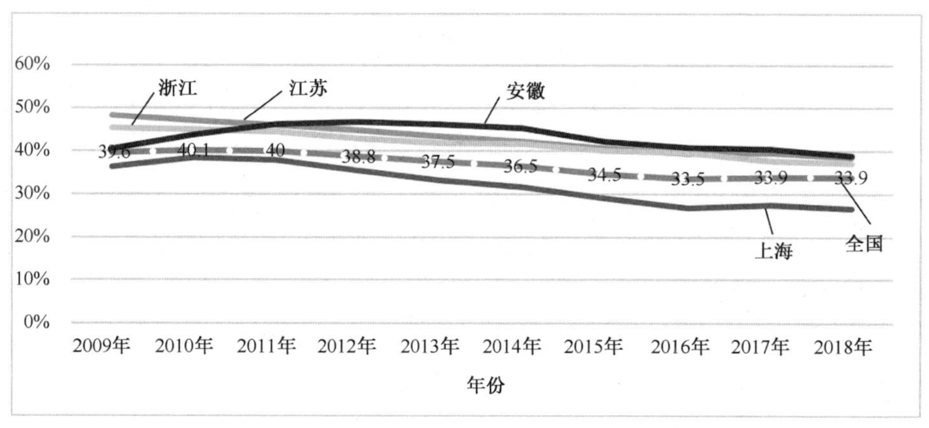

图 11-2　2009—2018 年长三角地区各省市工业增加值占本省市 GDP 比重情况

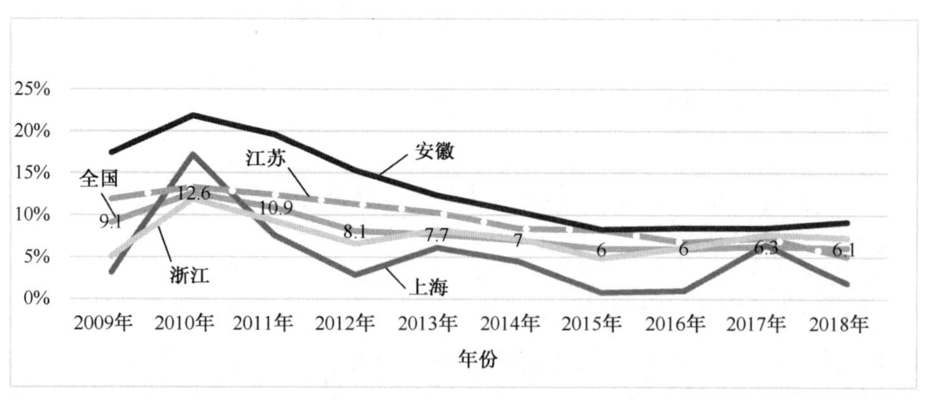

图 11-3　2009—2018 年长三角地区各省市工业增加值相比上年增长情况

2.“三省一市”优势产业具有较大的重合度，具备集群化发展的现实需求

对 2017 年“三省一市”规模以上工业企业主要指标中制造业包含的 31 种行业利润总额进行降序排列，并从中选取长三角地区总体及每个省市排在前十的行业进行分析得出，长三角地区总体行业利润超过千亿的有汽车制造业、化学原料和化学制品制造业、电气机械和器材制造业、计算机、通信和其他电子设备制造业、通用设备制造业五个行业（见图 11-4），这些行业也分别是每个省市排在前列的优势行业，可以看出“三省一市”在这些优势行业方面具有较大的产业重合度，一体化协同发展存在现实产业基础。

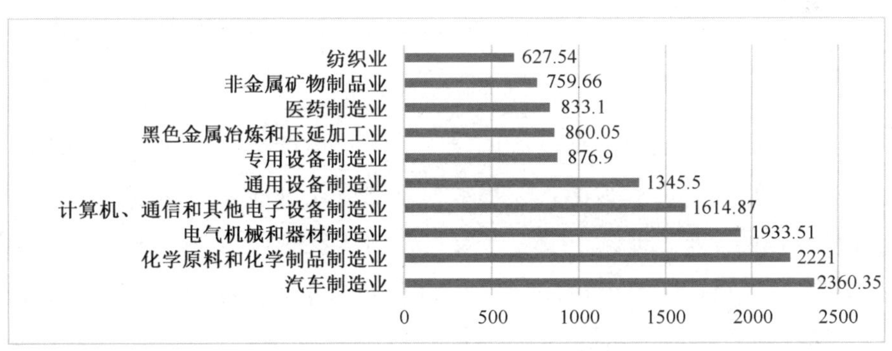

图 11-4　2017 年长三角地区规模以上工业企业按行业分类利润总额（亿元）

从对“三省一市”各地优势产业统计情况来看，长三角各地区重点行业具有明显的同构特征（见图 11-5）。除四地共有的五类优势产业外，三地共有的优势产业有两个，分别为黑金属和医药产业。再对其进行两两比较，专用设备、燃料、非金属、金属、纺织等为两地共有的优势产业，这表明“三省一市”产业趋同化现象明显，地区间存在同质化竞争，可能引发原材料等资源争抢造成的局部短缺及加工能力过剩等问题，亟待通过一体化发展形成区域产业集群，以充分利用各地比较优势，形成产业联动，提升区域整体制造资源的综合利用效益。

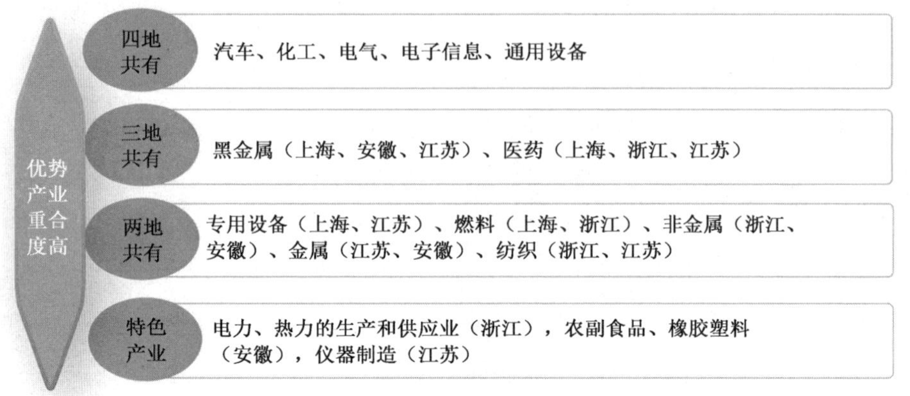

图 11-5 “三省一市”优势产业重合情况

3.“三省一市”产业提升重点存在差异，亟须通过集群化发展强化特色优势

上海主要侧重于高端制造业的发展，尤其是汽车制造业在长三角区域内具有较强的竞争优势，2017 年上海汽车制造业利润总额超过 1100 亿元，远超其他工业行业（见图 11-6）。要打造世界级汽车产业集群，上海需深化与其他三省合作，综合运用三省人力、土地等优质资源，协同推进重大项目，加快汽车行业高端化创新，打通产业链、服务链、人才链、资金链。

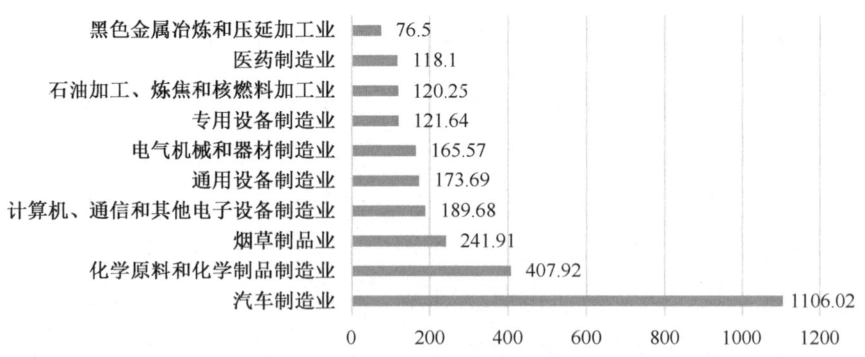

图 11-6 2017 年上海规模以上工业企业按行业分类利润总额（亿元）

江苏的工业发展则较为均衡，优势产业门类齐全（见图 11-7），但目

前先进制造业集群大多数仍然是以低成本为基础的代工型产业集群，品牌建设有待进一步提升。江苏亟须结合自身制造业资源禀赋，优化提升制造业产业结构，消除“聚而不群”的现象，进一步提升集群内企业自主创新能力和动力，加快打造品牌。

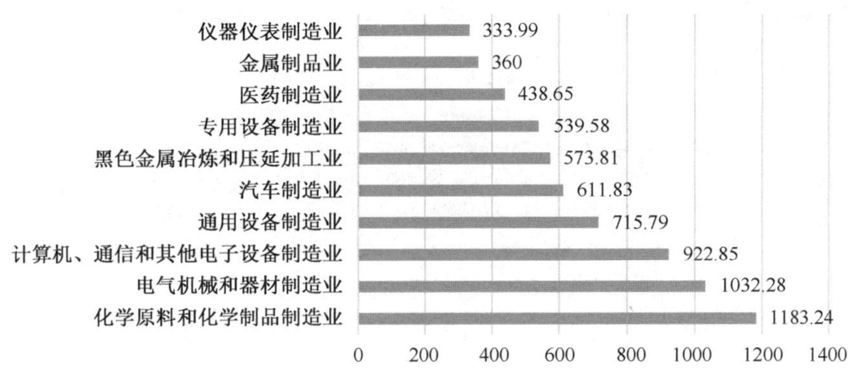

图 11-7 2017 年江苏规模以上工业企业按行业分类利润总额（亿元）

浙江的中小企业较多，没有利润总额超过千亿的行业（见图 11-8），制造业块状经济的特征明显，而实现经济高质量发展需要不断向技术密集、资本密集、人才密集的高端产业集群升级。亟须借力工业互联网平台，加快产业链高端化和研发创新能力提升，加快块状经济升级步伐。

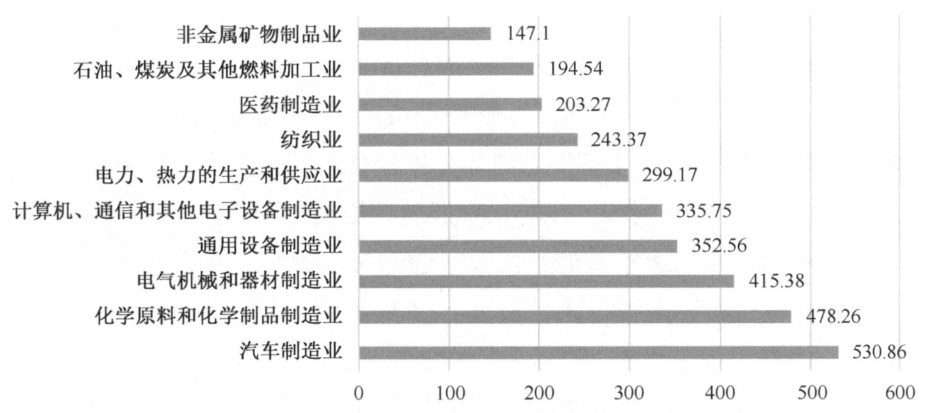

图 11-8 2017 年浙江规模以上工业企业按行业分类利润总额（亿元）

安徽的工业整体发展情况在长三角地区排名相对滞后（见图 11-9），非金属矿物制品业（242.07 亿元）、黑色金属冶炼和压延加工业（125.92 亿元）、农副食品加工业（109.9 亿元）分别排名第二、第五、第七，矿业、农业等需要依赖天然资源的行业仍然是促进安徽经济发展的重要行业，迫切需要向技术引领的制造业转型升级。

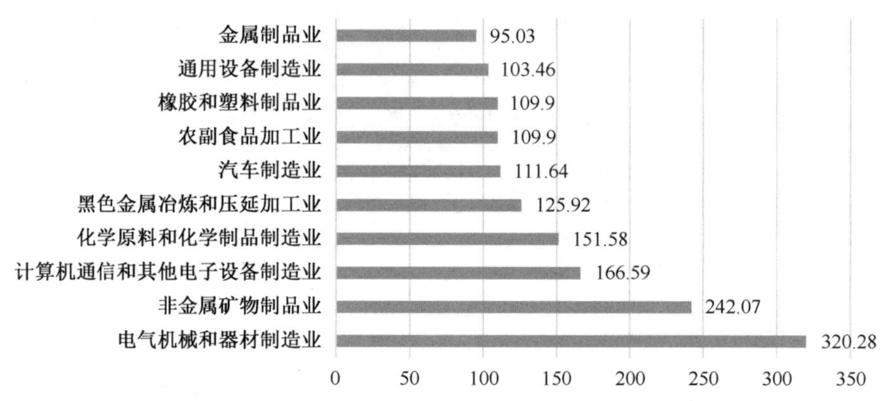

图 11-9　2017 年安徽规模以上工业企业按行业分类利润总额（亿元）

三、工业互联网平台助力长三角地区制造业集群建设的作用机理

在全球经济产业竞争日益激烈的时代背景下，亟须以一体化高质量发展为核心目标，加快长三角制造业转型升级，建设世界级先进制造业集群，代表我国制造业参与全球竞争与国际分工优化的历史进程。工业互联网平台是制造业数字化、网络化、智能化发展的核心支撑，向上对接工业应用，向下连接海量设备，承载着海量工业经验与知识模型，可驱动制造体系网络化、智能化升级，是长三角打造世界级先进制造业集群的有力支撑。以下从企业内部、企业之间、产业链、产业集群四个层面探讨工业互联网平台助力提质增效、支撑长三角制造业集群建设的作用机理（见图 11-10），为有针对性提出以工业互联网平台为切入点加快长三角制造业集群建设

的策略建议提供理论基础。

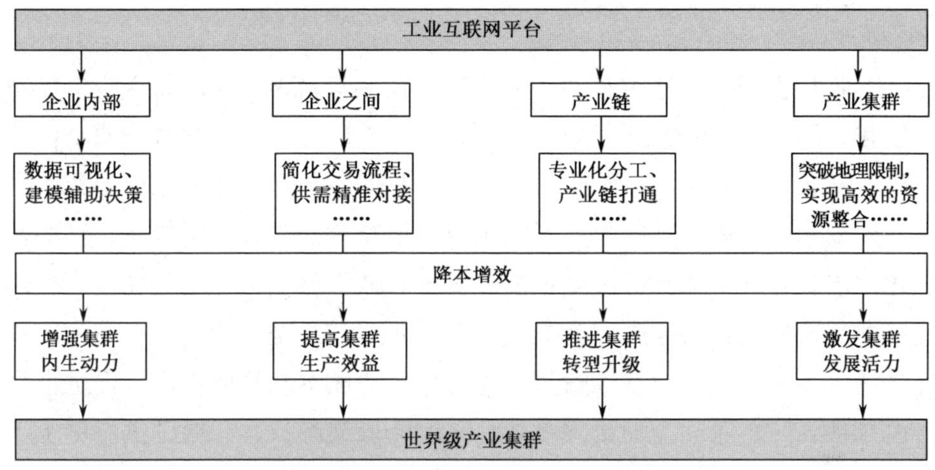

图 11-10 工业互联网平台助力长三角制造业集群建设的作用机理

（一）工业互联网平台全面支撑企业数字化转型，增强集群内生动力

工业互联网平台通过构建物理世界和数字世界全要素、全产业链、全价值链全面链接的桥梁，为企业提供数字化关键载体。第一，促进生产数字化。工业互联网平台通过提供安全、快捷的工业生产数据接入、数据分析、数据决策输出等服务功能，实现对生产状态以及物料配送、产品发运、质检等各生产环节的全流程监控，以达到提高效率、控制成本、提升质量等目标。第二，实现设备预警可视化。基于平台全面整合生产、维护等各部门信息资源，通过有效融合智能分析等功能，实现“人”与“设备”全面监测，异常状况提前预警，状况发生过程中优化指挥调度，状况后分析研判，协助企业生产活动全流程快速响应、高效处置。第三，推动生产模式创新。基于平台运用各种模型算法对生产数据进行全方位汇聚统计、智能化分析，通过推演模拟结果有效推算出不同生产方法所带来的生产收益，并自由组合形成新的生产方法，为生产创新提供最直接的数据依据。

（二）工业互联网平台降低产业链上下游交易成本，提升集群生产效益

工业互联网平台通过打通供应链上下游关键环节，为产品供应链动态管控和整体效益提升提供关键支撑。第一，平台通过实现制造资源全面数据化、模型化、可视化，突破了供应链上下游企业因信息不对称导致的供需不匹配，有效减少供应链上不同企业间信息割裂，满足制造业长尾的数字化需求。第二，平台通过大数据分析可有效汇聚资源、定位需求，实现区域内制造能力的对接共享和制造资源按需动态配置。第三，平台为在线交易提供渠道，使企业获取信息、传输信息的成本几乎降至零，促进信息自由流动，使企业间沟通更加顺畅，有效降低交易成本，促进供应链上下游企业协同发展。

（三）工业互联网平台打通生产管理各环节，降低集群运行交易成本

工业互联网平台可以有效促进产业链不同环节企业发挥自身优势开展专业化分工，形成规模效应。第一，通过工业互联网平台可有效链接产业链上下游，使各生产主体能够聚焦自身优势，开展专业化生产，有效提升专业化分工效率。第二，通过产业链上下游生产数据共享，有效匹配生产节奏，降低零部件库存，提升资金周转率，减少资源浪费，以平台为载体实现产业链高效整合，提升产业链整体生产效率。第三，工业互联网为产品有效连接用户提供关键渠道，通过打通用户需求与设计、生产之间环节的交流渠道，不断强化产业集群用户个性化需求满足能力，创新用户服务体验，有力促进产业集群由生产制造型向生产服务型加速转变。

（四）工业互联网平台支撑打造共享开放生态，激发集群创新发展活力

工业互联网平台加速“三省一市”突破地理边界限制，激发制造业新

模式新业态。工业互联网平台为长三角地区已有制造业集群间产业、技术、管理、运营等方面的经验交流和合作提供重要载体，加速实现区域内集群间的产业互联、业务互通、资源互助、信息互用，不断强化区域高效协同联动，提升集群生产率、市场占有率和集群竞争力。此外，工业互联网平台还可全面链接上海的科研资源、江苏的制造资源、浙江的数据资源、安徽的人力和土地资源，加速区域内资源高效流通汇聚，实现“三省一市”在研发设计、生产、营销、物流、品牌等价值链环节的最优配置，有效促进智能化生产、网络化协同、个性化定制、服务化延伸、数字化管理等新模式新业态蓬勃发展，推动长三角地区制造业集群向全球价值链高端迈进，在更高层次上参与国际竞争。

四、工业互联网平台引领长三角制造业集群建设的实施路径

充分发挥我国“集中力量办大事”的制度优势、超大规模的市场优势，以及长三角地区制造业基础好、产业链完整、配套能力强的产业优势，综合考虑长三角地区制造业发展现状及需求，结合“三省一市”制造业发展特点及工业互联网平台发展优势，提出以下五方面建议。

（一）打造行业性工业互联网平台，推动以龙头企业为核心的产业链延伸拓展

发挥上海产业链完整的基础优势，培育以行业龙头企业为主体的行业性工业互联网平台。充分发挥央企龙头优势，建设以产业链延伸为基础的工业互联网平台。依托上海制造产业发展基础良好、建设体系架构完整的优势，聚焦集成电路、生物医药、智能制造、新材料、新能源汽车等长三角重点行业及特色产业，以行业龙头企业为主体，协同培育一批具有带动引领作用的行业性工业互联网平台，通过人机互动、设备互联、数据流通，

实现生产资源优化配置、制造能力精准交易。

（二）加快建设区域性工业互联网平台，发挥地方特色优势，打造产业集聚区

发挥江苏、浙江、安徽细分领域的专业优势，打造服务中小企业的省级工业互联网平台。发挥江苏、浙江、安徽细分领域的专业优势，面向三省的块状经济产业集聚区，支持行业重点企业、互联网企业或第三方机构，培育和发展一批服务中小企业、具有地方特色的省级工业互联网平台。通过政策引导、资金支持等方式积极引进国内外知名工业互联网平台在各省设立分部或区域中心，面向各省中小企业的数字化、网络化、智能化需求提供服务。

（三）培育具有国际竞争力的"双跨"平台，为集群高质量发展提供关键支撑

统筹长三角地区优势资源，协同培育一批可参与国际竞争的跨行业跨领域工业互联网平台。加快完善长三角工业互联网一体化工作机制，协同制定面向长三角区域的工业互联网平台评价方法并开展平台评价，分期分批遴选长三角地区跨行业跨领域平台，强化跟踪评价和动态调整。协同组织开展工业互联网试点示范（平台方向）、应用现场会，推动平台在汽车、化工、电气等长三角重点行业落地，支持跨行业跨领域平台拓展国际市场。

充分发挥市场主体的作用，协同支持长三角工业企业、互联网企业建设"双跨"平台。强化"三省一市"政策联动及资金支持引导，支持长三角优势央企（如中船、中核、商飞、振华重工等）、地方重要国企（如上汽等）、制造业龙头企业（如万向、徐工、海尔等）、互联网龙头企业（如阿里巴巴、华为）等进行产业链拓展延伸，完善平台跨行业跨领域综合服务能力建设，支持打造服务中小制造企业的通用性、专业性平台。

（四）提升工业互联网平台集成应用水平，加快基于平台的制造业转型升级

推动企业关键设备和环节上云上平台，实现企业生产与运营管理的智能决策和深度优化。依托工业互联网平台开展数据集成应用，形成基于数据分析与反馈的工艺优化、流程优化、设备维护与事故风险预警能力。鼓励企业通过工业互联网平台整合资源，构建设计、生产与供应链资源有效组织的协同制造体系，开展用户个性需求与产品设计、生产制造精准对接的规模化定制，推动面向质量追溯、设备健康管理、产品增值服务的服务化转型。基于工业互联网进行跨设备、跨系统、跨厂区、跨地区的全面互联互通，实现区域内工业资源的按需高效配置，提升全产业链资源要素配置效率。

支持区域内工业互联网平台协同合作和资源共享，打造工业互联网平台集群。建立和完善工业互联网平台战略合作协议，发挥不同地区、不同行业工业互联网平台优势，建立平台合作、共享利益分配机制，推动不同平台基于数据所有权和安全可控的情况下，加强资源共享和互联互通，促进长三角区域整体工业数据流动与集成管理。合力构建长三角地区工业互联网一体化发展平台体系，并以区域工业互联网协同创新发展为引领，打造优势互补区域性工业互联网平台集群，推动长三角地区建设世界级先进制造业产业集群，助力长三角地区实现经济发展质量变革、效率变革、动力变革。

（五）建设工业互联网平台创新应用体验中心，以用促建完善集群产业生态

依托体验中心开展平台一体化先试先行，加速关键技术转化落地。结合电子信息、高端装备、汽车、航空航天、钢铁化工等主要产业的应用场景需求，面向全球范围征集案例和解决方案，搭建区域内政、产、学、研、用交流平台，为各平台交流与合作提供经典案例和解决方案。聚焦长三角的优势产业，协同打造工业互联网创新应用场景，加速产业生态和业务模式的创新、推广与应用。以长三角工业互联网创新体验中心为载体，开展

重点产业一体化先试先行，选取汽车、大飞机、轻工、电子等离散型制造行业，提供以工业互联网平台为牵引，“三省一市”协同设计、研发、生产、制造的产业化运作场景沉浸式体验，推动产业链上下游企业开展合作对接，加速长三角地区资源整合、产业链协同升级。

参考资料

1. 吴福象，杨婧. 产业集群的生命周期及其演化机制——基于开放条件下长三角重点制造业的实证分析. 华东经济管理，2016，30（9）：1-8+193。

2. 陈建军，杨书林，黄洁. 城市群驱动产业整合与全球价值链攀升研究——以长三角地区为例. 华东师范大学学报(哲学社会科学版),2019，51（5）：90-98+238-239。

3. 谢露露. 产业集聚和创新激励提升了区域创新效率吗——来自长三角城市群的经验研究. 经济学家，2019（8）：102-112。

4. 曲洪建. 长三角共同打造世界级产业集群研究. 科学发展，2019（11）：65-75。

5. 马骏. 区域协同创新打造世界级智造产业集群——关于推进长三角智能制造协同创新发展的思考. 科学发展，2019（7）：61-68。

6. 张乃也，刘蕾，鄢章华. “互联网+”对产业集群转型升级的作用机制研究. 管理现代化，2017，37（2）：9-11。

7. 王承云，马任东，王鑫. 长三角一体化背景下“嘉昆太”跨行政区域汽车产业集群研究. 人文地理，2019，34（5）：93-100。

8. 唐成林. 产业集群“零边际成本”趋势及其发展策略探析——基于“互联网+”背景. 中国商论，2017（6）：130-131。

9. 杨耀武，张仁开. 长三角产业集群协同创新战略研究. 中国软科学，2009（S2）：136-139+144。

B.12

北京市以两化深度融合推动产业数字化转型的现状分析与模式研究

柴雯　王丹[1]

摘　要： 北京市正处在转变发展方式、转换增长动能的攻关期，两化深度融合对于推动北京市数字经济发展，实现重点产业数字化转型具有十分重要的意义。本文系统梳理总结了北京市当前相关工作思路和重点举措，形成北京市以两化深度融合为引领的数字化转型发展模式与路径。最后，本文提出发展对策建议。

关键词： 两化融合；数字经济；数字化转型；产业升级；区域经济提升

Abstract: Beijing is in the key period of transforming the development mode and growth momentum. The deep Integration of Informatization and Industrialization is of great significance to promote the development of digital economy and realize the digital transformation of key industries in Beijing. This paper systematically summarizes the current relevant promotion route and key measures, and forms the development mode and path of digital transformation which is led by the deep Integration of Informatization and Industrialization in Beijing. Finally, the development countermeasures and suggestions

---

[1] 柴雯，国家工业信息安全发展研究中心信息化所高级工程师，博士，从事两化融合研究；王丹，国家工业信息安全发展研究中心信息化所助理工程师，硕士，从事两化融合研究。

are proposed.

Keywords: Integration of Informatization and Industrialization; Digital Economy; Digital Transformation; Industrial Upgrading; Regional Economic Upgrading

当前，北京市正处在优化经济结构、转变发展方式、转换增长动能的攻关阶段，亟须探寻新的增长动力和摸索新的发展路径。新一代信息技术与制造业的深度融合，带来了制造模式、生产组织方式和产业形态的深度变革，是两化融合新时期的重点发展方向，将带动北京市新技术、新产业、新业态、新模式蓬勃发展。因此，两化深度融合对于打造北京市企业新型能力、提升北京市产业竞争力、推动北京市数字经济发展、实现产业数字化转型具有十分重要的意义。本研究聚焦北京市以两化深度融合推动产业数字化转型发展的现状与模式，系统梳理总结北京市当前的工作思路和重点举措，依据国家标准《工业企业信息化和工业化融合评估规范》（GB/T 23020—2013），基于北京市两化融合评估诊断和对标引导工作，全面分析北京市企业两化融合发展现状，总结提炼数字经济视角下北京市以两化深度融合为引领的转型发展模式与路径。最后，本文有针对性地提出发展对策建议。

一、2020 年北京市推动两化融合和产业转型升级的重点举措

为贯彻落实《信息化和工业化融合发展规划（2016—2020 年）》《北京市促进数字经济创新发展行动纲要（2020—2022 年）》《北京市推进两化深度融合推动制造业与互联网融合发展行动计划》《北京工业互联网发展行动计划（2018—2020 年）》等文件的任务部署，北京市以进一步推动管理体系贯标达标、大力推进试点示范建设与典型案例征集、积极开展成

果经验总结与解决方案推广为现阶段的工作抓手，持续普及推广两化融合管理体系标准，创新企业组织管理能力，提升全市企业整体发展水平。

（一）持续推动企业两化融合管理体系贯标达标

截至 2020 年 12 月 13 日，北京市两化融合管理体系贯标试点企业共有 501 家，两化融合管理体系达标企业共有 134 家，其中 2020 年新增达标企业 27 家，超额完成北京市"贯标 100 工程"中"500 家贯标试点企业"和"100 家贯标达标企业"任务。

为提升企业对两化融合管理体系的认知和贯标达标积极性，北京市组织大兴区和亦庄经济技术开发区 32 家两化融合贯标试点企业的两化融合工作负责人召开"2020 亦庄&大兴 CIO 数字化转型分享会"，会议安排联盟专家进行两化融合管理体系标准解读、贯标流程培训。此外，通过举办"2020 企业数字化转型论坛""2020 第二届 CIO 北京夏季论坛""北京个性化定制发展论坛""电子行业工业互联网发展论坛"，北京市组织北京汽车集团有限公司、北京东方雨虹防水技术股份有限公司、北汽福田汽车股份有限公司、曲美家居集团股份有限公司、京东方科技集团股份有限公司等两化融合管理体系贯标达标企业分享贯标工作经验。

（二）大力推进试点示范建设与典型案例征集

按照工业和信息化部办公厅印发的《关于组织开展 2020 年制造业与互联网融合发展试点示范项目申报工作的通知》要求，北京市积极开展 2020 年制造业与互联网融合发展试点示范项目—两化融合管理体系贯标方向的遴选推荐工作。为贯彻工业和信息化部印发的《关于工业大数据发展的指导意见》关于加强工业数据分类分级管理要求，北京市开展了首批工业数据分类分级试点企业遴选推荐工作，组织试点企业开展工业数据分类分级试点验证。此外，北京市先后印发了《关于征集 2020 年北京市中小企业服务券服务机构及其产品的通知》《北京市经济和信息化局关于开展支撑疫情防控和复产复工复课大数据产品和解决方案征集工作的通知》《北京市经济和信息化局 北京市通信管理局关于组建北京工业互联网企业库的通知》《北京市经济和信息化局关于组织开展支撑疫情防控和复工复产的工业互联网平台解决方案征集工作的通知》等文件，积极推进相关工作。经统计，2020 年北京市新增入选 2019 年制造业“双创”平台试点示范项目 10 个，制造业与互联网融合发展项目 23 个，工业互联网试点示范项目 11 个，工业互联网 App 优秀解决方案 20 个；成功推荐东方国信、用友、亚控科技、北汽福田、三一重工等 11 家单位入选工业和信息化部工业数据分类分级试点企业。

（三）积极开展成果经验总结与解决方案推广

按照《北京市经济和信息化局关于开展工信部 2020 年网络安全技术应用试点示范工作的通知》《北京市经济和信息化局关于组织开展 2020 年制造业与互联网融合发展试点示范项目征集的通知》《北京市经济和信息化局关于组织开展 2020 年工业互联网试点示范项目征集工作的通知》等文件要求，北京市组织两化融合管理体系贯标试点企业和北京两化融合服务联盟会员单位开展工作成果总结和试点示范申报。按照专业和行业的定位，联合产、学、研、用资源，开展技术体系和技术标准研制，总结提炼最佳案例，组织行业推广。通过组织“北京个性化定制发展论坛”“中国企业数字化转型管理峰会”，从个性化定制、管理创新等两化深度融合专业方向，宣传推广个性化定制、服务化延伸等新模式新业态数字化转型解决方案。通过成功举办“数字化转型深度行——走进国网大数据中心”活动，组织央企和北京企业走进央企数字化转型标杆企业——国网大数据中心，参观国网大数据创新展厅，围绕数字经济、企业数字化转型等热点话题开展座谈交流。通过成功举办“电子行业工业互联网发展论坛”活动，组织北京及国内外优秀信息技术和电子行业企业，共建电子行业工业互联网合作平台，总结提炼电子行业工业互联网最佳案例，打造可持续发展的电子行业工业互联网产业链生态，推动电子行业集群发展。通过组织“2020北京 CIO 年会”“央企 CIO 工作委员会成立大会”“2020 第二届 CIO 北京夏季论坛”“2020 亦庄&大兴 CIO 数字化转型分享会”，推动央企、市属国企和民企 CIO 交流合作。新冠肺炎疫情期间，北京市在线举办了“数字化转型云论坛系列活动启动仪式”，邀请来自政府、制造企业、软件企业、高校、研究机构的领导、企业家、专家、学者围绕数字化转型产业政策、理论体系、建设经验和解决方案进行知识和经验分享，全年共举办数字化转型云论坛系列活动 17 场。北京市持续加快培育实力强、服务广的跨行业跨领域工业互联网服务平台，在工业和信息化部发布的 15 家 2020 年跨行业跨领域工业互联网平台中，北京市占 4 家；2020 第二届中国工业互联网大赛的 1457 个参赛作品中，北京市报送多项参赛作品，其中新锐组共计 52 个，领军组共计 149 个。

二、北京市以两化深度融合推动产业数字化转型发展现状

新一代信息技术与制造业的深度融合所带来的生产效率的提升以及生产模式的改变，成为产业转型升级的重要驱动力。深入推进两化深度融合，是持续推动北京市成为引领中国制造向中国创造转变的先行区域和战略高地的必由之路。本节通过对北京市不同规模、不同行业、不同区域的 3500 余家两化融合评估样本企业展开量化分析，多维度呈现北京市企业两化融合发展水平、发展进程和发展关键环节，系统地描绘北京市两化融合发展全景图。

（一）北京市两化融合发展水平

截至 2020 年 6 月底，北京市的两化融合发展水平指数达到 61.2，高出全国平均水平 9.3 个百分点，较 2019 年北京市发展水平增长 2.9%。如图 12-1 所示，2017—2020 年，北京市两化融合发展水平持续增长，年均增

长超过 2%。

2020 年，北京市的两化融合发展水平与江苏省、山东省、浙江省、上海市一起位列全国第一梯队，其中北京市排名第 5。北京市有效推动工业经济高质量发展，坚定不移扎实推进供给侧结构性改革，支持实体经济高质量发展。在推动企业信息化与工业化融合发展方面，着力摸清企业融合发展需求，厘清企业融合发展痛点，不断研究推出企业发展新举措，推动企业增强基础建设水平、提升管理水平，企业发展理念、发展模式、绩效产出等产生显著变化，供给侧结构性改革成效持续显现，两化融合正在向更广范围、更深程度、更高水平持续稳定迈进。

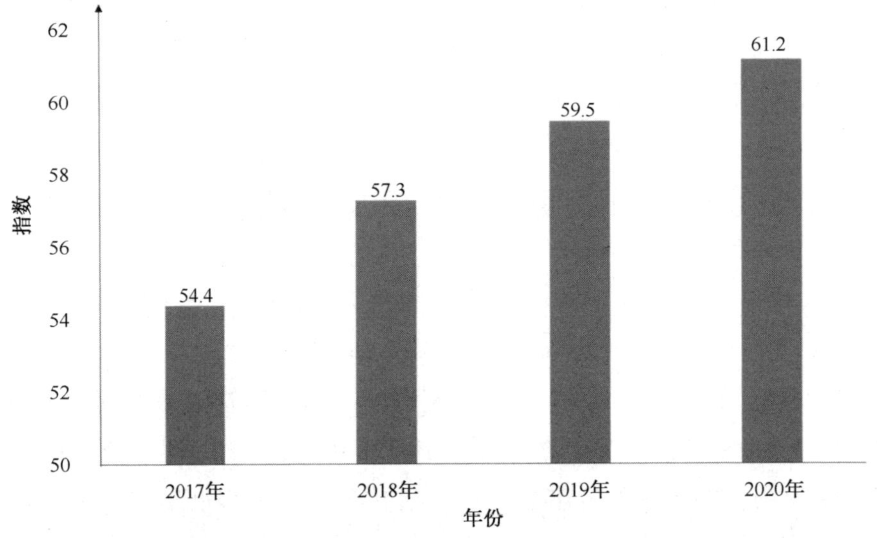

图 12-1　2017—2020 年北京市两化融合发展水平

（二）北京市两化融合发展进程

从两化融合发展进程来看，如图 12-2 所示，2020 年北京市 19.1%的企业已经实现综合集成，北京市两化融合向中高级阶段发展的基础不断夯实。2020 年，北京市处于起步建设阶段的企业比例占 25.9%，部分单项覆盖阶段的企业通过推进信息系统在各单项业务环节普及渗透，实现向集成提升及以上阶段发展，处于单项覆盖阶段的企业比例较 2019 年继续下降，下降比例为 1.1%。与 2019 年相比，企业在巩固单项覆盖的基础上，正向集成提升阶段挺进，进入集成提升和创新突破阶段的企业数量占比较 2019 年增长了 4 个百分点，达到 19.1%，北京市工业企业在两化融合阶段的发展又进了一步。处于集成提升及以上阶段的企业当中，13.9%的企业处于集成提升阶段，企业不同程度地开展了关键业务系统集成基础上的资源优化和一体化管理；5.2%的企业处于创新突破阶段，企业在实现跨企业的业务协同和模式创新上做了很好的探索和示范带动。

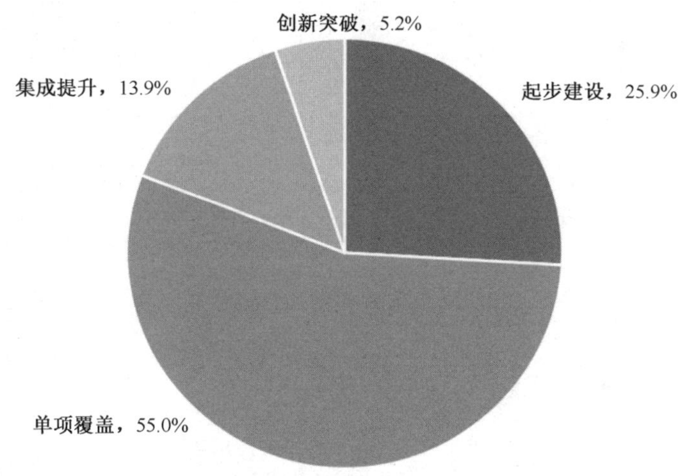

图 12-2 2020 年北京市企业两化融合发展阶段分布

（三）北京市两化融合发展关键环节

数字化水平、集成互联水平、智能协同水平，是两化融合发展评估的三大关键指标。从这些两化融合发展的关键环节来看，2020 年北京市的发展水平相较往年有明显上升趋势。数字化建设是推进两化融合的重要基础，以单项应用水平得分表征数字化整体发展水平，如图 12-3 所示，截至 2020 年 6 月底，北京市数字化水平得分为 60.9 分，较 2019 年增长 3.6%；集成互联整体发展水平用综合集成得分表征，北京市集成互联水平得分 54.0，较 2019 年增长 3.4%；智能协同整体发展水平用协同与创新得分表征，北京市智能协同水平得分为 49.7 分，较 2019 年增长 6.2%。

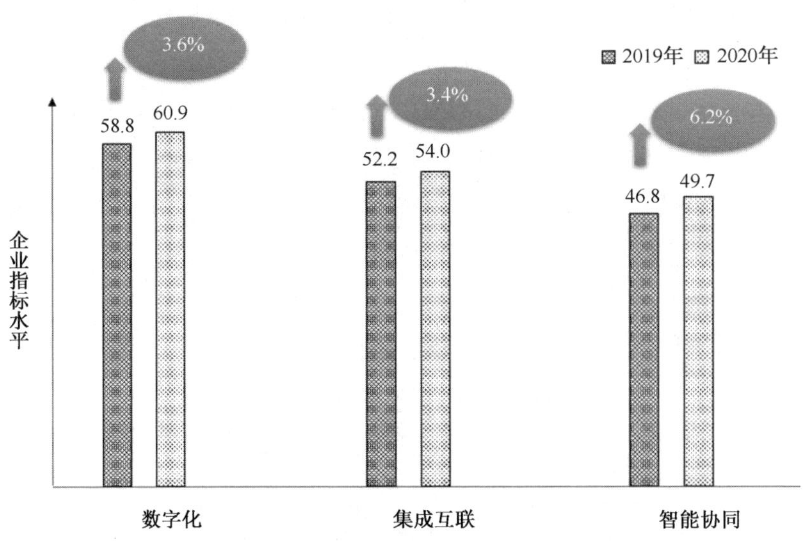

图 12-3　2019—2020 年北京市数字化、集成互联、智能协同发展水平

（四）北京市两化融合关键指标发展情况

从制造业双创、新模式新业态（涵盖网络化协同、服务型制造、工业电子商务、智能制造等方面）、“新四基”（包括工业硬件工业软件、工业网络、工业云平台）等方面来看，北京市制造业与互联网融合发展态势良好。2020 年，北京市数字化研发设计工具普及率、关键工序数控化率、关键业务环节全面数字化的企业比例分别达到 69.1%、53.2%和 40.9%，北京市大力培育融合发展新生态，不断促进制造业数字化、网络化、智能化发展。2020 年，北京市重点行业骨干企业“双创”平台普及率为 90.0%，较 2019 年增长 5.0 个百分点。开展服务型制造的企业比例为 23.5%，与 2019 年（19.7%）相比，提升 3.8 个百分点。在管控集成方面，企业比例为 26.7%，发展水平较 2019 年提升 3.4%。2020 年，北京市初步具备探索智能制造基础条件的企业比例为 7.4%，相较 2019 年增长 1.2 个百分点，如表 12-1 所示。

表 12-1 2020 年北京市两化融合发展关键指标

内容	指标	2020 年
总体水平	生产设备数字化率	54.6%
	关键工序数控化率	53.2%
	数字化研发设计工具普及率	69.1%
	主要工业软件普及率—ERP	70.8%
	主要工业软件普及率—PLM	23.6%
	主要工业软件普及率—MES	29.5%
	数字化生产设备联网率	48.0%
	应用电子商务的企业比例	57.3%
	实现管控集成的企业比例	26.7%
	实现产供销集成的企业比例	31.2%
新模式新业态	重点行业骨干企业“双创”平台普及率	90.0%
	实现网络化协同的企业比例	30.9%
	开展服务型制造的企业比例	23.5%
	开展个性化定制的企业比例	—
	智能制造就绪率	7.4%

（五）北京市不同行业两化融合发展情况

两化深度融合催生新的生产方式、产业形态、商业模式和经济增长点。不同行业因发展基础、企业组成结构等不同，两化融合发展现状、特征模式具有鲜明的差异化特征。如图 12-4 所示，整体来看，2020 年北京市电力行业两化融合发展水平较高，属于第一梯队，两化融合得分为 82.1；石化、服务业行业属于第二梯队，均超过北京市全行业整体水平（61.2）；轻工、纺织、冶金、建材、包装等行业的两化融合水平均不高；电子、交通设备制造、医药行业水平相对领先。

2020 年，北京市工业领域两化融合发展水平排名从高到低依次为电力、石化、服务业、电子、机械、交通设备制造、医药、食品、机械、轻工、纺织、建材、冶金、包装。如图 12-5 所示，不同行业在两化融合阶段分布方面各有不同，电力行业有 56.5%的企业进入集成提升以上阶段，跨越

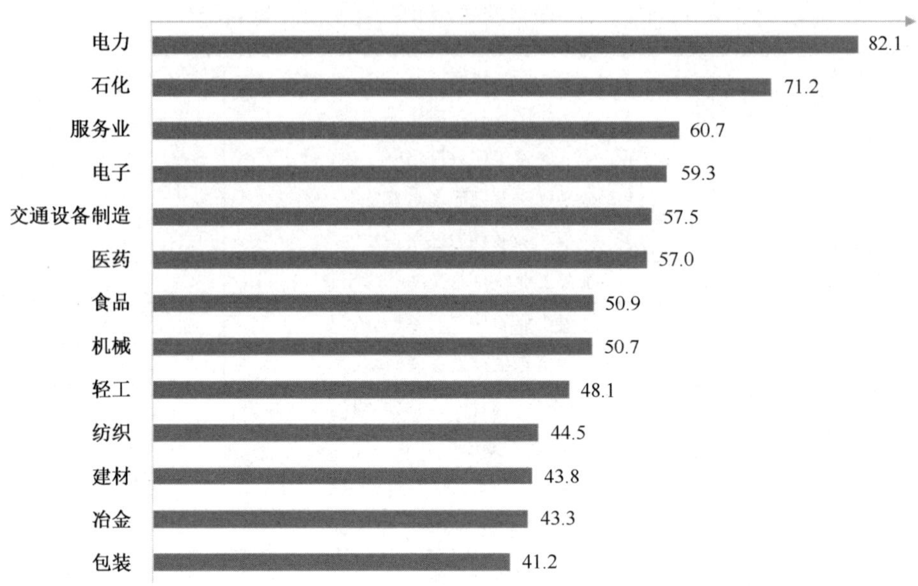

图 12-4　2020 年北京市不同行业两化融合发展水平得分情况

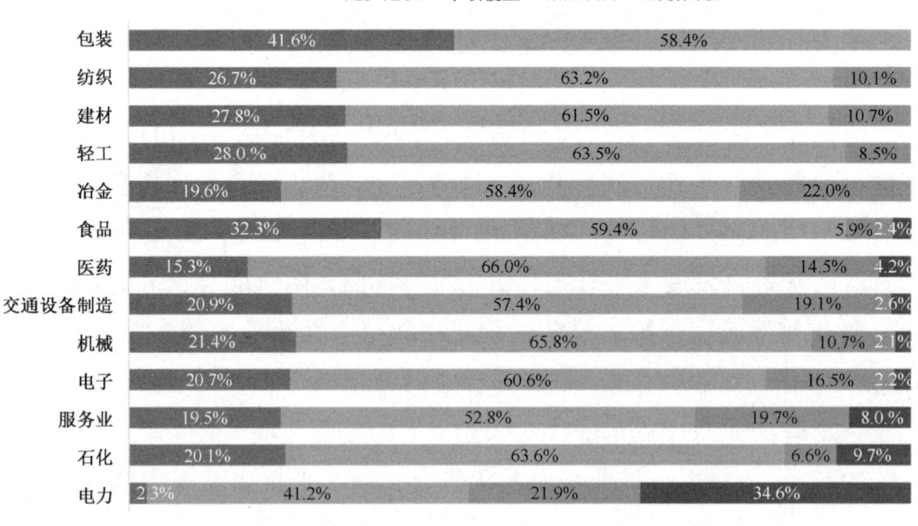

图 12-5　2020 年北京市不同行业企业两化融合发展阶段分布

综合集成困境成效显著；石化行业中处于创新突破阶段的企业占比为9.7%；交通设备制造行业中处于创新突破阶段的企业占比为 2.6%，在制造业中排名领先；石化和机械行业保持在中级阶段，即处于单项覆盖阶段的企业占比相对较高。

对北京市不同行业企业的两化融合关键指标进一步分析，不同行业两化融合发展各有侧重，分别围绕智能制造、研发创新、互联网化转型展开了积极探索，但不同行业的各指标数据差异性显著，如表 12-2 所示。2020年，电力、石化、服务等行业的两化融合发展水平较高，智能化协同水平指数分别达到 83.3、56.3、46.9，集成互联水平指数分别达到 83.1、65.0、53.1，数字化水平指数分别为 85.0、72.7、61.6。电力行业数字化、集成互联和智能协同水平得分均位列第一，且在数字化、集成互联、智能协同方面发展相对均衡，两化融合发展进程实现行业整体跃升的潜力最大。电子、交通设备制造和医药行业两化融合发展水平相对较高，数字化水平较其他行业有优势明显，指数分别为 58.7、56.8、50.4。纺织、冶金和包装行业的发展水平相对较低，智能协同水平亟须提升。

表 12-2　2020 年北京市不同行业数字化、集成互联、智能协同发展水平

行业	数字化	集成互联	智能协同
电力	85.0	83.1	83.3
石化	72.7	65.0	56.3
服务业	61.6	53.1	46.9
电子	58.7	50.5	39.7
交通设备制造	56.8	49.5	42.2
医药	50.4	45.3	46.8
食品	47.5	39.6	34.5
机械	48.1	41.4	30.1
轻工	45.4	36.6	27.2
建材	41.0	32.2	32.8
纺织	39.7	34.2	22.3
冶金	42.1	30.7	17.4
包装	39.7	23.3	13.9

三、北京市产业数字化转型升级模式与路径

基于对世界范围内的区域经济转型发展实践的梳理，有关学者提出四种典型的转型模式，即产业链延伸型、整体转换型、混合发展型及特色引领型。产业链延伸型是在原有产业的优势上，对其进行上下游延伸，通过扩展产业链和增加加工深度对产业进行优化；整体转换型的模式是指摆脱原有产业模式，在资源基础上培育发展新的产业；混合发展型是以上两种类型的结合，转型之初以产业链的延伸为主，随着产业的发展逐步实现产业整体转型；特色引领型是发挥区域优势，使区域成为某一个领域或行业的主导者。区域经济转型是一个系统演进的长周期过程，其复杂性在于决策资源信息的缺乏和结果的不确定性。成败的关键在于对“战略转型点”的把握是否得当，转型的路径可以继续摸索，但战略转型的时机不可错过。在区域产业升级和新兴技术产业兴起的过程中，技术创新、偶然性事件和政策推动三者的结合是主要动因。政府力量的介入一方面体现在战略规划及推进政策，另一方面体现在经济转型过程中提供稳定的经济转型环境。同时，市场活力、企业的主动性也必须充分释放，否则就难以形成自主创新的机制，使战略规划无法落实，难以实现自发的良性循环。基于对国内外主流经济转型升级模式的分析和对北京市目前工作思路和重点举措的总结提炼，本研究构建形成北京市以两化深度融合为引领的数字化转型发展模式与路径。

（一）发展模式

近年来北京市立足于首都城市战略定位，找准实现创新驱动发展、城市转型升级的工作特点，不断完善政策体系。在积极推进落实政策过程中，北京市形成了独具特色的以两化深度融合引领新旧发展动能转换的发展模式，即在高精尖产业体系加速构建、创新人才和资源持续领航、创新环

境不断完善、动能定位向多中心发展的基础上，着眼创新驱动战略这一根本和产业升级发展这一目标，以两化融合管理体系贯标为牵引和主要抓手，把推进两化深度融合作为推动制造业转型升级、科技创新中心建设，京津冀协同一体化发展，实现新旧发展动能转换的重要途径和手段，与加强北京创造、促进“互联网+”、鼓励创新创业、培育发展软件服务业等各项工作有机统一起来，统筹考虑、衔接配套、合力推进。图 12-6 为北京市总体发展模式。

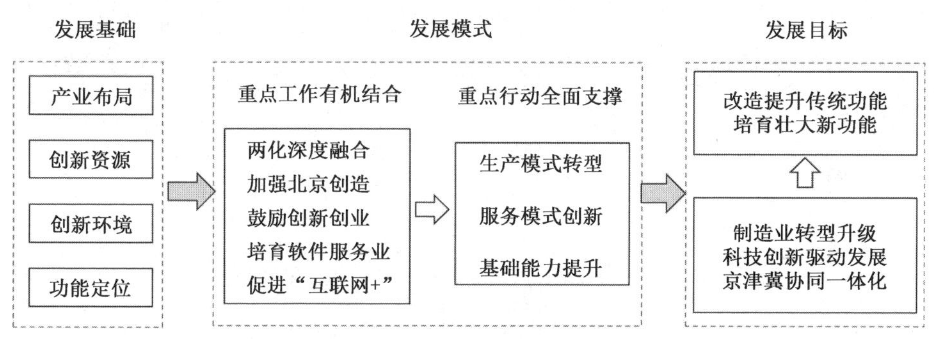

图 12-6 北京市总体发展模式

北京市的发展模式映射出以下发展理念：一是着眼首都城市战略定位，以构建“高精尖”经济结构、调整产业布局、发挥科技创新中心功能为目标；二是着眼创新驱动战略的根本，坚持技术创新和管理创新融合并重，引导企业提升可持续竞争优势，促进数字化、智能化、网络化转型；三是着眼产业升级发展的目标，既注重改造提升存量，加快提升传统工业智能化和绿色化发展水平，也注重培育发展增量，引导培育新产业、新业态，打造互联网时代新引擎；四是着眼企业和产业两个层面统一，既注重企业能力单点突破，以两化融合管理体系贯标为牵引打造企业新型能力，也注重产业能力整体提升，以新型能力打造为主线推动区域经济整体提升。

（二）实施路径

围绕北京市“高精尖”发展战略，以两化融合本质贯标为主要抓手，以着力打造互联网时代企业新型能力为主线，以北京市高精尖产业企业为推进主体，可将北京市推进产业数字化转型的发展路径归纳为生产模式转型路径、服务模式创新路径和基础能力提升路径，如图 12-7 所示。通过两化融合管理体系的本质有效落地，可使企业打造并不断提升数字经济时代和互联网环境下的新型能力，逐渐培育出新的生产模式和服务方式；通过产业跨界融合和创新发展，一方面可促进北京市数字经济服务能力与资源优势的进一步发挥；另一方面可加强关键技术攻关、产业平台建设和基础设施完善，使北京市数字经济服务模式进一步创新发展、产业发展基础不断夯实。三大发展路径将共同推动融合生态共建，促进北京市产业数字化转型。

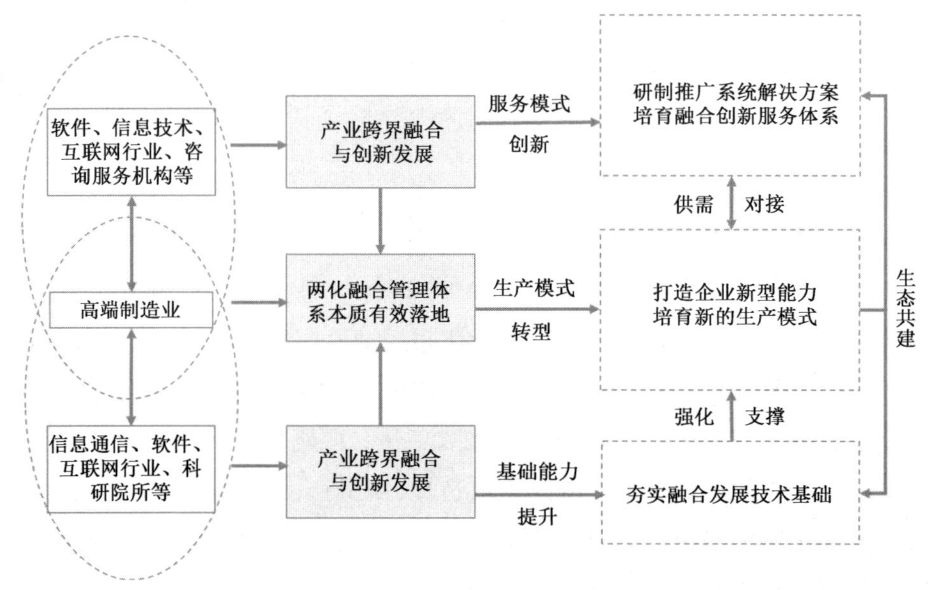

图 12-7　三大重点发展路径

1. 生产模式转型路径

两化融合管理体系是推动两化深度融合的有力抓手，经过多年实践与发展，已逐渐形成较为完备的体系。企业生产模式转型以两化融合管理体系的本质有效落地为引领，以解决方案供需对接为手段，以夯实融合发展基础为支撑。通过重点产业领域两化融合管理体系贯标全覆盖，促进企业围绕研发、生产、供应链管理、经营管理、财务管控和用户服务等关键业务环节，打造并不断提升数字经济时代和互联网环境下的企业新型能力。随着经营模式与理念的转变和关键能力的形成，在重点领域逐步推动企业实施智能化转型，并构建起绿色制造体系，推动一批骨干企业开展智能制造、绿色制造，实践网络化协同、个性化定制、服务型制造等新模式。

2. 服务模式创新路径

推动北京市数字经济服务模式创新必须加强产业跨界融合，主要任务包括研制推广两化融合系统解决方案和构建完善面向产业转型升级的创业创新平台与创新服务体系。在系统解决方案研制推广方面，应整合咨询、设备及软硬件、系统集成、大数据等服务资源，推动制造企业与咨询类、实施类、平台类等各类服务提供商深度合作，共同研制面向企业新型能力打造需求的多层级、多类别、个性化的两化融合系统解决方案。在融合创新服务体系培育方面，引导和支持制造业重点行业骨干企业、大型互联网企业、基础电信企业建立互联网“双创”平台，搭建研发试验、检验检测、知识产权、技术交易等专业化创新服务平台；建设面向重点行业、辐射京津冀乃至全国的工业大数据服务平台，加快构建工业云生态，培育一批行业性和综合性工业电子商务平台，助力京津冀产业转型升级和区域经济协同一体化发展。

3. 基础能力提升路径

提升融合发展基础能力，围绕两化融合对信息技术产业的需求，聚集网络通信、软件和信息技术服务以及科研院所等单位的研发创新合力，在集成电路、基础元器件、高端工业软件等领域取得重大突破，建设开放、融合、协同的产业体系，夯实产业基础支撑。通过建成一批通用性基础软硬件平台和安全可靠实验验证服务平台，全面提升信息技术产业支撑能力。通过加快可编程逻辑控制器、分布式控制系统和柔性制造系统等的研发和产业化，进一步强化软件定义和支撑工业的作用。大力支持研发仿真、人机交互、智能控制、系统自治等关键技术及产品。统筹全市工业互联网基础设施建设规划与布局，提升工业控制系统安全管理能力。

四、发展对策建议

（一）分级分类推进企业两化深度融合

面向不同行业、不同规模和不同发展阶段的企业，推进两化融合的思路、模式和重点措施都不尽相同，应在持续深入开展企业两化融合评估诊断和对标引导工作的基础上，分级分类跟踪研判企业两化融合发展现状、重点及趋势，进而在项目资金支持、试点示范企业遴选、企业专题培训、市场服务对接等各项工作中贯彻分级分类推进思路，根据不同企业的需求和特点，精准引导和支持企业推进两化深度融合。

（二）加强解决方案研制与供需精准对接

解决方案是融合发展落地的基本工具，是实现两化融合管理体系本质有效落地的基础支撑。加强两化融合系统解决方案的研制与应用，必须依靠跨界融合的力量，支持制造企业和软件、信息技术服务业、咨询机构以及科研单位共同攻关，以自动控制与感知、工业云、工业互联网等领域为突破重点，以企业实际需求为出发点来形成两化融合系统解决方案、产品、技术、标准和服务。同时，以建设完善企业新型能力图谱为依托，充分厘清北京市数字经济服务能力清单，以此引导支持企业与服务机构进行精准对接。

（三）加强试点示范建设和优秀经验总结

试点示范建设应符合最新发展趋势和动态，当前应聚焦工业互联网、工业大数据、智能制造等领域，深入推动基于互联网的制造技术、模式、业态等应用和创新的试点示范。为避免更多企业浪费资源、走弯路，进一步推动行业、区域整体提升，应支持优秀试点示范企业系统总结和传播推广试点示范建设成果及项目成功经验，真正体现试点示范工作开展的意义和价值。在试点示范经验交流和成果宣传方面，需创新传播渠道和交流方式，着力提升成果宣贯效果、拓展普及应用范围，探索形成可复制、可推广的产业升级和区域协同新模式。

（四）进一步激发企业创业创新潜能

融合创新的主体是企业，激发和释放企业融合创新内生动力与活力是推动两化深度融合和企业创新发展的前提。在引导企业全面深入贯彻两化融合管理体系的过程中，必须首先帮助企业打破传统工业体制机制束缚，激发全员的创业创新动力与潜能，并在更大范围、更高层次上推进跨区域、跨行业的资源汇集与协同应用，才能真正促进管理体制和技术的互动创新，实现以数据为驱动、以用户需求为导向的生产经营，持续打造并提升企业新型能力，营造资源富集、创新活跃、高效协同的融合发展新生态。

参考资料

1. 周剑，徐大丰. 两化融合的概念内涵和方法路径研究. 产业经济评论，2015（5）：12-19。

2. 肖彬，郭颖. 两化融合背景下企业管理创新的理论框架研究. 科研管理，2015，36（S1）：54-60。

3. 李程骅. 国际城市转型的路径审视及对中国的启示. 华中师范大学学报（人文社会科学版），2014，53（2）：35-42。

4. 曾贵，钟坚. 全球生产网络中加工贸易转型升级的路径探讨. 软科学，2011，25（2）：62-66。

5. 战炤磊，韩莉. 全面深化改革背景下高新区转型发展路径选择. 科技进步与对策，2015，32（14）：31-35。

6. 张鹏. 初始条件、地方政府竞争与自我发展能力：中国区域经济转型的演化路径. 经济问题探索，2012（4）：36-39+63。

7. Andrew S. Grove. Only the Paranoid Survive[M]. New York: Currency Doubleday, 1996。

8. 汪明峰，郗厚雪. 城市新兴技术产业的演化路径比较分析——以长三角物联网产业为例. 地理研究，2015，34（9）：1697-1707。

9. 柴雯，马冬妍. 以“两化”深度融合引领新旧发展动能转换模式与路径——以北京市为例. 经营与管理，2019（2）：89-93。

B.13

区域融合发展的贵州模式探究

师丽娟　韩朱旸　葛诗春　高欣东[1]

摘　要： 在全球新一轮科技革命与产业变革的时代机遇大背景下，贵州省大力推进信息化与工业化融合战略，在全省层面提出实施大数据战略行动，打造贵州发展弯道取直、后发赶超的新战略引擎，积极推动“贵州智造”建设，全面推进经济社会各领域信息化与工业化融合进程，形成点面结合、优势互补、错位发展的两化融合良好发展态势，在全省范围内形成两化融合发展新格局，趟出一条融合发展、转型升级的“贵州智造”绿色发展之路。

关键词： 两化融合；大数据；转型升级

Abstract: Under the background of a new round of global scientific and technological revolution and industrial change, Guizhou Province vigorously promotes the integration strategy of informatization and industrialization, puts forward the implementation of big data strategic action, creates a new strategic engine for Guizhou's

[1] 师丽娟，国家工业信息安全发展研究中心信息化所工程师，博士，从事两化融合、数字化转型等研究；韩朱旸，贵州省信息中心数据资源开发处处长，博士，从事数字经济发展、数字政府建设研究；葛诗春，贵州省量子信息和大数据应用技术研究院工程师，硕士，从事数字经济与实体经济深度融合研究；高欣东，国家工业信息安全发展研究中心信息化所高级工程师，博士，从事两化融合研究。

development, and actively promotes the construction of "Guizhou intelligent manufacturing", Comprehensively promote the integration process of informatization and industrialization in all fields of economy and society. Guizhou forms a good development trend of integration of industrialization and industrialization, which is characterized by point to area combination, complementary advantages and dislocation development. Thus embark on a green development road of "Guizhou intelligent manufacturing" with integration development, transformation and upgrading.

Keywords: Integration of Informatization and Industrialization; Big Data; Transformation and Upgrading

一、贵州战略：聚焦新一代信息技术与制造业深度融合发展，打好“高质量发展”攻坚战

在推进全省经济高质量发展工作方面，贵州省以专项行动为抓手，于2016 年开展了贵州“千企改造”工程 · 大数据专项行动，2017 年启动实施了大数据+产业深度融合 2017 年行动计划，2018 年部署实施了“万企融合”大行动，印发《贵州省推动大数据与工业深度融合发展工业互联网实施方案》《贵州省十大千亿级工业产业振兴行动方案》，形成了全领域、全行业、全地区共同推动的工作体系和良好氛围。2020 年印发《贵州省数字经济发展“六个重大突破”推进落实工作方案》和《贵州省大数据融合创新发展工程专项行动方案》。

（一）贵州“千企改造”工程·大数据专项行动

2016年，贵州省开展了“千企改造”工程·大数据专项行动，将大数据助力企业转型升级作为重点内容，鼓励国内外知名企业为贵州省重点企业提供转型升级解决方案，帮助本土企业加快转型升级发展。旨在促进企业与大数据信息化融合，探索运用大数据促进贵州省企业生产技术更新、商业模式创新和产品供给革新。同时，大力实施“互联网+”行动计划和智能制造试点示范，以数据流引领技术流、物质流、资金流、人才流，全力推动高端企业、先进技术与贵州省产业企业有机嫁接。

（二）大数据+产业深度融合2017年行动计划

2017年，贵州省印发《大数据+产业深度融合2017年行动计划》（以下简称《行动计划》），全面启动实施大数据+产业深度融合行动计划。《行动计划》以大数据、“互联网+”等新一代信息技术手段为支撑，以大数据在三次产业的应用为核心，围绕企业研发、生产、销售等各环节，推动大数据与传统产业深度融合，推动产业链上下游深度融合，推动大数据技术、应用和商业模式协同创新深度融合，强力引领各行各业转型升级、提质增效发展。《行动计划》按照“典型引路、分业施策、全面铺开”的原则，以智能制造为重点，在三次产业分别打造一批典型，通过专项行动和示范带动，推动传统产业数字化、智能化转型，促进产品创新、技术创新、经营模式创新。行动计划的目标是形成“四个一批”的行动成果，即培育一批典型示范项目、创新一批应用解决方案、打造一批产业服务平台、编制一批标准规范体系。行动计划的重点任务是：工业方面，着力提高“两化”融合发展水平，促进制造业数字化、网络化、智能化发展，推动贵州制造走向“贵州智造”；农业方面，以信息化创建农业农村发展新型资源要素，助推贵州绿色优质农产品名扬天下，初步实现主要农业数据资源的集成共享和可视化，助力脱贫攻坚；服务业方面，拓展大数据与服务业融合的广度和深度，建设完善智慧旅游云、电子商务云、贵州物流云、贵州金融云四个系统云平台，有效提升服务业核心竞争力。

（三）“万企融合”大行动，打好“数字经济”攻坚战方案

2018 年 2 月 7 日，贵州省人民政府正式印发了《贵州省实施“万企融合”大行动，打好“数字经济”攻坚战方案》（黔府发〔2018〕2 号）（以下简称《方案》），全面部署贵州省大数据与实体经济深度融合方案。《方案》围绕国家大数据战略和“数字贵州”建设，以应用为核心，深化云计算、量子通信、人工智能等新一代信息技术在实体经济中的创新融合，运用大数据手段推进全产业链、全生命周期以及企业研发、生产、销售、服务各环节优化重组，持续改造提升传统产业，不断培育壮大新业态，促进实体经济向数字化、网络化、智能化转型，由投资驱动、资源驱动向数据驱动、知识驱动转变，推动经济发展质量变革、效率变革、动力变革，为全省实施大数据战略行动、推进国家大数据综合试验区建设、加快转型升级和新旧动能转换提供强大支撑。

（四）工业互联网创新发展行动

在新一代信息技术驱动工业数字化、网络化、智能化转型升级的大背景下，贵州省聚焦大数据战略，扎实开展制造业与互联网融合发展、“互联网+先进制造业”等各项工作。2018 年，贵州省制定《贵州省推动大数据与工业深度融合发展工业互联网实施方案》，方案聚焦工业互联网网络、平台、安全三大体系，突出了工业互联网供给侧产业培育与需求侧应用示范的双轮驱动，提出了实施网络基础夯实、平台培育打造、企业登云用云、产业引进培育、先行先试创新、融合应用示范、安全体系保障等七大工程，从产业培育、应用融合、技术创新、生态打造等方面加强工业互联网的建设与推广。

（五）十大千亿级工业产业振兴行动

2018 年，贵州省印发《贵州省十大千亿级工业产业振兴行动方案》，集中力量推动基础能源、清洁高效电力、优质烟酒、新型建材、现代化工、先进装备制造、基础材料、生态特色食品、大数据电子信息、健康医药十大千亿元级产业加快发展，促进工业转型升级和提质增效，打造以高端化、绿色化、集约化为基本特征的贵州现代工业体系，促进全省工业向绿色化、高端化、智能化发展，推进工业化与信息化深度融合，促进“贵州制造”向产业链中高端提升。

（六）数字经济发展“六个重大突破”推进落实工作

2020 年 6 月 23 日，贵州省大数据局印发《贵州省数字经济发展“六个重大突破”推进落实工作方案》（以下简称《方案》）。《方案》提出推动在工业智能化改造方面实现重大突破，加快工业互联网建设，加快磷化工、白酒等重点产业智能化转型，加快煤炭产业机械化智能化改造，加快智慧工厂、数字车间建设；推动在农业产销智慧对接方面实现重大突破，加快推进农产品生产数字化，加快推进农产品销售终端智能化，加快推进农产品产销对接智慧化；推动在数字化基础设施建设方面实现重大突破，加快 5G 建设，加快区块链建设，加快中国 · 南方数据中心示范基地建设，加快通信基础设施建设，加快融合基础设施建设，加快战略性创新基础设施建设；推动在数据融合新业态方面实现重大突破，加快发展平台经济，加快发展无接触经济，加快发展智慧医疗，加快发展智慧旅游等；推动在壮大大数据龙头企业方面实现重大突破，加快推进招商引资，加快培育行业龙头企业，加快壮大云上贵州大数据集团，加快推进招才引智；推动在数字化治理方面实现重大突破，加快提升“一云一网一平台”，加快大数据助力脱贫攻坚，加快大数据助力劳务用工精准匹配。

（七）贵州省大数据融合创新发展工程专项行动方案

2020 年 6 月 29 日，贵州省人民政府印发《贵州省大数据融合创新发展工程专项行动方案》（以下简称《方案》）。《方案》中提出发展目标，到 2021 年，大数据服务业增加值达 430 亿元，数字经济增长 12%左右，信息基础设施投资 140 亿元，重点项目投资 101 亿元，企业达到 4.5 万户，就业人数达到 8.4 万人，大数据与服务业深度融合水平指数达到 42。到 2022 年，大数据服务业增加值达 500 亿元，数字经济增长 12%左右，信息基础设施投资 160 亿元，重点项目投资 111 亿元，企业达到 5 万户，就业人数达到 9 万人，大数据与服务业深度融合水平指数达到 45。大数据融合创新发展能力大幅提升，数据要素市场培育基本成型。聚焦“百企引领”，大力推动数字产业化，加速培育经济转型新功能；聚焦“万企融合”，大力推动产业数字化，加速传统服务业转型升级；聚焦“新基建”，不断夯实大数据融合创新发展基础；聚焦“关键支撑”，持续优化大数据融合创新发展环境为重点任务。强化组织保障、政策引导、招商引资、宣传推广、调度督察等保障措施。

二、贵州模式：以“四三三”行动计划为主战场、“352 应用服务体系”为助推器，践行融合发展战略

近年来，贵州将两化融合作为深入实施工业强省战略、大数据战略行动的重要内容。围绕夯实基础、培育平台、服务行动、融合示范等方面，大力推动大数据与工业深度融合发展。在工作推进过程中，贵州省打造“贵州模式”，建设现代化经济体系、加快新旧动能接续转换，以“四三三”行动计划为主战场，以“352 应用服务体系”为助推器，助力企业转型升级，实现高质量发展，紧抓“关键环节”形成完整工作体系，构建“支撑能力”形成能力资源池和工具包，打造“咨询团队”形成咨询服务力量，深化大数据与实体经济深度融合。

（一）夯实两化融合基础，有力支撑全省经济发展转型升级

建成贵阳·贵安国际互联网数据专用通道，打通国际互联网直达高速链路。建成贵阳·贵安国家级互联网骨干直联点，中西部地区第1个根镜像服务器节点、第3个国家顶级域名节点，在信息基础设施建设中迈出坚实步伐。投入运营及在建的重点数据中心达到23个。积极打造融合标杆项目与示范项目，贵州茅台等一批企业项目获得工业互联网和智能制造领域工业和信息化部试点示范项目或资金支持。

（二）瞄准融合发展目标，高标准、高质量推进“四三三”行动计划

着力推动四大重点任务落实：一是不断夯实融合支撑新基础；二是努力打造融合服务新平台；三是深化拓展融合变革新应用；四是创新构建融合发展新生态。

着力加快三类主导产业转型升级：一是加快推进传统优势产业信息化改造；二是着力推动地方特色产业信息化提升；三是前瞻布局战略新兴产业信息化发展。

着力推动三个关键领域工作：一是加快推进信息技术在安全生产中的应用；二是不断提升绿色环保信息化水平；三是促进国企数字化转型升级。

（三）构筑完整工作体系，紧抓“三个关键环节”

紧抓评估环节，助推精准融合。推出评估规范，制定三次产业解决方案和16套行业调查问卷，搭建“贵州省大数据与实体经济深度融合服务平台”，形成完善应用支撑。在全国率先编制大数据与实体经济深度融合方面的地方标准——《大数据与实体经济融合评估规范 第1部分：总则》，组织企业进行评估，据统计，2017—2020年参与融合评估的企业数量由13390家增至17616家，覆盖全省细分行业100余个、全部10个市州88

个区县。基于地区企业、行业企业的评估数据，分析地区和行业融合情况，深入挖掘大数据融合发展现状、价值成效以及发展趋势，形成年度《贵州省大数据与实体经济深度融合评估报告》。通过在贵州省开展融合评估工作，实现“一企一策”“一地一策”“一业一策”，助推全省精准融合。

紧抓对接环节，拓展应用范围。2018 年以来，为了加强与企业的对接，贵州省共组织了 457 场宣讲培训，实现了 197 次上门会诊服务，完成了 12834 家企业培训。2020 年，开展的“贵州省数字经济提升行动系列培训会诊服务”入选工业和信息化部《中小企业数字化赋能服务产品及活动推荐目录》，成为仅有的 12 个活动之一向全国推广。

紧抓贯标环节，实现科学实施。贵州省成为全国首批 9 个 DCMM 贯标试点地区之一，大力开展数据管理能力成熟度评估模型（DCMM）贯标推广，遴选 9 家企业入选全国试点企业，涉及大数据、电商、装备制造、物流等多个行业领域，其中云上贵州大数据产业发展有限公司成为全国仅有的 6 家 DCMM 四级企业之一。联合国家工业信息安全发展研究中心，编制全国首个大数据融合应用实施指南——《大数据与实体经济深度融合实施指南》，面向贵州省 35 家企业开展应用推广。

（四）塑造能力资源池和工具包，构建“五个支撑能力”

组建合作伙伴，拉动对接能力。组建“万企融合”大行动服务队，已有 228 家大数据企业加入服务队，截至目前有 5958 家贵州实体经济企业得到了服务队的实施改造服务，成为贵州省会诊服务工作的主要支撑力量。

提供解决方案，提升支撑能力。整合工业和信息化部大数据优秀产品和应用解决方案 815 个，涉及智能制造、工业互联网、企业信息化、云平台与服务、数据处理与应用、网络与安全等多个领域，构成较为完善的解决方案资源池。

打造公共平台，提升服务能力。贵州省实施“云使用券”创新财政资金扶持方式助推企业上云，引导 20831 户企业实现核心系统上云，有效推动全省企业特别是中小微企业上云转型，受到国家发展和改革委员会高度认可，并向全国推广此举。

推动园区建设，打造服务载体。贵州通过以园区为载体推动产业集聚，增强融合服务支撑能力。在贵阳市高新区、经开区和遵义市汇川区建立“大数据与实体经济深度融合省级示范园区”，在铜仁市万山区、高新区建立“省级平台经济创新发展示范区”。

塑造典型样板，强化示范引领。编制发布《贵州省大数据与实体经济深度融合评估报告》《贵州省大数据与实体经济深度融合省级标杆项目汇编》供全省参考，其中振华集团“工业互联网应用创新推广中心”等一批项目入选国家工业互联网创新工程、国家智能制造试点示范项目等。

（五）提升咨询服务力量，建立“两类咨询团队”

非营利性、第三方的专业咨询服务机构是开展融合工作的基础力量，以国家工业信息安全发展研究中心等国家级智库机构领衔的全国咨询服务团队，全程参与了贵州省融合评估和会诊服务工作，形成重要支撑。贵州省量子信息和大数据应用技术研究院等省内机构组成的本地化服务团队，通过落地服务做好全省融合评估、会诊服务、贯标实施的全过程落地实施工作。

三、贵州硕果：推动新一代信息技术与实体经济深度融合工作亮点纷呈、成效显著

作为全国首个国家大数据综合试验区和新一轮西部大开发重点发展区域，贵州省把两化融合、大数据与实体经济深度融合作为贵州实施大数据战略行动，提升制造业数字化、网络化、智能化发展水平的重要内容，全面组织实施“万企融合”大行动，在全国率先编制《大数据与实体经济

深度融合评估体系》和《大数据与实体经济深度融合实施指南》等标准规范，通过组织问诊会诊、发放“云使用券”等方式推动企业数字化、网络化、智能化转型，相关工作已取得显著成效。

从 2016 年起连续 5 年开展两化融合、大数据与实体经济深度融合工作，实施“数字经济”攻坚战。2020 年，贵州省两化融合发展水平指数达 47.7，在全国排第 21 名；大数据与实体经济深度融合发展水平稳步提升，融合指数从 2017 年的 33.8 提升到 2020 年的 41.1，整体融合进程初步进入中级阶段。深入实施大数据战略行动，建设国家大数据综合试验区，以数据为关键要素的数字经济高速高质发展，全省数字经济增速已连续 5 年排名全国第 1，成为高质量发展的新动能。

（一）工业智能升级成果斐然

工业互联网“开花结果”。工业互联网备份数据中心、工业信息安全创新中心签约落地。煤矿智能化、机械化实现“两个 100%”，即全省生产煤矿实现采煤机械化 100%、辅助系统智能化 100%，全面进入智能化开采的初级阶段。企业上云累计突破 2 万户。

（二）农业产销对接精准高效

一是农产品产销对接网络覆盖全省所有县区。贵州农产品大数据平台（黔菜网）实现对全国主要农产品批发市场销售数据、价格数据适时抓取、智能分析，已覆盖 88 个县、3623 个基地、378.45 万亩基地，线上店铺数量 883 家，总成交金额突破亿元。二是打造“一码贵州”智慧对接平台。“一码贵州”平台上线产品 6.65 万个，入驻企业 2.3 万家，上线 4 个月交易额达到 5.8 亿元，有效助力黔货出山、助推消费扶贫。三是农产品销售智能终端进入社区。建成农产品仓储保鲜冷链设施项目 327 个，加快布局社区生鲜自提柜，加快新鲜农产品从田间直接进入群众餐桌。

（三）基础设施数字化再提速

5G 时代的到来，将以数据的形式重构城市甚至乡村，使个人能够和环境进行互动，将生活变得更加便捷，目前全省累计建成 5G 基站 16853 个，“县县通”得以实现。5G 是发展“智慧城市”“智慧园区”“智慧景区”所必不可少的神经元，在工业、旅游、医疗、教育等行业开展场景应用。区块链应用加快，推动区块链技术和产业创新迅猛发展。中国南方数据中心示范基地加快建设，苹果、华为数据中心主体建设基本完成。

（四）网络化生产新模式持续推广

贵州省工业企业积极探索网络化生产新模式，基于互联网分布式协同环境，开展众包设计研发、网络化制造、公共云制造平台服务等模式创新。2020 年，贵州省离散制造企业中实现网络化协同的企业比例为 31.3%。贵州省制造企业不断增加服务要素在投入和产出中的比重，推动产品和服务的融合发展，离散制造企业中实现服务型制造的企业比例由 2016 年的 11.9% 提升至 2020 年的 21.5%。贵州省网络化生产模式的推广在“十三五”期间取得显著成效。

（五）大数据融合新业态涌现

截至 2020 年 12 月底，贵州省工业云平台应用率达 43.3%，比 2016 年水平（32.0%）上升 35.3%。贵州省积极培育平台化服务新业态，推动价值链向高端跃升，加快形成经济增长新动能。贵州工业云平台已列入全国首批制造业与互联网融合发展试点示范项目，在商用与政用方面发挥积极作用。在政用方面，开发出的贵州工业经济运行调度分析系统和监测系统极大提升了政府治理能力；在商用方面，开发的贵州工业云公共服务平台，为工业企业提供“端、网、云”智能连接应用的云资源、云软件和智能制造解决方案，云服务在工业品供需交易、产能供需交易等方面发挥了重要作用。平台经济发展如火如荼。铜仁数字产业园已签约物流企业 313 家，满产后预计物流总产值将突破 900 亿元。顺应“后疫情”时代，无接触经济如雨后春笋般涌现，贵阳建成“智慧微菜场”300 余个，“刷脸”乘车得以实现。医疗智慧化发展，国家健康医疗大数据西部中心加快建设。智慧旅游促进旅游业稳步增长，“一码游贵州”实现“云游贵州”“智游贵州”。教育智慧化升级，144 所学校接入“阳光校园·智慧教育”平台，全省 670.7 万中小学生通过“阳光校园·空中黔课”上学。

（六）大数据龙头企业能力强

大数据企业发展持续向好。2020 年 1—10 月，全省软件业务收入同比增长 22.47%，3 家企业收入突破 10 亿元，增速超过 100%的企业达到 64 家。

重点龙头企业能力壮大。云上贵州大数据集团预定目标提前“突破”，截至 2020 年 10 月底，实现营业收入 25.39 亿元，同比增长 161%。

参考资料

1. 李胜. 贵州推动大数据与实体经济深度融合研究. 贵州社会科学，2019（8）：138-144。

2. 我省全面实施大数据+产业深度融合. 贵州日报，2017-06-30。

3. 罗序斌.“互联网+”驱动传统制造业创新发展的影响机理及提升路径. 现代经济探讨，2019（9）：78-83。

B.14

区域数字化创新发展的江苏模式探究

付宇涵　赵珏昱　崔佳星　刘丽娟　张磊[1]

摘　要： 江苏省是长三角地区的重要成员，2019 年全省 GDP 总量达到 99631.52 亿元，位居全国第二，在长三角地区中居于首位。作为我国先进制造业发展的典型代表，江苏省立足国内制造业潮头，全面推进信息技术和实体经济的深度融合，充分发挥工业互联网、大数据、人工智能等技术的"应用效能"，在改造提升传统产业、培育新模式新业态、增强企业创新活力等方面取得显著成效。"十三五"期间，全省的两化融合发展水平一直居于全国前列。本文从产业集群、模式发展、工业互联网和政府举措等方面对江苏省两化融合发展模式进行提炼和总结，以为其他地区融合发展和产业升级提供借鉴。

关键词： 江苏模式；先进制造；两化融合；产业集群；工业互联网

Abstract: Jiangsu Province is an important member of the Yangtze River Delta. In 2019, the total GDP of the province reached 9963.152 billion

---

[1] 付宇涵，国家工业信息安全发展研究中心信息化所工程师，资深研究员，从事两化融合、工业互联网、数字化转型相关领域研究；赵珏昱，国家工业信息安全发展研究中心信息化所助理工程师，硕士，从事数字化转型研究；崔佳星，国家工业信息安全发展研究中心信息化所工程师，博士，从事两化融合研究；刘丽娟，国家工业信息安全发展研究中心信息化所工程师，学士，从事两化融合、企业数字化转型研究；张磊，国家工业信息安全发展研究中心信息化所助理工程师，硕士，从事两化融合研究。

yuan, ranking second in the country and first in the Yangtze River Delta. As a typical representative of the development of country's advanced manufacturing industry, Jiangsu Province based on the domestic manufacturing trend, comprehensively promotes the in-depth integration of information technology and the real economy, and gives full play to the "application efficiency" of industrial Internet, big data, artificial intelligence and other technologies. Significant results have been achieved in upgrading traditional industries, cultivating new models and business forms and enhancing corporate innovation vitality. During the "13th Five-Year Plan" period, the province's Integration of Industrialization and Informatization has been at the forefront of the country. This article refines and summarizes the Integration of Industrialization and Informatization in Jiangsu Province from the aspects of industrial clusters, mode development, industrial Internet and government initiatives, so as to provide a reference in integration development and industrial upgrading for other regions.

Keywords: Jiangsu Mode; Advanced Manufacturing; Integration of Industrialization and Informatization; Industrial Clusters; Industrial Internet

一、构建"13+1"集群布局，打造江苏产业新航母

集群化发展是江苏制造的鲜明特色。2018 年，江苏在全国率先出台《省政府关于加快培育先进制造业集群的指导意见》（苏政发〔2018〕86 号），瞄准世界级先进制造业集群目标，立足自身产业基础和优势，因地制宜地选择有竞争优势的产业，遴选新型电力（新能源）装备集群、软件和信息服务集群等 13 个集群进行重点培育。随着集群培育工作的深

入，为挖掘江苏北部地区经济优势，将徐州、宿迁、淮安等市绿色食品集群纳入全省集群培育范畴，形成“13+1”总体布局。图 14-1 为江苏省产业集群布局具体情况。截至 2020 年年底，工业和信息化部共在 21 个领域遴选了 44 个“国家级先进制造业集群”，其中江苏有 8 类集群入选，入选总量全国第一。

集群	分布地区	简介
新型电力（新能源）装备集群	南京	涵盖新能源（光伏、风电）发电装备、输变配电设备、控制系统及设备等领域，规模总量和技术水平处于全球前列
工程机械集群	徐州	拥有16大类工程机械主机、330个品种基础零部件，产品覆盖全球70多个国家和地区，多项产品销量全球第一
物联网集群	无锡、苏州、南京	国内起步最早、发展最快，在核心芯片、通信协议、协同处理、智能控制等领域攻克了一大批关键技术
高端纺织集群	苏州、无锡、南通	产业链完整度、网络化协作水平全国领先，规模总量占全国纺织行业1/5，拥有恒力、盛虹、海澜3家千亿企业
前沿新材料集群	苏州	在MEMS、氮化镓领域形成全产业链格局，大尺寸硅基外延技术、高功率密度芯片工艺世界领先
生物医药和新型机械集群	连云港、泰州、南京、苏州	医药产业规模总量全国第二，形成泰州、连云港和南京、苏州“一城一港多基地”的产业布局
集成电路集群	南京、无锡、苏州、南通、连云港、徐州	以沿江硅走廊带为中心，涵盖EDA、设计、制造、封装、设备、材料等领域的完整产业链，产销规模全国第一，封装技术国内领先
海工装备和高技术船舶集群	南通、泰州、扬州	造船完工量、新接订单量、手持订单量全国领先，完工量连续多年全国第一，海工装备产品覆盖从近海到深海的各大种类
高端装备集群	南京、常州、无锡、苏州、镇江、扬州	在国家重大装备领域拥有齐全的零部件配套体系，形成以江苏南部5市和扬州为主的智能制造、轨道交通、航空航天装备产业基地
节能环保集群	南京、无锡、苏州、盐城、常州	拥有全国最强的水污染装备制造能力，总量规模、产品品种及成套率均居全国首位
核心信息技术集群	南京、苏州	聚合高端软件、新一代软件和人工智能，其中嵌入式软件、工业软件水平全国领先
汽车及零部件集群	无锡	新能源汽车产量位居全国第一方阵，智能网联汽车、氢燃料电池汽车等前瞻领域发展水平位居全国前列
新型显示集群	南京、苏州、无锡、常州	拥有全国最全的技术路线布局，AMOLED、micro-LED、激光、柔性、量子点等前沿领域显示技术均有布局
绿色食品集群	徐州、淮安、宿迁	规模位居全国前列，门类齐全、体系较为完整，已初步形成集食品原料、加工、装备、冷链物流服务为一体的全产业链发展体系

图 14-1 江苏省产业集群布局表图

（一）集成电路集群：“百亿俱乐部”占据 4 席

集成电路产业是信息技术产业的基础和核心，是培育发展战略性新兴产业、推动信息化和工业化深度融合的核心与基础。江苏省作为我国集成电路产业规模最大的制造强省，集成电路产业发展起步较早，以“沿江硅走廊带”为中心形成集研发设计、先进制造、封装测试于一体的产业集群。2019 年中国集成电路产业规模城市排行榜数据显示，达到百亿规模的城市共 15 个，其中江苏便占据 4 席，分别是无锡、南京、苏州和南通。

1. 无锡：逆势而上，画出产业上扬曲线

无锡市拥有完善的全产业生态链，2020年集成电路产业产值达到1200亿元，位居全国第二，仅次于上海。无锡市集聚了包括华虹半导体、华润微电子、长电科技、中科芯、中德电子（江阴润玛）、江化微、东晨电子、固电半导体、宜兴中环领先等在内的 200 多家企业，涵盖集成电路设计、制造、封装测试、装备与材料等多个领域。在 2020 年上半年的新冠肺炎疫情压力下，无锡逆势发展，集成电路产量同比增长 20.4%，签约落地总投资 180 亿元的先导集成电路装备与材料产业园，接连落子海力士集成电路产业园项目、日本住商电子集成电路基板项目等头部企业投资项目，推动集成电路产业跨越发展。

2. 南京：“一核两翼多基地”的先进制造“芯片之城”

作为江苏集成电路产业发展中快速崛起的新兴之城，南京用了不到 4 年的时间，逐渐吸引了台积电、紫光存储、展讯、安谋、Synopsys、富士康等数百家国内外知名集成电路企业扎根落户，形成了包括芯片设计、晶圆制造、封装测试、终端制造等在内的完备产业链。2018 年南京市确定“一核两翼多基地”的集成电路产业新布局，以江北新区为核心，打造国际先进、国内一流、自主可控第三代半导体产业基地，发展新型显示等中高端芯片设计与制造产业。2020 年上半年，南京市集成电路行业增加值增长 49.8%，集成电路产业产量增长 61.1%。

3. 苏州：传承老牌国家产业基地基因，资源整合蓄势待发

苏州市集成电路发展起步较早，2002—2008 年期间每年以超过 30% 的增速发展。虽然目前苏州的发展速度不如无锡、南京等城市，但在中国集成电路产业规模城市排行榜中依然占据全国第七、江苏第二的席位。

2019 年全年集成电路产业实现销售收入 515.94 亿元，同比增长 10.3%。目前，苏州市也正在整合各类资源，通过政策牵引、载体集聚、基金支撑、平台保障等方式，不断优化集成电路产业发展的创新生态和产业生态，将集成电路产业作为全市优先推进发展的先进制造业集群。2019 年苏州市立项支持“7nm 多芯片异构集成 CPU 封装技术的研发及产业化”等 10 个集成电路产业项目，下拨科技资金 421 万元，比项目平均立项经费高 25%。

4. 南通：“强封测、补制造、扩设计、夯配套”，加快推进集成电路产业的高质量发展

近几年来，南通市集成电路产业的发展取得了长足进步，特别是在封测领域取得了不俗业绩，集聚了通富微电、捷捷微电子、启微半导体、江苏华存等一批集成电路企业，芯片设计、半导体器件制造、封装测试、设备材料制造和技术服务产业体系初步形成。2019 年，南通市集成电路产业实现销售收入 271.82 亿元，同比增长 9.8%，总量居全省第三位。未来南通将结合现有产业基础，按照“强封测、补制造、扩设计、夯配套”的发展思路，进一步细化“一核两区六基地”的产业链布局，着力构建以集成电路封装测试为核心，以集成电路芯片设计、装备及零部件为重点，以封装测试专用设备、模具、材料为基础的产业发展体系，加快推进集成电路产业的高质量发展。

（二）核心信息技术集群：以先进 ICT 供给抢占智能制造高地

工业软件已经成为融合发展的落脚点和着力点，加大研发投入，提高技术实力，加快工业软件产品和服务供给能力，提升供给品质成为两化融合高质量发展的关键。江苏省核心信息技术产业规模、技术水平等位居全国前列。在高端软件领域，嵌入式软件水平国内领先，基础软件、支撑软件、平台软件、工业软件、信息安全产品技术水平国内先进。南京、苏州分别被授予“中国软件名城”和“中国软件特色名城”称号，9 家企业入选中国软件百强企业。

1. 南京：以软件发展为核心，两化融合不断推进

南京市是工业和信息化部授予的首个综合型“中国软件名城”，2019年南京市软件业务收入约 5100 亿元，年均增速 19.0%，产业规模位列全省第一、全国第四。从产业结构来看，软件产品收入占 30.8%，信息技术服务收入占 58%，嵌入式软件收入占 10.2%，信息安全产品收入占 1%[1]，信息技术服务在全市软件业务收入中的比重不断扩大。南京市拥有重点涉软企业 5300 家，其中，诚迈科技、焦点科技等 24 家企业入围“国家规划布局内重点软件企业”。南京新型电力装备（智能电网）、通信、智能交通等软件产品占有率全国领先，分别占据了国内 50%、30%和 20%以上的市场份额。建成国内首个工业 App 第三方应用商店“工业 App 汇聚平台”，目前已上架 1595 个工业 App，在国内率先开展工业 App 分类分级评估工作，有效提升了工业软件发展层次和水平。

2. 苏州：加强区块链技术的自主创新和应用推广

2020 年上半年，苏州市软件和信息服务业完成收入 849.3 亿元，苏州市抢抓发展先机，将区块链当作核心技术自主创新的重要突破口。2016 年 12 月与同济大学签约共建苏州同济区块链研究院，成为国内第一个校地合作的区块链研究院。苏州市加强区块链产业体系构建，2020 年，江苏省工业和信息化厅发文支持苏州市以相城区为主体创建江苏省区块链产业发展集聚区，成为目前江苏唯一一个区块链产业发展集聚区。截至 2020 年 6 月底，苏州市集聚区块链相关企业 62 家，较 2019 年年底增长 75%，近三年年均增幅 49.8%，带动区块链技术开发与应用企业近 200 家，体量和规模位列全省第一。苏州市政府印发《关于加快推动区块链技术和产业创新发展的实施意见（2020—2022）》（苏政办发〔2020〕45 号），力争实现全市区块链核心产业营业收入超 10 亿元，服务各领域企业规模超 1000 亿元，建设成为全国有影响力的区块链示范应用的先行区。

---

[1] 数据来自南京市政府官网。

（三）工程机械集群："龙头带动、专业分工"构建产业生态

作为装备工业的重要组成部分，工程机械是为国民经济各领域提供先进建设和施工技术装备的基础性、战略性产业。江苏工程机械产业为我国国防、军工、矿山、电力、交通运输等基础设施建设提供了坚实的装备支撑。作为我国工程机械行业的龙头企业，2020 年，徐工集团主机销量首次突破 10 万台，营业收入再上千亿台阶。徐州海伦哲专用车辆股份有限公司高空作业车产业进一步完善产品结构，国内市场占有率保持第一，市场份额继续提升。截至 2020 年 6 月底，江苏省专用设备制造业增加值同比增长 17.7%，其中工程机械类产品增长最快，主要产品挖掘机上半年产量增长 29.5%。

徐州聚焦工程机械产业发展工业互联网。徐州是我国工程机械产业发展的领军城市，工程机械零部件配套企业分布在高新区、沛县、贾汪区、睢宁县等各地。徐州不仅培育出龙头工程机械企业——徐工集团，更吸引了卡特彼勒、利勃海尔、罗特艾德、阿文美驰等跨国工程机械公司驻扎，为当地工程机械产业延链、补链、强链提供坚实的基础。依托扎实的机械工业产业链，徐工汉云工业互联网平台能实时监测全国 50 余万台入网工程机械设备的开工率、工作时长等信息，并采用热度图、星空图等方式直观体现特定区域设备的作业规律，直观显示不同地区、不同产业在不同季节的活跃程度，为国家宏观经济走势提供重要参考依据。

（四）高端纺织集群：C2M 模式助推个性化定制

纺织业是江苏的传统优势产业和国民经济重要支柱产业，在促进经济发展、带动就业增长、激发市场活力、释放内需潜力、加快经济转型等方面发挥了不可替代的作用。江苏省纺织服装业已连续 8 年跻身 6 大万亿级产业，拥有 3 个千亿基地、2 个千亿市场、1 个千亿企业、16 个百亿特色名镇和 13 个百亿企业，涌现出常熟服装城、东方丝绸市场、叠石桥家纺等 76 个产业链体系完整、专业特色明显的纺织服装集群。当前江苏纺织

服装业拥有世界名牌 2 个、中国名牌 50 多个、中国驰名商标 30 多个、江苏省名牌 300 多个[1]，江苏品牌分布在纺织服装各细分领域，成为行业内的翘楚。

1. 苏州："1 个国家级创新中心+N 个智能制造车间"，打造纺织服装"千亿基地"

苏州是江苏的重点服装集群地，苏州市辖常熟市、吴江区、江阴市在 2012 年被评为江苏省纺织服装的"千亿基地"，形成了以服装加工及服装销售为核心，集原料、辅料、设计、印染、针织、纺织、物流、批发、零售、出口等环节于一体的服装产业链。借力"互联网+"，苏州市着力打好产业基础高级化、产业链现代化的攻坚战，以江苏省第一家国家级制造业创新中心——"国家先进功能纤维创新中心"及众多省级智能制造车间为依托，带动传统产业更新，加快打造世界级高端纺织产业集群。

2. 无锡：以"工业互联网"和"电子商务平台"推动纺织业转型升级

无锡是中国重要的纺织品制造基地和出口基地，是历史悠久的纺织名城。20 世纪 30 年代，无锡便形成了棉纺织业、缫丝业、粮食加工业三大支柱产业，并相继崛起了以六大家族集团为龙头的民族工商业群体。随着时代更替与新时代两化融合的推进，无锡市也结合自身的高科技产业，推动高档纺织及服装加工业的数字化转型。当地服装企业红豆打造了国内纺织服装第一云平台——"红豆纺织服装工业互联网平台"，建成后可带动 600 家供应链上的企业入驻，开发上千的行业 App，实现百亿元的营收。阳光集团自 2014 年便基于互联网、大数据等信息技术，尝试线上下单、线下服务的商业模式，实现从一款一件到万款万件的跃升，让普通消费者也能享受个性化的服务。

[1] 数据来自江苏省政府官网。

3. 扬州：以数字化企业建设为产业集群赋能

扬州的传统优势产业是纺织服装业，经过多年发展，已形成仪征化纤制造、高邮羽绒加工、邗江服装生产三大产业集聚区，现有规模以上企业近 300 家，涌现了波司登、虎豹等一批耳熟能详的品牌。2019 年，扬州市发布的《关于培育先进制造业集群的实施意见》（扬府发〔2018〕208 号）指出，扬州市将立足现有产业基础和发展条件，培育高端纺织和服装产业集群。重点推动数字企业建设，提升研发设计能力，创新市场营销模式。截至 2020 年年底，扬州市培育出 500 亿级的高端纺织和服装产业集群。

（五）汽车及零部件集群：提速智能网联汽车产业，开启千亿市场

汽车零部件作为汽车工业的基础，是支撑汽车工业持续健康发展的必要因素，汽车产业更是国民经济的重要支柱型产业，代表了一个国家科技创新集成和高端装备制造的水平。江苏省大力培育汽车及零部件（含新能源汽车）制造业集群，制定发布《关于促进新能源汽车产业高质量发展的意见》（苏新汽〔2019〕3 号），全年推广应用新能源汽车超 8 万辆（标准车）；积极创建国家级车联网先导区，制定发布《江苏省推进车联网（智能网联汽车）产业发展行动计划》（苏工信产业〔2019〕248 号）；江苏省的江苏（无锡）车联网先导区成为全国首个批建的国家级车联网先导区，制定发布《关于做好智能网联汽车公共测试道路管理有关工作的通知》（苏工信产业〔2019〕172 号），推动南京、常州、苏州、盐城等地加快开放测试道路建设。江苏汽车产业产品种类齐全，发动机、传动系、制动系等重点产品已进入国际跨国公司配套体系，车用发动机、汽车车身、汽车电子电器等专利数量居全国第一。

1. 南京：新能源汽车产业链基本形成，加快打造为地标产业

近年来，南京新能源汽车产业呈快速集聚发展态势，成为国内新能源汽车产业增长最快、精确程度最高、产业配套最完善的城市之一。2018 年

南京出台了《南京市打造新能源汽车产业地标行动计划》（宁政办发〔2018〕97号），明确了形成自主可控的产业体系、创新驱动的产业生态、系统完备的产业平台和应用场景的产业示范等四项主要任务，以加快把新能源汽车打造成为全省第一、全国前三、全球有影响力的产业地标。2019年，南京新能源汽车产业主营业务收入同比增长60%以上，基本形成完备的新能源汽车产业链，在整车制造、电池及电动附件生产、纯电动汽车动力总成、汽车空调等核心零部件行业初具规模，拥有市级以上企业技术中心14家，新能源汽车产业规模位居全省第一。

2. 扬州：以三大产业链为支撑，汽车及零部件产业加快发展

扬州是国内知名的汽车及零部件产业基地之一，是国家新能源汽车推广应用城市。全市拥有各类汽车及零部件工业企业400余家，规模以上汽车工业企业175家，其中整车生产企业15家，零部件生产企业160家，百亿元以上企业1家。扬州市新能源汽车产业也紧跟行业趋势，基本形成覆盖制氢、储氢、电堆、燃料电池和整车研发制造等重要环节的产业链。2019年，扬州市汽车产业年产值已达到1350亿元，总体规模不断壮大，以仪征汽车工业园、江都仙城产业园、扬州（邗江）汽车产业园三大产业园区为支撑，整车龙头为带动，产业链配套不断完善，汽车及零部件产业市场加快发展。

二、推动模式业态创新发展，繁荣“江苏智造”新生态

随着两化融合的不断推进，大数据、人工智能、工业互联网等新技术在制造业中纷纷落地，产业链中设备、产线、生产和运营系统等要素突破空间限制被联通聚集，供应链上人、财、物、产、供、销等各环节接连打通，以智能制造、服务型制造等为代表的新模式、新业态被催生成熟，驱动创新资源的快速汇聚和高效共享，为制造业转型升级注入新的动能。江苏省制造业发达、产业基础雄厚，目前正围绕补链、强链的目标要求推动

供给侧结构性改革。本节将基于企业两化融合评估数据，重点分析江苏省新模式、新业态的发展现状。

（一）智能制造：行业引领、示范带动，构建智能化生产新体系

2017 年，江苏省政府办公厅印发《江苏省“十三五”智能制造发展规划》（苏政办发〔2017〕83 号），明确提出以信息技术与制造业深度融合为突出抓手，着力突破关键核心技术和装备，推动信息技术向设计、生产、市场等环节渗透，推动生产方式向精细、柔性、智能转变，推动产品向高端化、智能化转变，加快建设具有国际竞争力的先进制造业基地和具有全球影响力的产业科技创新中心，为推进“两聚一高”、建设“强富美高”新江苏提供有力支撑。“十三五”期间，江苏省在协同研发设计、管控集成企业生产、智能化产品装备、发展智能制造等方面持续发力，全力推进江苏“制造”向江苏“智造”转型。一方面积极组织省智能制造示范工厂试点建设，进一步拓展先进制造业集群细分行业领域，聚焦新模式、新技术的应用和行业共性瓶颈问题的解决，推动细分行业智能制造树标杆、出典型，新立项 16 个智能工厂项目；另一方面加快智能车间建设步伐，修订省级示范智能车间建设标准，分行业开展智能车间示范推广，有望提前实现“十三五”期间累计建成 1000 个示范智能车间的工作目标。同时，江苏省广泛推广智能化生产应用，阿里云联合苏州协鑫、天合光能研发光伏切片生产质量管控解决方案，苏州协鑫 A 品率提高 1%，企业年效益提高 2 亿元；天合光能产品良品率提高 7%，每年降低企业生产成本 1 亿元。目前已在全省光伏行业推广应用。

目前，江苏省智能制造基础逐步夯实，截至 2019 年 11 月，江苏省创建 1055 个“智能车间”，累计获批 18 个工业和信息化部制造业“双创”平台试点示范项目、39 个国家制造业与互联网融合发展试点示范项目、11 个省“互联网+先进制造业”特色基地。2020 年，江苏省实现智能制造就绪率为 14.4%，位列全国第三。

（二）服务型制造：推动试点、综合评价，推动服务型制造落地升级

江苏省实现服务型制造就绪率为44.6%，位列全国第二。在推动服务型制造落地升级方面，江苏省政府一方面开展“两业”深度融合试点，通过深化推进江苏先进制造业与现代服务业深度融合路径和方法研究，研究制定出台了江苏省试点工作方案，分企业积极稳步推进龙头企业试点、产业集群试点和区域载体建设试点工作。江苏省通过鼓励企业加快向价值链两端延伸，涌现出以海澜之家为代表的“品牌+平台”新型商业模式，以双良节能为代表的全生命周期管理服务等一批服务型制造典型，苏州市也成功入选国家服务型制造示范城市。此外，江苏省组织开展服务型制造示范企业和项目认定，累计认定省级服务型制造示范（含培育）企业295家，获批国家级服务型制造示范企业3家、示范项目5个，促进服务业提档升级。此外，对于已评定的示范企业项目开展综合评价并予以表彰。江苏省组织开展了对全省82个省级现代服务业集聚区和56个生产性服务业集聚示范区综合评价，对综合评价排名靠前的10名集聚（示范）区予以表彰。

（三）个性化定制：企业上云，百企示范，稳步推进个性化定制

全省开展个性化定制的制造企业比例为17.0%，位列全国第一。2020年，江苏省政府办公厅印发《关于支持出口产品转内销促进内外贸融合发展若干措施的通知》（苏政办发〔2020〕62号），明确要充分利用省内外重点工业互联网平台资源，积极开展个性化定制、柔性化生产，满足多样化消费新需求。

在网络基础层面，江苏省加快推进企业上云三年行动计划。预计2021年新建5G基站5.2万座，完成相应投资127亿元，以支持中小企业设备上云和业务系统向云端迁移，加快培育个性化定制等服务型制造新业态。在项目落地层面，推行多行业企业试点示范。将重点围绕和依托新型电力（新能源）装备、工程机械、物联网等13个先进制造业集群以及部分服务

业制造化领域，以生产性服务业发展为主攻方向，以百企示范为引领，支持试点单位积极发展个性化定制服务、工业设计、工业互联网等新业态新模式。

目前，个性化定制正扎实落地。上汽大通南京 C2B 工厂支持用户按个人需求自由配置车型；江苏恒立液压股份有限公司积累了一批个性化定制的核心技术和产品，能为客户提供最优服务。江苏省制造企业借助平台的集聚和交互功能，实现海量用户与企业间的交互对接，使大规模个性化定制、精准决策等成为现实。

（四）电子商务：培育平台，强链拓市，推进互联网平台经济“百千万工程”

江苏省实现工业电子商务普及率为 74.9%，位列全国第一。一方面，江苏省鼓励培育工业电子商务新模式发展，出台《江苏省工业电子商务重点平台培育及推广应用工程实施方案（2020—2022 年）》（苏工信融合〔2020〕433 号），明确从 2020 年起三年内共遴选重点行业培育重点工业电子商务平台 30 个、解决方案服务商 30 家、应用示范企业 100 家。另一方面，江苏省推进互联网平台经济“百千万”工程，推动大平台、大市场、大流通融合发展，启动工业互联网平台“强链拓市”专项行动，设立省内企业间配套专区，建设江苏制造采购云交易平台、重点产业和企业供应链云平台，帮助企业找配套、找市场，完善上下游供应链。

此外，江苏省大力实施企业电商拓市提升计划。全省大中型企业电商应用基本实现全覆盖，涌现出徐工集团、沙钢集团、南钢集团、远东电缆、红豆集团、惠龙港等 30 家龙头企业建设的国际国内领先的行业 B2B 重点平台。全省大宗商品类综合交易平台已达 25 个，规模数量在全国领先。江苏省还鼓励依托行业建立有竞争力的交易平台。石油化工、农产品、稀贵金属、有色金属、纺织材料等领域已形成在全国乃至全球有影响力的行业特色优势平台，并取得行业市场定价权。无锡远东买卖宝、无锡不锈钢电子交易平台、中国纺织材料交易平台、中国绸都网、江苏化工品交易中心（张家港）、华西村大宗商品交易中心、中国电缆材料交易所等都在各自领域形成了特色优势，在产业发展中形成主导地位。

三、落实工业互联网“528”行动，夯实江苏融合新载体

工业互联网作为新一代信息技术与制造业深度融合发展的产物，通过构建以工业互联网平台为核心的功能体系，打造人、机、物全面智联的智能化发展模式。当前，加快建设和发展工业互联网，是顺应全球新一轮工业革命发展趋势、推动经济高质量发展的优先战略选择，也是巩固提升实体经济能级、全力发展“江苏智造”的重要支撑。同时，江苏省雄厚的制造业基础和创新资源集聚优势，也为工业互联网的实践提供了强大动力。2018年，江苏省政府正式出台《关于深化“互联网+先进制造业”发展工业互联网的实施意见》（苏政发〔2018〕98号），明确了江苏未来工业互联网发展路线图。江苏省启动了工业互联网“528”行动，即打造网络、平台、安全、生态、支撑五大体系，建平台、用平台2大核心，并提出了八大任务工程。2019年，江苏工业互联网产业规模达到3573亿元，位列全国第二，仅次于广东[1]。江苏省深耕实践工业互联网平台，在平台培育、标杆引领、模式创新、生态构建、区域协同等方面均取得了一定的成效。

（一）平台培育：制定实施“一市一重点、一行业一重点”工业互联网平台培育计划

江苏省实施“一市一重点、一行业一重点”平台培育计划，支持集群龙头企业整合资源、加大投入，布局建设42个省重点工业互联网平台，覆盖工程机械、新型电力装备、生物医药、核心信息技术等10个优势产业集群。此外，补齐13个先进制造业集群，培育认定了一批双跨级、国家级、行业级、企业级、培育类省重点工业互联网平台。大力推进“一市

1 数据来自中国工业互联网研究院《中国工业互联网产业经济发展白皮书（2020）》。

一重点、一行业一重点”工业互联网平台体系培育工程，重点围绕先进制造业集群，培育认定双跨级、行业级、企业级、培育类省重点工业互联网平台。2020 年，江苏省已有工业和信息化部认定的 1 个全国十大双跨平台，6 个国家工业互联网产业联盟星级平台，2 个国家级工业互联网平台应用创新体验中心，2 个国家级区域一体化工业互联网公共服务平台，1 个国家级工业互联网实训基地工业互联网顶级节点灾备及托管中心，1 个工业互联网递归节点，66 个省级重点工业互联网平台，95 家省工业互联网标杆工厂，309 家省工业互联网服务资源池单位，2939 家星级上云企业，以及 27 万家全省上云企业。

（二）标杆引领：头部企业牵引，带动产业集群全面突破

以徐工汉云、苏州紫光等作为培育重点，江苏省政府组织开展专家团队咨询辅导、专题活动宣传推广、专项资金重点支持等系列工作。徐工信息汉云、苏州紫光 UNIPower 被认定为五星级平台（全国共 3 家），雪浪云、擎天绿色低碳、朗坤苏畅、朗新瀚云 4 个平台被工业互联网平台认定为四星级平台（全国共 5 家）。在供应链生态的对接协同上，工业互联网通过网络平台的资源租赁式共享与数据开放联通，让中小企业以较低成本获取更多的计算资源和数据，助力供应链上下游企业的协同融通，带动企业智能化水平和生产效率显著提高。而在区域性产业链生态协同方面，工业互联网提供的共享安全平台能推动大中小企业针对产业、区域的共性技术需求展开联合攻关，加快共性技术研发和应用，加速区域内外大中小企业创新能力、生产能力、市场能力的有效对接，推动资源能力的跨行业、跨区域融合互补，提升产业协同效率。

（三）模式创新：于变局中开新局，建平台助复工复产

面对 2020 年突发的疫情攻势，企业停工、物流停摆，江苏省从供需两侧出发，及时开通企业上云和平台服务“绿色通道”，让工业互联网在

疫情防控、复工复产中大放异彩。汉云工业企业疫情防控信息管理平台收集企业上报数据，审核批复复工复产，定制打造“工业企业疫情防控信息管理平台”，助力工程机械、制造业、物流等生产链上下游对人员、物料、部件、设备等进行精准调配；擎天科技依托擎天绿色低碳工业互联网平台，快速建成企业防疫排查 App；江苏斯诺物联利用智云通工业互联网平台，帮助沃得农机紧急协调省内企业替代受疫情影响严重地区零部件供应商供货，沃得农机 2020 年 3 月初实现达产，有力保障了春耕生产。

（四）区域协同：打造长三角工业互联网创新发展高地，下好资源共建共享一盘棋

近年来，江苏积极联合长三角“三省一市”工业和信息化部门、中国信息通信研究院等，组织长三角工业互联网峰会等活动，国内重点工业互联网研究机构、服务机构及工业互联网平台先后落户江苏。2019 年 10 月，江苏省牵头推进的长三角工业互联网一体化发展示范区建设正式获批，有利于长三角区域内创新要素的集聚共享，为以工业互联网为载体引领长三角先进制造集群高质量发展带来了更多机遇。长三角工业互联网集群着眼完善产业链和创新链布局，突出发挥先进地市的辐射支撑作用，积极构建开放、协同、高效的共性技术研发平台，更好支撑沿沪宁合产业创新带和 G60 科创走廊建设，不断增强对全球高端要素的吸引力和集聚力。

四、“顶层设计+施策闭环”，构建江苏发展新环境

江苏作为制造业大省和信息产业大省，致力于打造先进制造业基地和产业科技创新中心，为传统制造业转型升级注入新动能。“十三五”以来，江苏省从政策体系、施策举措、要素保障等多方面入手，以供给侧改革为主线，大力推动“制造强省”和“智慧江苏”的建设。

（一）政策体系：自顶向下、重点突破

近年来，江苏省政府深入落实国家重大战略，以建设“网络强省”“智慧江苏”“数字江苏”为目标导向，强化顶层设计，先后制定出台了《关于加快推进“互联网+”行动的实施意见》（苏政发〔2016〕46号）、《江苏省大数据发展行动计划》（苏政发〔2016〕113号）、《江苏省“十三五”智能制造发展规划》（苏政办发〔2017〕83号）、《加快推进企业上云三年行动计划》（苏经信企信〔2017〕923号）、《智慧江苏建设三年行动计划（2018—2020年）》（苏政办发〔2018〕70号）、《关于深化“互联网+先进制造业”发展工业互联网的实施意见》（苏政发〔2018〕98号）等，为江苏省两化融合的重点工作做出系统性部署和推进，营造良好的政策环境，在大数据、工业互联网、智慧制造等方面开展工作。2019年，江苏省信息基础设施建设提档升级，宽带江苏、无线江苏、高清江苏等重点工程深入实施，5G建设和工业互联网加快推进，IPv6发展指数位列全国第三。图14-2为江苏省两化融合政策体系图景。

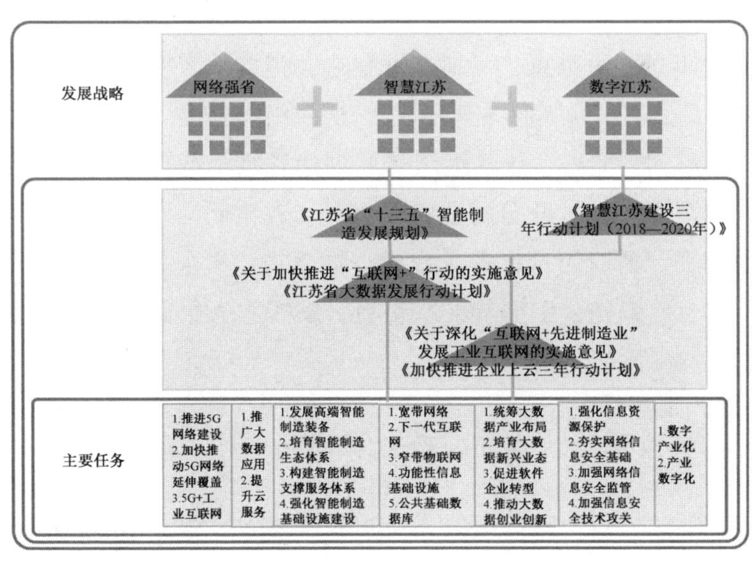

图14-2 江苏省两化融合政策体系图景

（二）施策举措：多方联动、协同推进

一方面，政府搭台，多管齐下，深入推进企业融合发展进程。针对传统制造企业存在的“缺网”“有网不会用”“信息化程度低”等问题，江苏省政府立方案、设标杆，把握重点，逐一突破。经济和信息化委员会制定“企企通”建设实施方案，推动带宽网进企业、到车间、联设备，出台两化融合管理体系实施意见，以及“企业上云”、制造业“双创”平台建设、工业电商发展、工控安全等四个三年行动计划，部署推进“企企通”、工业云平台（制造业“双创”平台）、工业App培育、工控安全示范、工业互联网建设与应用创新中心建设、星级上云企业、工业互联网标杆工厂、“互联网+先进制造业”特色基地、工业互联网服务体系、工业互联网人才培训等十大重点工程。此外还引入市场力量，与阿里云公司联手开展“133”工程，共同为制造业企业提供“云上创新、数据驱动”转型升级技术服务方案。

另一方面，进行技术创新和试点示范，发挥典型引路带动作用。为了助力企业打造两化融合新型能力，增强企业核心竞争力，江苏省以培育发展先进制造业集群为重点，编制先进制造业集群培育实施方案，并具体落实到区市省级部门，明确责任和时限，加强跟踪督办，横向协同、上下联动推进工作落实。此外，江苏组织开展创建省级示范智能车间，遴选省级智能制造领军服务机构并分行业宣传推广。省市联动，加大投入，从重点工业互联网平台的应用推广需求出发，推动“江苏企业上江苏云”，重点支持徐工信息、紫光云引擎等龙头平台，发挥龙头企业的带动作用，打造国内领先的“双跨”平台。

（三）要素保障：人才、技术双管齐下

首先是人才保障。通过组织交流参观、举办会议赛事、开展人才培训等活动，搭建各类人才多向交流发展平台。江苏省工业和信息化厅积极承办工业和信息化部、直属研究院工业互联网主题活动，组织参展和观摩，

以中国工业互联网用户大会、2019 世界工业和能源互联网博览会、2019 世界智能制造大会等主题活动为阵地，进一步提升江苏省工业互联网建设发展软实力；举办“i 创杯”江苏省互联网创新创业大赛、江苏省“智造创新”大赛等竞赛，推动云计算与大数据、智能硬件等领域人才创新创业。推进融合发展人才培训体系建设。整合省内高校、重点企业、社会培训机构的资源，探索设立江苏两化融合人才培训学院，制定人才建设相关方案，大力开展工业互联网“311”人才培训工程，开展分管市（县）长及工业和信息化部门主要负责人关于两化融合、智能制造、工业互联网、数字经济的专题培训班。江苏省工业和信息化厅还联合省委组织部、省人才办，在北京、青岛、深圳等地组织了 6 期省科技企业家工业互联网专题培训，省科技企业家、重点企业主要负责人以及部分科技镇长团团长等近 500 名学员参加了专题培训，了解国家发展工业互联网政策以及发展动态趋势，培育更多具有先进科技视野的人才干部。

其次是技术保障。江苏省着力深化新一代信息技术创新应用，通过超前研究、加快布局，推动互联网、人工智能、区块链、物联网、大数据等技术创新与产业应用，培育壮大新产业、新业态、新模式。在车联网领域，完善车联网产业生态，实施了一批示范应用项目，建成国家级封闭测试基地、检验检测中心，新培育一批省级车联网发展先导区。在“5G+工业互联网”领域，加快推进创新发展，培育形成 5G 与工业互联网融合叠加、互促共进、倍增发展的创新态势，促进制造业数字化、网络化、智能化升级。在大数据领域，提升大数据支撑能力，成立大数据产业处，加快重点行业工业大数据、工业云平台的推广应用，提升“云计算+大数据”综合支撑能力。此外，江苏省组织制定实施江苏省工控安全三年行动计划、工业互联网安全管理规范、工控安全防护指南，深入开展企业工控安全检查评估和试点示范；启动全省工业信息安全领域“一网一库三平台”建设，支持南瑞集团、中电熊猫、亨通科技、中天科技分别开展工控安全、行业级工业互联网安全感知和仿真平台关键技术攻关。

五、结束语

作为长三角地区的重要成员，江苏省也是我国先进制造业发展的典型代表，其两化融合发展水平一直居于全国前列，其他地区可以通过借鉴其产业集群、模式发展、工业互联网和政府举措等方面的措施进一步实现融合发展和产业升级。江苏制造具有“13+1”的集群布局，实力雄厚，配套完善，产业链一体化水平较高。同时，江苏制造实施以智能制造、服务型制造等为代表的新模式、新业态，使得创新资源得以高效共享，为制造业的转型升级注入了新动能。在工业互联网平台建设方面，江苏省落实“528”行动，在平台培育、标杆引领、模式创新、生态构建、区域协同等方面均取得了一定的成效。除此之外，江苏省大力实行供给侧改革，推动“制造强省”和“智慧江苏”的建设，其背后稳健的政策体系、协同的施策措施为此提供了重要的基础支撑。

参考资料

1. 中国工业互联网研究院. 中国工业互联网产业经济发展白皮书（2020）.（2020-08）. https://www.china-aii.com/ueditor/php/upload/file/20200819/1597805791104976.pdf。

2. 江苏省人民政府. “十三五”智能制造发展规划.（2017-05-27）. http://www.jiangsu.gov.cn/art/2017/5/26/art_46144_2545557.html。

3. 江苏省人民政府. 关于培育先进制造业集群的指导意见.（2018-06-25）. http://www.jiangsu.gov.cn/art/2018/7/13/art_46143_7741932.html。

4. 江苏省人民政府. 智慧江苏建设三年行动计划（2018—2020 年）.（2018-09-18）. http://www.jiangsu.gov.cn/art/2018/10/8/art_46144_7833480.html。

B.15

“即墨模式”：基于工业互联网的区域产业数字化转型升级

马路遥　付宇涵　王丹[1]

摘　要： 工业互联网是新一代信息技术与制造业深度融合的新型基础设施和应用模式。发展工业互联网，是抢抓全球优质要素资源重新布局的重大机遇。本文通过介绍青岛市即墨区以工业互联网为突破口推动产业升级的发展路径，探索区域数字化转型的“即墨模式”。

关键词： 工业互联网；数字经济；即墨模式；区域

Abstract: Industrial Internet, deeply integrating new generation information technology and manufacturing industry, is a new infrastructure and application mode. The development of industrial Internet is a great opportunity to seize the global high-quality factor resources. This paper introduces the development path of industrial Internet on promoting industrial upgrading in Jimo, Qingdao, and illustrates the Jimo Mode of regional digital transformation.

---

[1] 马路遥，国家工业信息安全发展研究中心信息化所工程师，硕士，从事两化融合与区域数字化转型研究；付宇涵，国家工业信息安全发展研究中心信息化所工程师，资深研究员，从事两化融合、工业互联网、数字化转型相关领域研究；王丹，国家工业信息安全发展研究中心信息化所助理工程师，硕士，从事两化融合研究。

Keywords: Industrial Internet; Digital Economy; Jimo Mode; Regions

工业互联网是新一代信息技术与制造业深度融合的新型基础设施和应用模式。发展工业互联网，是抢抓全球优质要素资源重新布局的重大机遇。习近平总书记在十九届中央政治局第二次集体学习时提出，要“深入实施工业互联网创新发展战略”，将工业互联网上升为国家战略。2020 年 6 月 30 日，中央全面深化改革委员会第十四次会议审议通过《关于深化新一代信息技术与制造业融合发展的指导意见》，会议强调，加快推进新一代信息技术和制造业融合发展，要顺应新一轮科技革命和产业变革趋势，以供给侧结构性改革为主线，以智能制造为主攻方向，加快工业互联网创新发展。山东省委、省政府主要领导对工业互联网高度重视，中共山东省委十一届十一次全体会议提出，打造国际国内领先的工业互联网基地。2020 年，青岛市专门出台了《青岛市工业互联网三年攻坚实施方案（2020—2022 年）》（以下简称《实施方案》），《实施方案》提出“围绕青岛市实施工业互联网攻坚行动总体部署，力争到 2022 年，建成核心要素齐全、融合应用引领、产业生态活跃的世界工业互联网之都”的主要目标。中央和省市的顶层设计和统筹谋划布局，为即墨区工业互联网的发展提供了一流的政策保障和发展环境。

自 2016 年开始，即墨区顺应产业发展趋势，以典型企业的成功经验及模式创新为切入点，破解传统产业发展困境，推动区内工业企业转型升级。通过对企业进行培训、宣传引导、改造奖补、政策支持、技术和智力支撑、典型企业示范引领，有效地提升了企业的工业互联网改造意识，加速了企业转型升级进程，部分企业根据自身发展实际情况和行业特点逐步实施了工业互联网的改造升级，涌现出了一大批制造业与互联网融合发展的示范企业；形成了一批可复制可推广的改造模式和解决方案；总结培育出了纺织服装、汽车及零部件两大特色产业集群和 9 类智能改造的“2+9”实践成果模式；形成了“基于工业互联网的区域创新转型升级的即墨模式”；成功创建了工业和信息化部认定的全国首个“互联网+”中小企业示范区，为助推全区经济高质量创新发展揭开了新篇章、赋予了新内涵、注入了新动能。

一、“即墨模式”发展基本路径

（一）即墨区基本情况

即墨区陆地面积 1780 平方千米，辖 4 个镇、11 个街道、1 个省级经济开发区、1 个省级高新技术产业区、1 个省级旅游度假区。2017 年 7 月，国务院发文批准即墨撤市设区。设区前即墨经济综合竞争力位居全国百强县第 7 位、全省县域第 1 位。在 2019 年度的全国综合实力百强区评选中，位列全国第 14 位。

即墨区工业基础雄厚。截至 2020 年年底，即墨区拥有工业企业 14637 家，从业人员 23.7 万人，涉及 31 个工业大类和 99 个细分行业。即墨的工业既有以汽车、通用航空、造船、轨道交通、集成电路、新能源、新材料等为代表的正在加快壮大的先进制造业和战略性新兴产业，也有纺织服装服饰、机械制造、食品饮料、包装印刷等传统产业。其中，产值过 100 亿的企业 3 家，过 10 亿的企业 10 家，过亿元的企业 107 家。

（二）区域数字化转型升级概述

随着新一代信息技术的发展，传统工业企业受到前所未有的冲击，即墨区纺织服装、机械制造等传统支柱产业的发展面临着“天花板”问题。如何推动产业转型升级，对传统产业进行赋能，优化产业结构，持续实现全区经济高质量发展，成为摆在政府面前的一张现实“考卷”。

此时部分企业开始了探索，希望利用工业互联网技术改造，实现企业发展的转型升级。即墨区委员会、即墨区政府因势利导，为破解传统产业发展困境，全面推动区内工业企业转型升级，以典型企业的成功经验及创新模式为切入点，从 2016 年开始全面发力工业互联网，积极探索工业互联网发展路径，推动制造业与互联网深度融合，在区域产业发展“物理集聚”基础上，加快催生融合发展的“化学反应”。

在工作实践中，形成了基于工业互联网的区域创新转型升级的“即墨模式”，得到了工业和信息化部的肯定，在全国不同层面进行推广。2017年的全国两化融合大会专门设置了“即墨模式”成果展区。2018年的产业互联与数字经济大会，作为唯一受邀的地方政府，即墨区区委书记张军做了工业互联网“即墨模式”主题演讲。

二、即墨区促进两化融合发展的相关举措

（一）先试先行、顶格推进

即墨区超前谋划，2016年在全国率先设立工业互联网发展办公室，聘请中国工程院院士并组建咨询委员会，夯实互联网改造智力支撑。相继编制出台《即墨工业互联网发展规划》《支持工业互联网发展意见》等一揽子文件政策，对于实施工业互联网改造及新建融合项目进行资金支持。2020年又成立了区委书记任组长的工作领导小组，充实力量设立“两化”及产业赋能工作专班，作为全区工业互联网发展、传统产业改造升级的专门机构。

（二）分类引导、精准施策

按照“分步实施、量力而行”的原则，多措并举，有序推进区内企业进行工业互联网改造。通过政策宣讲、观摩交流等形式，充分展示企业工业互联网改造成效，提升企业认识，增强企业改造意愿。

同时，为鼓励企业进行工业互联网改造，出台了专门的扶持政策，每年设立1亿元的专项资金，对于改造企业按软硬件实际投入，按比例给予资金补贴，降低了企业的改造成本。2020年，即墨区对奖补政策进行了调整，提高奖补比例与奖补金额上限，同时新增对新落户服务商的扶持政策，

进一步加大企业工业互联网改造支持力度。

此外，即墨区还与中航信托共同成立了企业改造基金，定向扶持改造资金有困难的企业，减轻了企业改造融资压力；针对改造遇到的技术问题，组织服务商联盟，与企业进行精准对接，为企业“诊断把脉”，有针对性地研究制定数字化改造解决方案，为企业落实改造提供强有力的技术支撑；积极组织企业参加两化融合、工业互联网、大数据等展会活动，帮助企业了解产业动态、技术迭代、模式创新等行业最前沿信息。定期组织企业负责人外出观摩学习，借鉴先进地区和企业的工业互联网改造经验，为企业赋智，提高企业工业互联网发展意识，帮助企业寻找适合发展的工业互联网改造模式。

（三）典型带动、示范引领

针对不同行业、不同类型、不同层次企业的特点，先期启动试点示范改造，进行全方位政策扶持，以点带面，逐步推开。首批选取了 5 家企业进行试点示范改造，打造示范标杆。为保证改造质量，组织工业互联网服务商，结合企业实际情况，找出企业发展存在的问题和痛点，对每家企业提出了工业互联网解决方案。邀请 8 名专家，对改造方案进行了全面论证与评估，明确企业改造思路、内容、步骤、周期和投入，并及时为企业提供奖补资金支持，确保了企业改造取得实效。5 家企业成功改造后，起到良好的示范带动作用，激发了其他企业改造的热情。

（四）平台支撑、普惠赋能

为使企业对接到有效的政策、技术、服务商资源，即墨区积极争取国家工业信息安全发展研究中心支持，投资 800 余万元打造了全国首家工业互联网创新示范平台，平台汇聚了全国工业互联网与数字化转型的产业发展态势和最前沿的产品技术及解决方案，为企业打造了一个集智慧工厂运行演示、先进模式复制推广、适用技术应用引领等服务的综合性、“一站式”

工业互联网创新示范平台。

平台内有两化融合大数据平台、工控安全态势感知平台和国家级中小企业双创平台 3 个国家级的工业互联网领域平台，为企业提供评估诊断、安全防护与创业孵化等服务。平台每月举办 2 次互联网发展专题培训会，目前已举办头脑风暴、沙龙活动、精准对接会等 30 余次，参与企业达 800 余家。

三、“即墨模式”下新型经济业态成果

即墨区聚焦两大支柱产业，以创新平台和示范基地为引领，通过强化政策扶持、技术和智力支撑，培育形成了纺织服装、汽车及零部件两大特色产业集群，酷特智能“数字驱动的 C2M 大规模定制模式”、即发集团“织染缝一体柔性化制造模式”、恒尼智造“双创驱动协同设计模式”、一汽解放“基于研发流与供应链的汽车产业协同发展模式”、海联金汇“乘用车总成零部件全流程协同制造模式”、方冠摩擦材料“汽配行业智能制造模式”、正大食品“安全可追溯的供应链深加工模式”、乾程科技“数字化敏捷智能智造模式”8 类智能改造的“2+9”实践成果模式，成功创建工业和信息化部认定的全国首个“互联网+”中小企业示范区。这些实践成果中最具特色的是酷特智能、方冠摩擦材料等 5 家企业的发展模式，下面具体介绍这 5 家企业的发展模式。

（一）酷特智能“数字驱动的 C2M 大规模定制模式”

酷特智能的前身青岛红领集团创立于 1995 年，是青岛地区知名的服装生产企业。20 世纪 90 年代，红领是青岛地区家喻户晓的服装品牌，请明星做代言、为奥运健儿量身定制出场服等一波超前操作令这家企业烙上了时尚和创新的烙印。然而，到 21 世纪初，中国服装制造业如雨后春笋般成长，行业竞争激烈，为了争夺订单，服装厂商互相压价，大批量生产

出来的产品如果满足不了消费者的需求，就造成了大量的库存。上述原因导致企业利润下降、库存积压严重，很多企业一年干下来，赚的钱都压在了库存上。生产厂家只是依据上一年的销售数据来安排生产计划，不掌握市场和消费者需求的变化。但是互联网时代，人的思想和需求都在不停地发生变化，需求是碎片化、个性化、多样化的。

因此，酷特智能将企业发展锁定在了利润率比较高的个性化定制领域，探索通过工业互联网新技术实现个性化定制服装的规模化生产。从 2003 年开始，以 3000 人的工厂为试验田，开始了长达十余年的创新探索。以 C2M 平台为需求入口，利用消费者碎片化、个性化、多样化的需求，来驱动或者倒逼供应链的改变和提升，促进企业的设计、生产等综合能力的提升，最终实现企业的核心竞争力体系的提升。企业根据消费者的个性化产品需求，实现设计、下单、生产到产品交付的按需生产，从接单到出货最长为 7 天，生产周期缩短了 40%，生产效率提升 30%，生产成本下降 30%，设计成本下降了 99%，原材料库存减少了 80%，产品储备周期缩短了 30%，实现了定制产品零库存，大幅度地提升了企业的经济效益，进一步优化了人员结构。

在研发设计阶段，酷特智能建立了数据库，将服装的数据进行了标准化规范，利用信息化进行固化，形成了比较完善丰富的数据库。在数据库的基础上，再配置数据处理系统，通过人工智能的计算，对用户输入的数据进行实时处理，转化成生产可用的数据。

在制版过程中，研发设计主要是款式工艺的变化，制版主要指的是版型，过去成本高、效率低，承接不了规模化定制。只有通过信息化的方式，从数据库里找出数据，根据客户的数据进行计算，计算出一个适合客户身材的版型，版型确定后传到裁床。现在酷特智能的裁床，通过设计创新，实现了单件单裁，原来裁剪工序有 400 人，现在一共有 40 多套裁床，只需 60 个人操作，把减下来的人员分流到了服务岗位。在生产过程中，用 MES 系统打通了数据。个性化定制的 MES 系统，需要工艺精确到每个订单的单件产品，从原来的成百上千件一个工艺，转化到一件一个工艺，对

MES 系统的要求就是从设计、裁剪、仓储物料、生产计划的全数据同步贯通，然后通过传感器传输到每个生产工人，并据此进行生产，使生产变得简单化而又精准度高。

2014 年，酷特智能根据自身转型经验，打造酷特云蓝工业互联网平台，输出酷特智能大规模个性化定制的方法论和解决方案。平台上现有企业 9000 多家，有 1400 多个研发设计、生产制造、仓储管理的数据模块，上平台企业在现有基础上配备必要的软硬件就可以实现工业互联网的改造，这是一个解决企业柔性制造的转型平台。酷特智能在成功为本地企业恒尼智造复制模式基础上，已为全国 30 多个行业 100 余家企业提供了诊断和模式输出服务。

2020 年新冠肺炎疫情期间，酷特智能依托工业互联网快速实现口罩机、熔喷布机等生产设备以及原材料的资源整合，建成了日产 500 万只口罩的生产线。2020 年上半年，酷特防疫物资销售收入 22762 万元，在疫情带来的服装销售业务下挫情况下，实现整体销售收入较上年同期逆势增长 46.9%。作为一家传统纺织服装企业，酷特智能通过实践探索，实现了基于工业互联网的创新转型升级，完成了由传统企业向数据驱动的现代智慧工厂的迭代升级，企业进入高质量发展快车道。2020 年 7 月 8 日，酷特智能在深圳 A 股创业板成功上市。酷特智能以全流程数据驱动为基础，实现大规模服装定制；以工业互联网平台为载体，赋能企业柔性化制造；以生态化商业体系为导向，助推多领域跨界融合，十几年的发展历程堪称企业转型升级探索之路的先行示范。

（二）即发集团“织染缝一体柔性化制造模式”

即发集团始建于 1995 年，拥有员工 2 万余人，是一家以 OEM 业务订单为主要业务的纺织服装企业。作为即发集团的核心生产企业，贵华针织有限公司一直有“小即发”的称号，公司业务涵盖织布、染整、成衣全部业务板块。2006 年开始，受国际因素影响，国外一些大企业纷纷把订单向东南亚地区转移，同时国内劳动力短缺及成本上升对企业生产经营的影响越来越大，集团公司开始在东南亚建厂，将制造能力向劳动力成本低的地区进行转移，同时大规模订单也开始向外转移。贵华针织公司的订单也随着集团整体布局的变化开始逐渐向小批量、多批次、短交期转变，由原来每年承接 30～40 个每单十万件到几十万件的大单，变成现在每年承接 4500～6000 个平均每单约 5000 件的小批量、多批次订单。

为了适应订单的变化，即发集团自 2012 年开始，在已有 ERP 等信息化系统基础上，进行了工业互联网的升级改造，企业累计投入 1334 万元，将信息化系统全部打通，建立了 ERP、MES、机联网为核心的织染缝一体柔性化生产信息系统，实现了全流程系统整合，打造了织造、染整、缝制全流程高效一体化协同管控平台，靠生产与运营的数据驱动，实现产品全生命周期无信息衰减。企业管理人员通过定制开发的手机 App 可以随时随地掌握工厂的生产运行情况。得益于生产制造模式的及时有效转型，通过"智能化+精益化"生产方式的应用，企业设备利用率提升 20%，数据自动采集率达 70%以上，生产效率提升 30%，产量提升 10%，交货时间缩短 3～10 天，有效地解决了小批量、多批次、短交期等服装行业普遍性问题，企业实现了经济效益的"高质量"。贵华针织公司 2020 年实现产值约 7 亿元。法国迪卡侬、日本东丽专门派出团队学习了该公司的改造模式。

（三）一汽解放"基于研发流与供应链的汽车产业协同发展模式"

一汽解放于 2014 年在即墨建厂，主要产品为轻型卡车（虎 V、J60F）、中型卡车（龙 V）和重型卡车（天 V、悍 V、JH6），产能每天 960～1000 辆，2019 年销售收入 330 亿元。企业建厂时已经具备较高的自动化和智能化水平。由于市场定位细分和消费者个性化需求的不断变化，对企业生产方式提出了更高的要求，同时产品品类由 2007 年的 1000 多款车型，逐渐增加到目前的近 30000 款车型，一辆卡车的物料清单有 3000 多种、约

20000 个零部件，车辆的生产计划、物料准备、物流配送等流程的复杂度极高，因此随着车型不断增加，倒逼企业进行管理系统升级，以适应多品种、小批量的生产方式。公司从 2015 年开始进行了基于工业互联网的再升级、再改造，主要工作包括：

（1）进行了基于 BOM（物料清单）的 PDM（产品数据管理）、CAPP（计算机辅助设计）、ERP（企业资源计划管理）的信息系统整合，使开发配置一款车型的周期从一个月缩短至 7 天，实现快速交货，适应各类市场的需求；

（2）进行了基于生产计划的 ERP（企业资源计划管理）、SCM（供应链管理或供应链协同）、LES（物流执行系统）的信息系统集成，使物料准备准确率由 70%提高到 95%。

准确率的提高为供货商预留了更加充足的备货周期，更加有利于提升远途供货商的物流配送效率，供货商不需要靠增加库存来应对物料准备准确率低而导致备货周期太短的问题，降低了供货商的资金占用率。企业得益于工业互联网技术的集成应用和工业互联网改造，销售收入由 2015 年的 78 亿增长到 2019 年的 388 亿。企业的“汽车纵梁柔性制造数字化车间”项目，荣获工业和信息化部“智能制造综合标准化与新模式应用奖”。

（四）方冠摩擦材料“汽配行业智能制造模式”

方冠摩擦材料是各种汽车刹车片的专业生产企业，2020 年产值达到 2 亿元。企业在进行工业互联网改造前，车间环境脏乱差，因生产管理水平较低，难以接到优质订单和受到大型主机厂的认可。为了在激烈的市场竞争中提高生存发展竞争力，企业痛定思痛、下定决心，累计投入资金 2600 余万元，对混料、压制、加工、包装四个工序进行了工业互联网改造。混料工序改造前的称料、投料、搅拌都需要人工完成，改造后依靠 PLC（控制系统）实现了所有工序自动化；压制工序改造前称料、投料、压制工序需要 100 多人，使用机械手后完成相关工作仅需 30 人，生产效率提高 30%，人工成本降低 50%；加工工序的放片、取片、装框原来需要 50 多人完成，通过使用全自动数控钻床，现在仅需 10 人即可完成；包装工序原来需要人工进行放片、调片、装箱、封箱，通过新上自动声呐监测仪、工业照相机、机械臂等，实现了包装环节的自动检测、喷码、调片、装箱、封箱及码垛。通过全生产流程的工业互联网改造升级，解决了该行业产品质量稳定性不高的问题，一线工人由 230 人减少到 50 人，产品合格率由 99.6% 提高到 99.87%，日产量提高 65%，产品通过了一汽解放、北汽福田、东风柳汽、江淮汽车、中国重汽等主机厂的认证，成为全国刹车片主机厂配套领域的第一名，同时实现了刹车片的环保和清洁生产。

通过改造，企业订单供不应求。现在企业正在规划建设 80000 平方米的海外市场全自动化生产车间，以满足欧洲、美国、俄罗斯等地区市场需求。企业提出争取在 10 年内成为亚洲最大刹车片生产基地的发展目标。

（五）乾程科技“数字化敏捷智能智造模式”

乾程科技是一家生产智能电表及电力信息采集设备的企业。企业坚持靠流程规范管理、靠信息化系统规范流程的理念，始终重视企业信息化建设，从 2015 年开始部署企业的自动化，进行基于工业互联网的改造升级。企业累计投入 3000 余万元，将生产、测试、ERP 等系统进行了打通，建立了企业内部闭环的工业互联网平台，4 条自动化智能电表 CELL 型柔性生产线生产运行实现各环节实时监控与信息交互，将客户订单、敏捷供应链、数字化生产运营、智慧仓储作业、售后服务进行全流程无缝衔接，使生产效率提升 50%，制造成本下降 25%，产品交货周期缩短 10%，质量合格率提升 60%，单条产线员工数从 40 余人变为 3～4 人。2018 年，企业把原来的系统进行了升级，引进国内先进的 MES 系统，扩展了车间内生产、订单、管理边界，将数据管理延伸到了客户端、销售端、供应商端，实现产品全生命周期管理。2020 年，在原有信息化系统基础上建设了“乾程云计量平台”，通过该平台上游与原材料供应商、下游与主要客户如国家电网、南方电网的物联网实现对接。国内外客户可以远程下单，实时查看产品生产情况，上游供应商可以根据客户订单情况进行备料，企业可以查看供应商生产情况，将产业链上、中、下三方通过数据进行连接，实现信息实时交互。

通过改造，企业实现用工减少 66%（由 600 人减少到 200 人），劳动生产率提高 100%。2019 年，一个拥有 3 家电表生产企业（分别位于日本、马来西亚、深圳）的英国客户带着 50 万个价值 1.5 亿元的智能电表订单，在全世界范围内寻找合作加工企业，在考察完乾程科技智能工厂以后，经综合考量生产制造成本、效率、质量等因素后，决定不用自家生产企业，将订单交给乾程进行生产。2020 年 6 月份，该客户又将第二批 1.5 亿元订单继续交给乾程生产。2020 年，公司主营业务收入达到 6.5 亿元，工业互联网改造为企业带来了实实在在的经济效益。

接下来，企业将推进产能扩容和云计量平台升级。在原有计量平台数据采集系统、模块基础上进行升级，对生产过程、质量监控、研发设计等环节进行大数据分析。在销售端，监测不同年度不同时间段的产品不良率，通过故障分析倒推设计端存在的问题及下一步改进方向，同时还可以追溯不良产品原材料存在的问题，并进行改进。同时，将引进人机协同柔性生产线，根据订单需求，通过搭积木的方式对产线进行模块化，可进行产线自由组合，满足不同客户和产品小批量、多批次、短交期的订单生产需求。

四、“即墨模式”发展建议

下一步，即墨应围绕助力全省打造国内国际领先的工业互联网基地和助力青岛打造世界工业互联网之都的奋斗目标，依托工业基础优势，立足更高站位，不断优化产业发展环境和生态，继续将工业互联网作为产业赋能的重要抓手，放眼未来顶格谋划和推进，利用平台思维做好发展乘法，推动经济高质量发展，积极争创工业互联网示范区。

（一）政府搭台，多方参与，聚“政产学研用”之合力构建开放价值生态

围绕助力青岛打造世界工业互联网之都的奋斗目标，即墨区不断优化培育产业发展生态，提升产业发展支撑体系。

1. 建立工业互联网优质资源生态，积极利用国家工业互联网政策

建设工业互联网优质资源生态，积极利用国家工业互联网政策，为企业提供咨询诊断、宣贯交流、人才培养、平台建设、技术研发等服务，促进两氏融合，推动平台协同创新，推进工业互联网新业态，升级“即墨模式”。

2. 通过数字化转型大会、大赛等主题活动推进产业交流

通过数字化转型大会、大赛等主题活动推进产业交流。以会凝聚共识，打造工业互联网与数字化转型开放交流平台；以赛揽才，引聚一批工业互联网领域的高层次专业人才，遴选一批具有创新性、引领性、可复制、可推广的工业互联网解决方案进行产业赋能，吸引更多的工业互联网企业、团队、人才落户即墨。

（二）紧抓机遇，扎实推进，乘工业互联网之东风创新发展服务模式

发挥财政资金的杠杆作用，吸引社会资本参与，引导国有企业积极参与智能化改造，充分发挥其资金和资源优势，把社会资金的资本属性和国有企业的功能属性有机地结合起来，通过产业链生态思维，实施专业化投资。

（三）复制裂变，协同进化，顺应高质量发展之大势共享融合创新红利

通过产业生态培育、典型示范打造与引领、技术支撑等多措并举，引

导企业在进行 9 种成功改造模式推广的基础上，积极进行发展模式探索，培育新的工业互联网改造模式，既抓住主要产业重点企业，又兼顾其他对经济社会发展具有重要意义的产业，争取创造更多的工业互联网新模式，辐射带动周边更多的企业进行工业互联网改造，为经济高质量发展夯实道路基础。

同时，认真落实好以人为本的发展理念，对于推进工业互联网改造升级过程中出现的人员分流问题，超前做好统筹谋划，抓好分流人员的培训转岗和再就业，做到既推进全区工业企业的数字化、网络化、智能化改造升级，又有效做好就业保障，实现经济与民生健康协调发展。

参考资料

1. 即墨政务网. 我市出台《关于支持互联网工业发展的意见》. http://www.jimo.gov.cn/n3201/n3235/n3260/n3288/160922233554502122.html，2016-09-14。

2. 即墨政务网. 智能制造推动企业加速蝶变——“基于工业互联网的区域创新转型升级即墨模式”. http://www.jimo.gov.cn/n3201/n3234/n3237/181227222143454205.html，2018-12-27。

3. 青岛日报. 做优工业互联网的即墨模式. http://www. qingdao.gov.cn/n172/n1530/n32936/200407153249312473.html，2020-04-07。

4. 即墨政务网. 智能织造的“即墨方案”. http://www.jimo. gov.cn/n3201/n3234/n3237/201222144432413744.html，2020-12-22。

5. 即墨政务网. 即墨发力全国工业互联网创新示范区[EB/OL]. http://www.jimo.gov.cn/n3205/n3206/201112102903737027.html，2020-12-22。

B.16

工业互联网发展现状及发展趋势

王丹　付宇涵　柴雯　章宗婧　张宏博　赵珏昱[1]

摘　要：工业互联网正成为推动新一轮全球技术和产业变革、工业企业数字化、智能化转型的重要驱动力量。本文通过分析国内外工业互联网发展态势，从区域工业互联网应用水平、工业云平台应用情况，硬件、软件基础资源现状，创新应用及模式创新发展等方面展开讨论，阐述当下工业互联网发展面临的机遇与挑战，并对未来工业互联网发展趋势做出展望。

关键词：工业互联网；产业变革；数字化与智能化转型

Abstract: Industrial Internet is becoming an important driving force to promote a new round of global technological and industrial transformation and digital and intelligent transformation of industrial enterprises. By analyzing the development trend of industrial Internet at home and abroad, this paper discusses the application level of regional

[1] 王丹，国家工业信息安全发展研究中心信息化所工程师，硕士，从事两化融合、数字化转型研究；付宇涵，国家工业信息安全发展研究中心信息化所工程师，资深研究员，从事两化融合、工业互联网、数字化转型相关领域研究；柴雯，国家工业信息安全发展研究中心信息化所高级工程师，博士，从事两化融合、企业数字化转型；章宗婧，国家工业信息安全发展研究中心信息化所工程师，硕士，从事两化融合行业研究；张宏博，国家工业信息安全发展研究中心信息化所工程师，博士，从事信息化战略研究；赵珏昱，国家工业信息安全发展研究中心信息化所助理工程师，硕士，从事企业数字化转型研究。

industrial Internet, the application of industrial cloud platform, the status quo of basic resources of hardware and software, innovative application and innovative development mode, expounds the opportunities and challenges faced by the current development of industrial Internet, and puts forward the development trend and Prospect of industrial Internet in the future.

Keywords: Industrial Internet; Industrial Transformation; Digital Transformation and Intellectualization

在全球新一轮科技和产业变革中，大数据、云计算、物联网、人工智能、5G 等新兴信息技术与社会、经济诸多领域的加速融合已成为必然趋势，全新的生产组织方式和商业模式不断涌现。各国政府、科研机构、企业积极发布互联网战略和发展目标以提升核心竞争力，赋能产业转型升级。工业互联网作为新型基础设施，将促进形成全新的工业生产制造、服务体系和工业经济生态，以更具创新性的方式促进世界经济可持续发展。

一、工业互联网发展概况

（一）工业互联网的内涵

通用电气于 2012 年最早提出“工业互联网”概念，工业互联网是新兴信息技术与制造业深度融合的产物，通过传感器、机器、工件和 IT 系统，沿着生产价值链连接到同一生态系统，进而进行虚拟交互实现感知和操作。作为以数字化、网络化、智能化为主要特征的新工业革命的关键基础设施，工业互联网是“工业 4.0”生态的核心载体，对未来工业发展产生全方位、深层次、革命性影响。

工业互联网即内互通、外互联、生态融合。其中“工业”强调面向工业制造业、实体经济，区别于消费互联网；“互联”指工业的全要素资产首先要数字化，依托传感、机器视觉等，全面“感知”工业流程，将工业要素和场景转换为实时更新、可供分析的数据资源；“网”即要实现全要素互联互通，把“人、财、物、产、供、销、存”等工业要素的数字资产通过工业互联网平台连接起来，打破“数据孤岛”，实现工业远程化、模块化和协同化。在“数字化”和“网络化”基础上，工业互联网的最终方向是“智能化”，即依托工业模型、边缘计算、大数据、区块链、人工智能等模型构建融合技术解决方案，实现安全可靠的智能物流、智能生产、智能决策等，大幅提高工业生产力和资源配置效率。

（二）全球工业互联网发展态势

全球逐鹿布局工业互联网，目前呈现欧、美、亚太三足鼎立的格局。主要发达国家都致力于以工业互联网推动新兴信息技术向工业领域渗透，加速工业智能化转型。

美国集团优势显著，GE、微软、罗克韦尔、亚马逊等头部制造企业利用物联网设备进行数据采集，打造工业互联网平台，并进行工业 App 开发，试图打造包含所有行业的工业互联网平台。在产业生态构建方面，美国工业互联网联盟（IIC）汇聚制造、信息通信、工业自动化研究机构及企业，在工业互联网顶层设计、技术标准、测试床、产业发展、产融推进等方面开展合作。为加强产业影响力，IIC 与电气和电子工程师协会（IEEE）、国际标准化组织（ISO）、国际电工天员会（IEC）等多个全球知名行业组织建立了合作关系。围绕架构、安全、路线图等关键领域与德国“工业 4.0”相关组织成立联合工作组，与各方一道致力于推动全球工业互联网繁荣发展。

2013 年，德国在汉诺威工业博览会上正式提出“工业 4.0”发展战略，指利用物理信息系统（Cyber-Physical System，CPS）将生产中的供应、制造、销售信息数据化、结构化，并为生产与管理提供决策优化的参考，智能生产与智能工厂是主要推进方向，最终目的是实现制造业服务化升级。德国近年不断强化信息技术应用，继续大力推进“工业 4.0”发展战略。

西门子作为全球工业数字化标杆，以 MindeSphere 平台化服务实现内外赋能。西门子在产品打磨上，以系列化收购率先打造工业软件生态体系；在组织架构上，西门子不断“去中心化”，突出数字化部门的战略重心，借此成功地从传统电气巨头蜕变为数字化工业领航者。MindeSphere 是西门子于 2016 年推出的首款工业物联网操作系统，实现工业仿真的基础即是端对端的数字孪生。西门子通过 MindeSphere 平台化服务与德国本土温控系统制造商合作，实现了“冷却即服务”的 PaaS 级应用，成功输出了垂直领域的“产品+数据服务”的新型商业模式。

2016 年，日本工业价值链促进会（IVI）发布智能工业制造业基本框架（IVRA），以企业联合体牵头的方式，推动“智能工厂”实现。日本制造业的优势在工业机器人、机床等高端装备的技术积累，以及对于制造现场的高品质管理，其工业价值链参考架构的主要落脚点在智能制造。2018 年，日本经产省开始聚焦“互联工业”，其特质是利用数字化技术使网络空间与物理空间高度融合，包含社会生产及运行的各个方面。

此外，英国突出工业互联网在高端制造中的关键作用。在“高价值制造”顶层战略规划指引下，英国积极将新兴信息技术应用于航空、汽车、生物医药等高端领域。

法国、瑞士等国家在工业互联网的方面的实践也日益活跃。ABB 通过与 IBM 合作提升 ABB Ability 平台的计算分析能力；达索系统利用研发设计软件方面的优势，同时与 ABB 合作，打造 3DEXPERIENCE 平台，提供数字化协同研发设计及产品全生命周期管理服务，致力于构建完备的工业互联网供给能力；施耐德电气则聚焦工业现场，将其电气自动化领域的技术优势与 EcoStruxure 平台紧密结合，提供工厂改造升级、智能车间等一系列数字化服务。

（三）中国工业互联网发展态势

工业互联网是国内制造业转型的核心路径，中国积极发布相关政策推动工业互联网发展。从 2013 年工业和信息化部提出两化融合后，中国连续多年颁布工业互联网政策。2017 年年底开始，我国政府密集出台促进工业互联网领域发展的新政策和新举措，不断有来自国家层面的利好消息出现。2020 年，中国颁布《工业和信息化部办公厅关于推动工业互联网加快发展的通知》，在构建顶层政策体系上日趋完善，包括工业大数据应用、工业 App 完善及推动企业上云实施指南，系列政策起到了指导产业发展的良好效果。鉴于工业互联网巨大的产业带动作用，从 2020 年 3 月 4 日起，工业互联网被纳入新基建体系。表 16-1 所列为我国关于工业互联网的部分政策。

表 16-1 工业互联网的国家政策

年份	工业互联网相关政策
2017 年	11 月，国务院发布《关于深化互联网+先进制造业、发展工业互联网的指导意见》
2018 年	2 月 24 日，在国家制造强国建设领导小组下设立工业互联网专项工作组
2019 年	11 月，工业和信息化部发布《“5G+工业互联网”512 工程推进方案》
2020 年	1 月，工业和信息化部发布《关于 2019 年工业互联网试点示范项目名单的公示》 3 月 20 日，工业和信息化部发布《关于推动工业互联网加速发展的通知》

疫情防控大大地加速了工业互联网的落地应用。新冠肺炎疫情的发生，进一步凸显了工业互联网的赋能效应。如图 16-1 所示，在过去一段时间里，工业互联网平台在助力企业快速转产、保障医疗物资生产以及复工复产等方面发挥了积极作用。

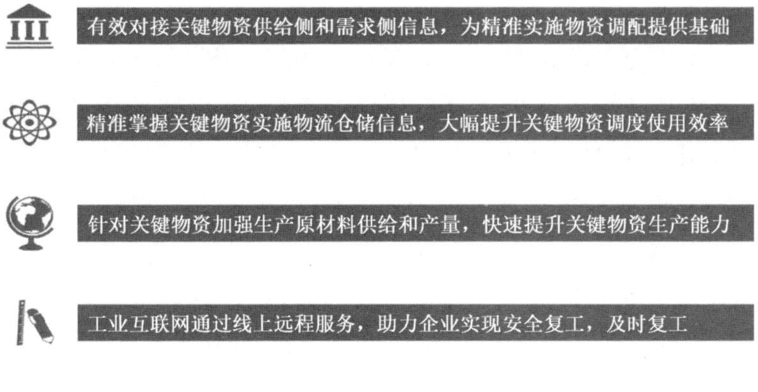

有效对接关键物资供给侧和需求侧信息，为精准实施物资调配提供基础

精准掌握关键物资实施物流仓储信息，大幅提升关键物资调度使用效率

针对关键物资加强生产原材料供给和产量，快速提升关键物资生产能力

工业互联网通过线上远程服务，助力企业实现安全复工，及时复工

图 16-1 工业互联网在疫情中的具体表现

随着我国工业互联网快速发展，产业规模日益壮大，产生了诸多基于不同工业场景及行业背景的优秀工业互联网平台。

根据工业和信息化部统计数据显示，目前国内已有超过 70 家具备一定行业影响力的工业互联网平台。重点平台平均工业设备连接数超 69 万台，工业 App 数量突破 2124 个。工业互联网平台中比较有代表性的是徐工信息的 Xrea 平台、海尔的 COSMOPlat 平台、用友软件的精智平台、阿里云的 supET 平台等，这些工业互联网平台有效促进了工业全要素资源的聚集、共享、协同，加速智能化生产、个性化定制、网络化协同、服务化延伸等新应用和新模式的创新。当前工业制造企业与工业互联网加速深度融合，在 5G 的赋能下，工业互联网已广泛应用于能源、电力、钢铁、工程机械、航空航天、港口、家电等多个行业，融合应用的广度、深度不断拓展，基于网络化资源汇聚的新模式、新业态不断涌现，有力地促进工业企业数字化、智能化转型。但中国工业互联网整体处于发展初期阶段，仍然面临系列问题，包括工业数据采集不足、通信协议不互通的信息孤岛现象，企业数据私密性保护及商业模式不明晰等。

二、我国工业互联网发展现状

（一）区域工业互联网发展应用水平差距较大，后发地区追赶趋势明显

我国工业互联网发展区域差距显著，领先者优势相对明显。从我国各省、市、自治区工业互联网发展应用情况来看，广东、北京、江苏等地工业互联网发展应用水平处于全国领先地位，广东、北京、江苏、浙江、山东、四川、上海、福建 8 个省（市）的工业互联网发展应用综合实力强劲，其中广东、江苏、山东三省既是经济大省也是制造大省，具备发展工业互联网的经济实力和产业基础，在行业融合发展、创新场景应用、培育产业生态等方面优势明显。北京、上海凭借资源集聚优势，在关键技术研发、产学研用协同、深化产融对接等方面在全国处于领先水平。各地区发展差

距显著，后发地区呈迅速追赶态势。

2020 年，工业和信息化部发布《2020 年跨行业跨领域工业互联网平台清单公示》，全国共 15 家企业入选。我国东部地区发展基础雄厚，并出台相关支持政策，推动工业互联网发展，促进制造业进一步降本提质增效，工业互联网平台企业集聚。重庆、江苏、上海、浙江等地相继推出促进工业互联网发展的配套政策，加快建设工业互联网，促进制造业数字化、网络化、智能化转型。东部地区聚集了大量优质工业互联网平台企业，其中北京 8 家、广东 5 家、江苏 4 家，共 17 家，区域集聚效应显著。

北京、江苏、浙江等地工业互联网发展基础处于全国领先地位。北京、江苏、浙江、上海、福建、广东六个省（市）的工业互联网发展基础扎实，具备良好的政策环境和平台优势。工业互联网区域发展基础差距显著，北京优势显著，而新疆、西藏、海南三省（自治区）基础薄弱，需加快推进工业互联网建设。

应用范围方面，不同于发展基础，各地区工业互联网应用范围较均衡。在全国工业互联网应用范围中，东部省区与中西部应用范围差距不大。此外，四川省工业互联网应用范围领先全国，有效接入企业数目、占比优势显著。广东、山东两省充分发挥制造大省优势，推动企业上云上平台，提升工业互联网创新应用水平。除四川外，内蒙古、宁夏、河南作为中西部成员脱颖而出，具备创新应用场景、推动融合发展的潜力。

（二）我国制造企业工业云平台应用水平实现持续稳定增长

整体来看，2020 年我国制造业云平台普及率达到 46.6%，其中应用公有云、私有云、混合云的企业比例分别为 25.7%、14.5%、6.4%。当前，在企业云服务应用场景中，租用公有云存储服务的上云企业比例为 33.8%，租用公有云计算服务的企业比例为 23.6%。将信息系统部署到公有云平台的占 21.3%，通过 SaaS 服务订阅使用应用软件的企业比例为 24.6%，通过公有云平台实现软件定制的企业比例为 34.6%，如图 16-2 所示。其中，大型企业是云服务应用创新的主力军，应用水平显著高于中小企业，得益于大型企业良好的管理基础和信息化基础。大型企业中，使用私有云与混合云的占比为 24.0%，中小企业私有云与混合云的使用占比仅 19.0%。

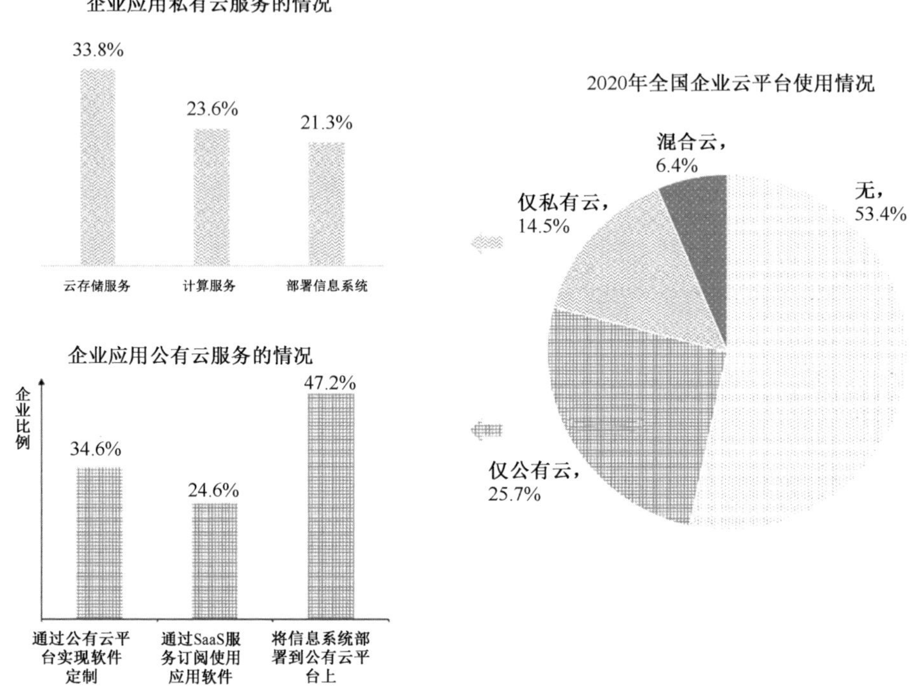

图 16-2　2020 年上云制造企业应用云服务情况

如图 16-3 所示，从产业角度来看，石化行业工业云平台应用率高达 56.1%，电子行业工业云平台应用率达 55.4%，均位居全国前列。石化、电子等领先行业纷纷加快开展平台化运营的步伐，资源汇聚、生态构建是平台化运营的终极目标。2020 年，各行业纷纷加快开展平台化运营的速度，将汇聚整合资源要素、打造基于平台的产业生态作为终极目标。以华为、用友、数码大方为代表一批电子信息行业企业顺应当前互联网发展的新趋势，率先布局工业云平台，推动应用软件（研发设计、仿真系统、模型库等）及数据存储、数据治理、数据分析、数据挖掘向云端迁移，突破地域、组织、机制的界限，高效整合资金、技术、人才等资源，面向众多工业制造型企业提供集制造、技术、人力、软件、计算资源一体化的平台化服务新模式。

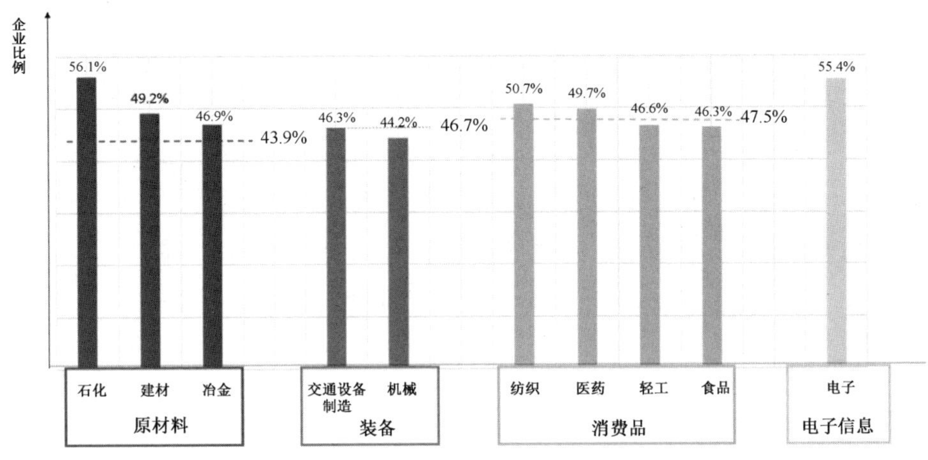

图 16-3　2020 年全国不同行业的工业云平台应用情况

近年来，我国大力推动智能装备、通用动力设备和新能源设备上云，鼓励工业互联网平台企业围绕风电、光伏等新能源设备，开展设备建模、功率预测、调度优化等服务，围绕智能化水平较高的设备（数控机床、工程机械等），开展设备安全操作、运营优化、能力交易、资产管理、健康监测等服务，培育网络化协同制造、设备租赁、供应链金融等新模式。在装备制造、电子等行业开展信息物理系统示范应用，探索生产过程虚拟仿真、研发制造一体化、企业资源管理与制造执行系统集成、新型工业操作系统及工业 App 等应用模式。同时，推进工程机械、装备等行业开展全生命周期数据管理，探索基于大数据的产品质量管理、预测性维护等应用模式，提升产业链价值。这些重点举措大力推动了重点行业上云用云水平的快速提升。

如图 16-4 所示，从区域角度看，浙江、上海、山东的工业云平台应用率分别为 65.6%、58.2%、57.1%，地区企业上云水平位于第一梯队。东南部沿海省市企业工业云平台应用率持续领航，但中西部地区应用率增长逐渐加快，企业上云水平的区域分布不均衡性日趋缓和。天津、四川以及东南部沿海地区部分省市的工业云平台应用率位于第一梯队，其中山东、江苏、浙江等沿海省市是传统产业的重要集聚地，具备一定规模的制造业基础，产业结构较为合理，技术力量雄厚，企业创新思维活跃，且接近以浙江为核心的东南部云服务集聚区，为企业上云奠定了良好的基础；重庆、福建、湖南、湖北、北京、广东等省（市）企业上云水平位于第三梯队；甘肃、新疆、青海等西部省（自治区）企业上云水平相对落后；云南、西藏因样本数据量不足，工业云平台应用水平尚未统计。从上工业云平台应用率增速情况来看，湖南、河北等地企业上云指数处于第一梯队，同比增长最快，四川、重庆、广西等地企业则处于第二梯队。

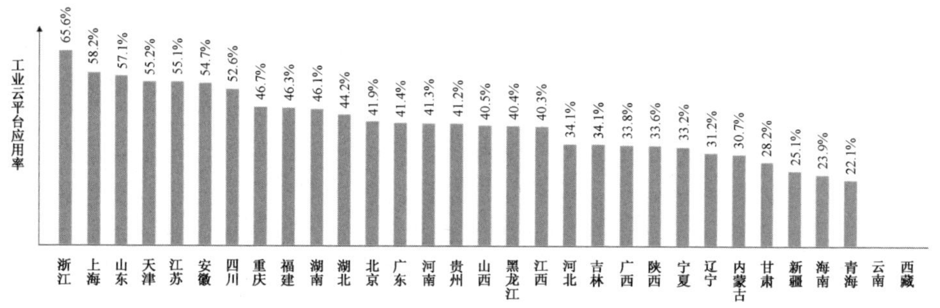

图 16-4　2020 年全国不同地区的工业云平台应用情况

（三）硬件、软件、数据等工业互联网基础资源尚处于起步阶段

如图 16-5 所示，硬件方面，设备上云成为工业互联网发展的难点，数据云端采集和分析应用能力亟待加强。从企业已上云工业设备数据采集情况来看，有 60.4%的企业能够实现定时上传，仅 28.7%的企业实现了实时上传，而通过边缘端即时处理后实时上传的企业占比则更低，仅不足 25%。从企业利用云平台对已上云工业设备进行管理和应用的情况来看，除设备状态监测、优化调度达到 33.4%外，在设备远程控制和故障排除、基于数据分析与反馈的设备预测性维护与事故风险预警、基于数据分析与反馈的设备运行优化方面，实现的企业比例均为 20%左右。以上数据表明，企业在工业设备数据云端采集和分析应用方面的能力亟须大幅度提升。

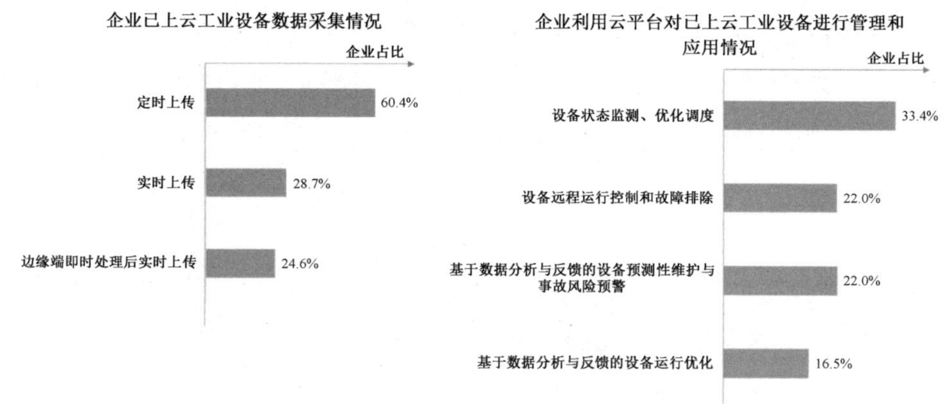

图 16-5　2020 年我国企业已上云工业设备数据采集情况与利用云平台对工业设备进行管理和应用情况

软件方面，工业 App 应用有助于弥补我国企业在生产制造环节工业软件应用不足的短板。与生产管控类工业软件应用不足的现状相比，生产制造环节已成为工业 App 应用的主要场景之一。分析我国企业工业 App 应用场景发现，如图 16-6 所示，2020 年，我国应用工业 App 的企业中，应用场景覆盖经营管理、研发设计、生产制造的企业比例分别为 18.7%、17.2%、19.2%。生产制造、经营管理环节应用工业 App 的企业比例较高，研发设计环节略低。数据显示，与产品研发、经营管理类软件相比，机理相对复杂、个性化需求较高的生产控制类工业软件普及情况不及预期，CAM 和 MES 的应用普及率不足 25%，SCADA 的普及率更是仅为 19.4%。根据工业 App 主要应用场景的数据，生产制造环节有望成为工业 App 弥补工业软件应用不足的重要突破口，将加快制造环节智能化发展。

数据方面，我国企业数据上云初具基础，数据科学与生产机理的融合亟待突破。数据已经成为驱动企业创新的核心要素，依托工业互联平台实现多源数据在云端的汇聚、共享及大数据分析利用，进而充分激发企业内外部数据价值的有效手段。在云端进行数据汇聚、共享和大数据分析利用来充分挖掘企业内外部数据价值是数据融云的核心目标，但目前我国企业相关实践才刚刚起步，广度和深度均有不足。进一步分析不同业务领域开展工业大数据应用情况发现，开展生产流程优化的企业占比最大为 48.2%，实现产品设计与开发、生产计划与排程的上云制造企业占比为 43.6%，而应用销售预测与需求管理的企业占比为 41.2%（见图 16-7）。在产品质量

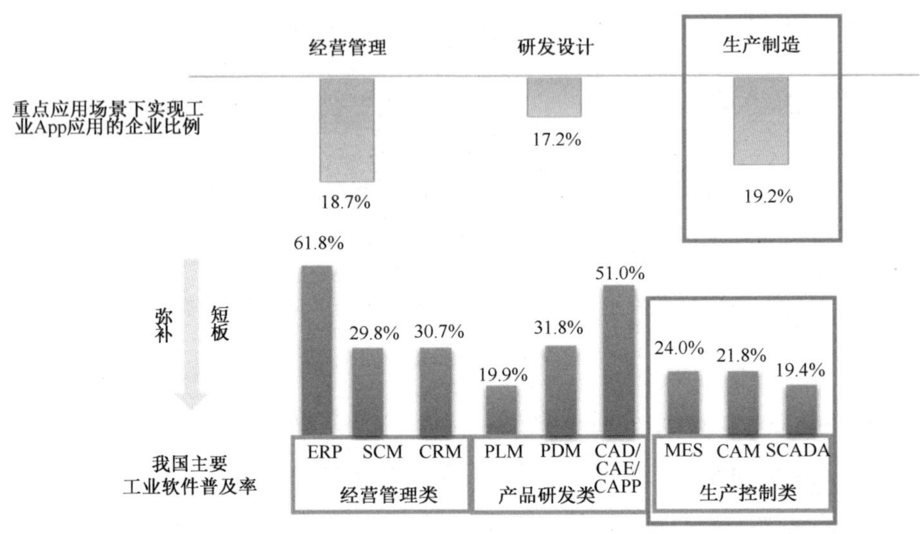

图 16-6　2020 年我国工业 App 应用企业应用场景分布及主要工业软件普及情况

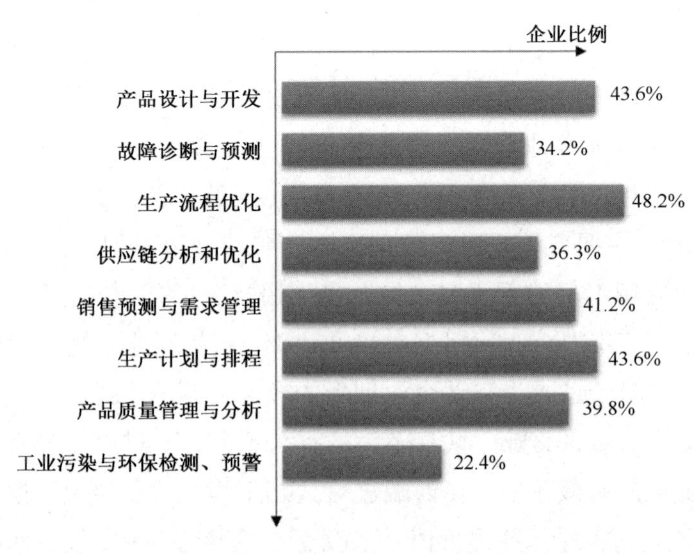

图 16-7　2020 年我国上云企业在开展工业大数据应用的比例

管理与分析、供应链分析和优化、故障诊断与预测领域开展工业大数据应用的企业占比略低。从数据还能发现，工业污染与环保检测、预警的大数据应用重视程度明显不足，在该领域开展大数据应用的企业不足四分之一。整体来看，多数上云企业已经开始意识到大数据应用的重要性，但企业利用先进数据分析工具和模型深度提取大数据价值并用于智能决策的实践还需进一步深化，在大数据应用广度方面也有待进一步拓展。

（四）工业互联网创新应用从内部单一环节向企业间乃至价值生态扩展

单项应用方面，经营管理业务环节上云发展相对领先，研发设计和实验仿真环节上云进程相对滞后。关键制造环节和业务上云是企业充分发挥云制造效益的重要一步，较经营管理业务上云，研发设计和实验仿真环节上云进程相对滞后。如图 16-8 所示，在上云制造企业中，应用研发设计、生产制造、实验仿真和经营管理等云服务的企业比例分别为 24.2%、31.3%、23.1%和 46.2%。由此可见，经营管理类业务环节流程比较成熟稳定，相关环节率先云化，而研发设计、实验仿真等环节业务流程复杂、数据量庞大、个性化程度较高，融云进程相对滞后。

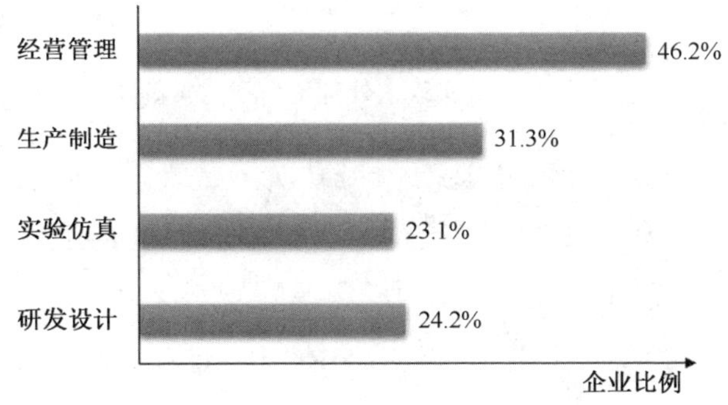

图 16-8 2020 年我国制造企业实现研发设计、生产制造、实验仿真和经营管理上云的企业比例

集成方面，基于云平台的资源、业务集中管控与协同将助推企业实现集成制造。制造企业上云后，基于云平台的资源、业务集中管控水平得到明显提升。如图 16-9 所示，2020 年我国上云制造企业基于云平台实现内外部资源全面管理、业务全面集中管控的企业比例分别为 41.6%、44.6%，均高出未上云制造企业 10 个百分点左右。上云制造企业中，分别有 20.9% 和 22.8%的企业实现内外部资源的全局动态优化配置和业务的全局协同优化，分别有 21.2%和 20.6%的企业实现了内外部资源的全面协同共享应用和业务及与相关方业务全面在线协同，均大幅高于未上云制造企业，基于云平台的资源、业务集中管控和优化有效提升了制造企业集成运作水平。

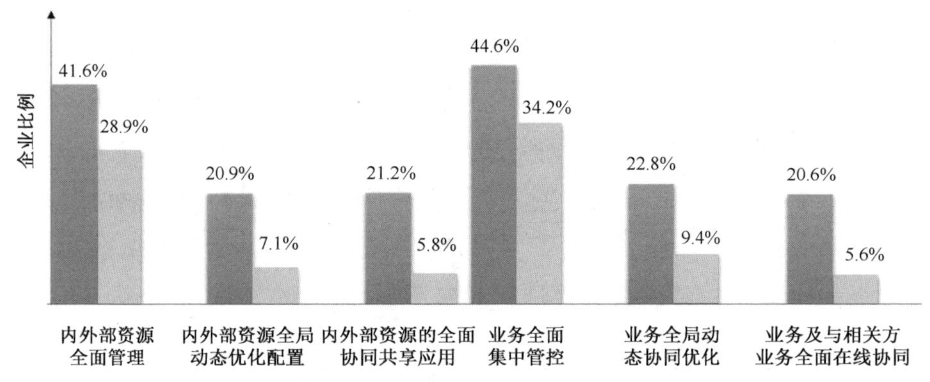

图 16-9　2020 年我国制造企业实现内外部资源和业务的协同与集中管控情况

绩效方面，企业借助云制造着力提升质量、效率和创新能力，企业绩效（竞争力+经济社会效益）明显增强。云制造促进企业生产管控集成水平不断加强，带动企业研发创新活力、资源配置水平及业务效率明显提升。云制造通过对制造全系统和全生命周期活动中的人、机、物、信息、环境进行自主感知、互联、协同、分析、学习、预测、决策、控制和执行，使人/组织、物流、设备/技术及信息流、资金流、服务流、知识流经营管理、集成优化，进而优质、高效、低耗、柔性地制造产品、服务用户，提高核心竞争力。如图 16-10 所示，与未开展云制造的企业相比，已经开展云制造的企业在库存资金周转率、产品质量合格率、按期交货率和产能利用率分别高出 16.4%、0.1%、1.1%和 2.4%，新产品研发周期下降 15.9%。随着云制造的持续推进，云制造效益效能优势将逐步显现并持续扩大，企业竞争力将进一步增强。

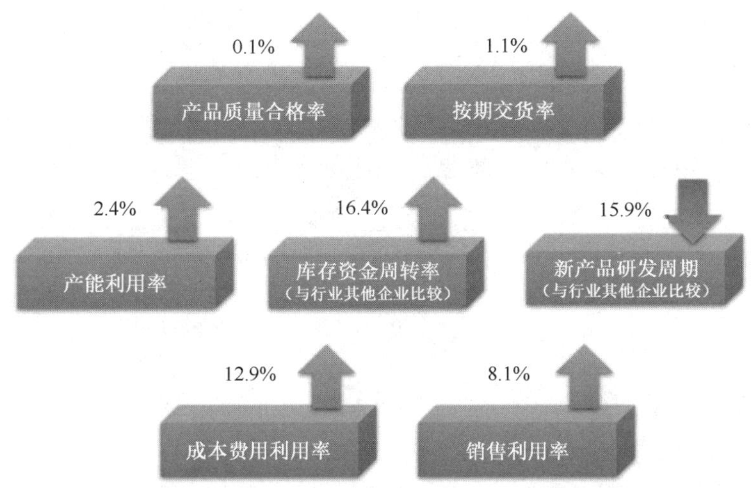

图 16-10　2020 年我国已开展云制造企业较未开展云制造企业的竞争力提升情况

充分发挥新一代信息技术对我国制造业发展的支撑作用，切实增加制造企业经济社会效益，是发展云制造的重要目标。云制造不仅能够帮助企业实现能力提升和效益增加、推动产业转型升级和高质量发展，也将给整个社会带来更大收益。在经济效益回报和社会效益溢出方面，云制造企业具有明显优势。已开展云制造的企业在成本费用利润率、销售利润率和社会贡献率方面均大幅高于未开展云制造的企业。云制造使企业在成本管控、利润提升和社会贡献方面的能力和产出明显增强。

（五）基于工业互联网平台的模式创新打破内部组织结构与外部跨界协同壁垒，共建开放价值新生态

实现柔性化的组织模式是提升管理柔性的必然要求，上云企业正不断摆脱传统管理模式掣肘，向流程化和网络化方向发展。上云企业对组织管

理的动态协调能力提出了更高的要求。网络化的组织结构将打破企业内部部门壁垒，实现无层级、无差别信息交流，提高资源共享应用水平、企业动态协调能力和企业对市场的动态响应能力。如图 16-11 所示，比较 2020 年上云和未上云企业的组织模式可知，上云企业中 30%以上的企业已实行流程化组织模式，实现网络化组织模式的企业比例达到 15.3%，而未上云企业中超过 40%仍实行科层制组织模式，实现网络化组织模式的企业比例仅为 9.4%。相较未上云企业，上云企业更加重视组织结构柔性化、网络化变革，这已成为上云企业管理创新的重要趋势。

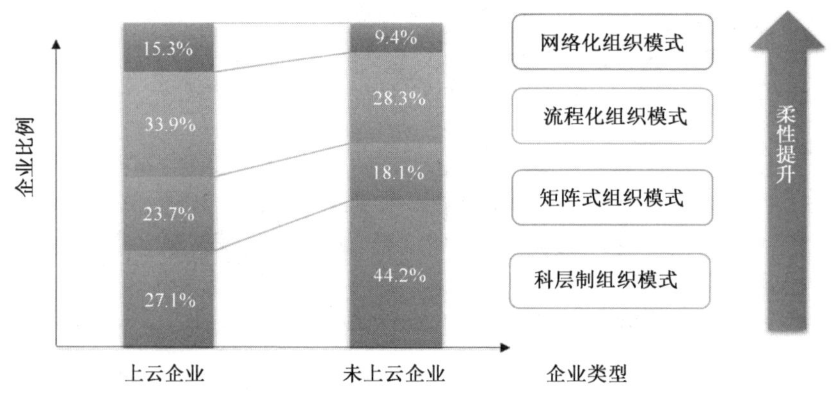

图 16-11 2020 年我国上云和未上云企业组织模式分布情况

模式创新方面，工业互联网平台成为跨企业协同新模式、新业态培育的重要载体。数字经济背景下，新的管理理念和发展方式不断冲击和颠覆传统经济，以用户为核心的价值创造、开放协作等一系列商业模式和业态创新被不断催生。随着数字化、网络化的持续深入推进，企业依托云平台实现跨企业协作、开展商业模式和业态创新蓄势待发。云平台通过整合各类资源和服务，以强大的自我学习和知识复用重构能力及数据传输、储存和智能化分析能力，有效推动了数字经济背景下个性化定制、服务化延伸等新模式新业态的培育。如图 16-12 所示，选取目前常见的基于云端开展的协同模式进行分析发现，我国上云企业实现设计与制造协同、个性化定制、服务化延伸、产业链协同的企业比例分别为 35.1%、13.8%、41.2%、

17.3%，分别较未上云企业高出 18.2 个、10.0 个、28.6 个和 11.2 个百分点，依托互联网云平台实现以用户服务为核心的新模式呈现良好发展态势。

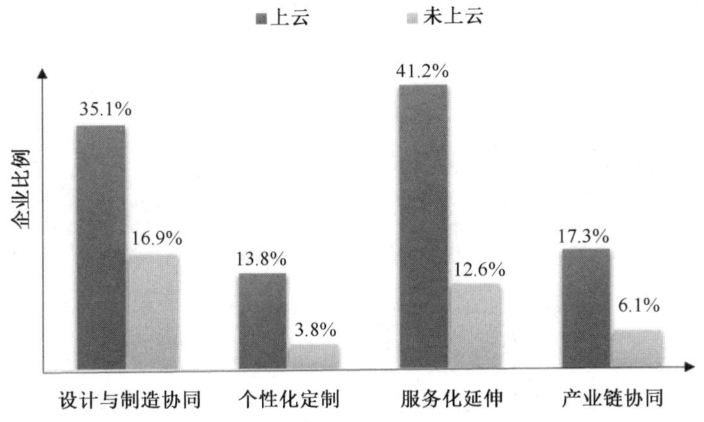

图 16-12　2020 年我国企业新模式、新业态发展情况

在云端，企业逐步从链状协同向基于价值合作的网状协同迈进，开放协作与价值共创成为新生态的关键词。如图 16-13 所示，2020 年，我国上云企业中通过建立或应用互联网开放社区实现价值网络中各相关主体动态协同共创的企业比例为 81.6%。具体来看，我国上云企业主要以协同制造平台与协同营销社区探索价值合作，实现的企业比例分别达到 54.1%和 45.2%，开放物流平台和产业链金融服务的发展稍显滞后，实现的企业比

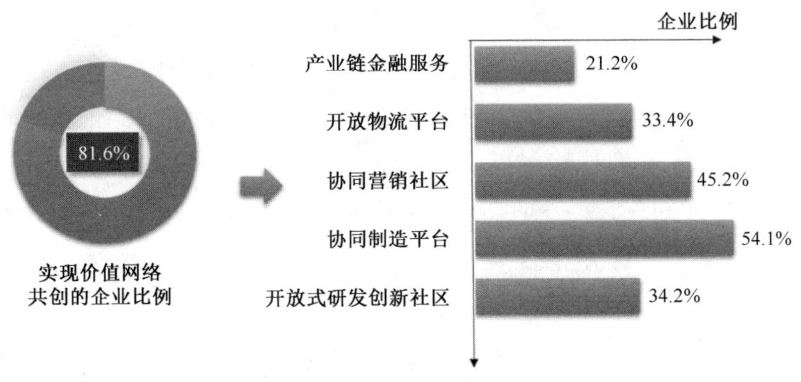

图 16-13　2020 年我国上云企业实现价值网络共创

例仅为 33.4%和 21.2%。依托云平台建立互联网开放社区，构建云平台运营新机制，是实现价值网络共创当前的主要模式，随着基于云平台的互联网开放社区新模式的不断涌现和深度应用，云平台对开放价值生态的培育和促进作用日趋显现。

三、工业互联网面临的机遇和挑战

当前全球工业互联网仍处于格局未定的状态，战略机遇期还将持续较长时间。欧美发达国家在理念倡导和产业探索上起步虽早，但尚未在技术、标准、应用等方面取得全方位突破，全球范围内的产业格局都还未定型，这为我国加速追赶提供了宝贵机会。

从国内看，我国在发展工业互联网上具有不少优势。一是发展基础方面，我国是全球唯一拥有联合国产业分类中全部工业门类的国家，相比其他国家有着更为丰富的应用场景与推进主体，能为工业互联网探索实践提供良好的验证环境，进而不断催生和孕育新模式、新业态。包括互联网在内的信息技术产业创新也十分活跃，在电子商务、共享经济等方面走在世界前列，涌现了一大批领先的产品、服务与模式。二是市场规模方面，得益于国内工业互联网潜在市场巨大、细分领域众多等优势，企业探索出的新模式、新业态在推广过程中较容易突破最小经济规模的制约，从而实现需求牵引下的良性发展。三是产业推进方面，我国大中小企业均有较强的投入意愿，形成了大企业借助工业互联网寻求系统性优化提升与核心能力打造、中小企业借助工业互联网加快数字化能力补课和单点创新突破，大中小企业融通发展的良好局面。四是应用创新方面，我国企业立足自身优势，在跟随发展国外已有成熟应用的基础上，结合自身制造业的难点、痛点，率先探索平台与金融服务整合，以及基于订单的生产体系解构与重构的新模式，优化资源要素配置，激发制造业转型升级活力。五是生态培育方面，国内制造企业、信息通信企业、互联网企业、投融资机构、科研院所与高校均积极参加工业互联网建设，产学研用的跨界合作取得显著成效。

当前工业互联网平台总体上处于探索阶段，也存在诸多瓶颈。一是缺乏大规模应用和撒手锏应用，数字化、模块化、平台化的制造资源不够丰富；二是缺乏开放合作生态，受制于传统的合作模式和利益格局，缺乏构建开放价值生态的路径和机制；三是专业深耕能力不足，跨行业应用难度大，发展初期应避免求大求全，错失发展先机。

四、工业互联网发展趋势与展望

当前，新一轮科技变革和产业变革给中国制造业带来了巨大的发展机遇，在未来，应进一步加速推动工业核心软件技术，促进端到端集成价值进一步显现。我国工业核心技术积累较为薄弱，尤其过去“重软轻硬”导致高端工业软件发展缺失。随着政策、资金、人才、意识的进一步完善，工业软件将加速发展，避免核心技术“卡脖子”问题。随着中国工业互联网发展迈入快速发展期，会有越来越多的企业意识到工业互联网的价值，并响应改变，对设备进行联网改造是关键步骤。同时，对于数据的重视将促使未来工业生产设备从研发设计时就考虑到联网的需求，未来设备联网数量会进一步增加。随着工业互联网的稳步发展，越来越多的工业数据沉淀在各平台上，随着数据量的增长，以及系统之间的互联互通，未来工业数据的价值将进一步凸显。工业互联网发展的关键在于产业生态内全要素、全产业链、全价值链全面实现互联互通，随着产业链上下游各环节逐步实现数字化转型，利用端到端集成实现产业链与价值链的业务闭环会是重点发展方向，不同系统之间互操作性也将变强。产业链加强合作，行业细分化趋势将为工业互联网带来更多发展机遇，专业服务、功能订阅成主流模式，未来探索空间巨大商业模式未来探索空间巨大。工业互联网技术发展趋势可以从两个方面来考虑：一是加大对核心工业软件的重视程度，二是围绕工业制造业产业链、价值链进行全方面的数字化转型升级，并且通过端到端集成形成产业链数字化闭环，对价值链进行重塑。

随着政府持续的政策推动，信息化、智能化的工业发展趋势将会引导我国从制造大国向制造强国转变。在这个过程当中，工业互联网等基础设施将提供重要支撑作用，将大大促进我国制造业的整体生产效率，促进产业链融合加速发展。而工业互联网平台在发展过程中将会针对行业进行细分，一方面利于沉淀工业 Know-How，另一方面便于加强产业链合作。工业互联网在各行业的发展基本遵循了从单个企业变革逐渐走向产业融合发展的过程。从服务商产业链视角来看，过往已经有案例证明发展工业互联网靠一家企业是无法成功的，未来加强产业链的合作，共同打造良性循环发展的工业互联网生态，将成为主要发展趋势。从产业自身视角来看，工业互联网又是产业融合发展并产生变革的关键抓手，因此工业互联网的发展必将促使产业融合的速度加快。作为工业互联网产业的核心，最早一批工业互联网平台企业目标是打造一个大而全的通用型行业平台，由于行业间工业 Know-How 及产业链生态的差异性，导致并没有许多企业为通用型平台的产品及服务买单。随着工业互联网产业生态的进一步完整，以及行业需求的进一步提升，未来工业互联网平台将进一步细分化，使用不同行业甚至不同体量的工业制造业企业，以满足行业间的差异化需求。

推动我国工业互联网平台创新发展应围绕促进平台间数据开放和共享利用、培育海量用户和规模化应用、营造良性发展的市场生态等方面开展工作，具体包括以下几个方面：一是开展工业互联网平台试点示范，以平台实际应用成效为导向，研究制定平台发展引导体系，推动“建平台”与“用平台”良性互动；二是推动平台间数据开放和共享利用，搭建公共性基础能力平台，开发大数据分析建模工具，建立对异构平台数据动态组合、优化迭代、集成创新的能力；三是推动共性技术攻关和应用创新，针对共性需求和瓶颈环节，建设面向特定场景的测试验证环境和测试床，确定关键标准，组织开展标准研制和应用推广；四是营造公平有序的发展环境，建立服务评价、应用诊断、咨询培训、评级采信等一套全流程服务体系，支撑政府监管和平台应用推广。

参考资料

1. 周剑，肖琳琳. 工业互联网平台发展现状、趋势与对策. 智慧中国，2017（12）：56-58。

2. 杨惠娟. 我国工业互联网战略发展现状及对策分析. 信息系统工程，2018（3）：117-118。

3. 李伯虎. 云智慧云制造——“互联网+制造业”的一种智造模式和手段. 中国人才，2015（19）：32。

4. 柴雯，马冬妍，许雅丽，等. 工业企业云化发展评价及对策研究. 企业管理，2020（3）：116-119。

5. 李伯虎，柴旭东，张霖，等. 智慧云制造：工业云的智造模式和手段. 中国工业评论，2016（Z1）：58-66。

6. 蒋玥. “5G+工业互联网”推动融合创新应用. 中国电信业，2020（8）：22-25。

7. 王晨，宋亮，李少昆. 工业互联网平台：发展趋势与挑战. 中国工程科学，2018，20（2）：15-19。

8. 王俊文. 未来工业互联网发展的技术需求. 电信科学，2019，35（8）：26-38。

B.17

工业互联网服务小微企业数字化转型的价值、挑战及应对策略研究

邵明堃　雷晓斌　马冬妍　王庆瑜　全胡洋　张宏博[1]

摘　要： 工业互联网是新一代信息技术与制造业深度融合的产物，是制造业高质量转型发展的重要支撑。小微企业是推动制造业转型升级的主力军，提高小微企业应用工业互联网平台开展数字化转型升级的能力意义重大。当前，我国工业互联网平台服务小微企业转型已经取得初步成效，涌现了一批优秀的解决方案和平台厂商，但也依然面临需求端“不想用、不能用”和供给端“不愿给、不能给”的严峻挑战，严重制约工业互联网平台价值效益的发挥。建议分别从供给和需求两侧的具体挑战着手，“挖需求、赋能力”，系统、精准地提升我国小微企业应用平台的整体能效。

关键词： 工业互联网平台；小微企业；数字化转型

---

[1] 邵明堃，国家工业信息安全发展研究中心信息化所技术研发部副主任，从事信息化、工业互联网、数字化转型相关领域研究；雷晓斌，国家工业信息安全发展研究中心信息化所所长，高级工程师，从事两化融合、工业互联网相关领域研究；马冬妍，国家工业信息安全发展研究中心信息化所副所长，高级工程师，从事两化融合、工业互联网、数字化转型相关领域研究；王庆瑜，国家工业信息安全发展研究中心信息化所工程师，硕士，从事两化融合、数字化转型等相关领域研究；全胡洋，国家工业信息安全发展研究中心信息化所科研人员，从事两化融合、数字化转型相关领域研究；张宏博，国家工业信息安全发展研究中心信息化所工程师，博士，从事信息化战略研究。

Abstract: The Industrial Internet is the product of the deep integration of the new generation information technology and the manufacturing industry, and is the strategic support to the transformation and upgrading of the manufacturing industry to high quality. Small and micro enterprises are the main force to promote the transformation and upgrading of the manufacturing industry, and it is significant to improve the application of industrial internet platform for small and micro enterprises to carry out digital transformation and upgrading. At present, the transformation of Chinese Industrial Internet platform to serve small and micro enterprises has achieved initial results, and a number of excellent solutions and platform manufacturers have emerged, but it still faces the severe challenge of "don't want to use, can't use" and "don't want to give, can't give" on the demand side and supply side. It is suggested that the overall energy efficiency of the platform for small and micro enterprises in China should be improved systematically and accurately by "tapping demand and enabling capacity".

Keywords: Industrial Internet Platform; Small and Micro Enterprises; Digital Transformation

全球各科技强国在5G、大数据、人工智能等信息技术重点领域的竞争日益激烈，严峻的外围形势凸显了科技创新能力的重要性，制造业要想获得高质量发展，企业数字化转型是必然途径，而工业互联网平台的构建是企业数字化转型的重要依托。小微企业不仅是支撑国民经济创新发展的重要主体，也是推动科技创新和制造业转型升级的关键力量。规模小、竞争力不强的小微企业，抗风险能力薄弱，普遍面临严峻的生存危机。工业互联网平台作为新一代信息技术与制造业深度融合的产物，对于促进小微企业实现降本增效和推进数字化转型升级有重要作用。如何推动小微企业应用平台的广度、深度和效度，成为推动工业互联网平台创新发展关键。

一、工业互联网平台服务小微企业转型的价值

（一）平台助力小微企业实现数字化转型升级

云化 SaaS 具体服务轻量化、松耦合、简单易用且信息维运成本较低的优点，更能满足小微企业数字化转型的需求。一是办公自动化，阿里钉钉和腾讯企业微信解决了移动办公和远程会议的需求，使广大小微企业的流程审批、即时通信、考勤等办公核心业务以极低的成本运行；二是财务管理，金蝶、用友等平台厂商为小微企业打造了精斗云、好会计等 SaaS 服务和产品，让财务、业务、税务等企业经营管理的环节相互联系贯通，提升企业财务和业务管理质量；三是研发设计，安世亚太、中服云等面向小微企业提供 CAD、CAE 等 SaaS 服务，使得企业以较低费用获得研发软件设计能力，既降低了研发成本，又提升了研发创新能力。

（二）平台赋能小微企业实现社会资源优化配置

一是金融资源，江苏天正通过“i-Martrix”工业互联网平台，实现全国 3 万台设备的互联互通，借助于其自主研发的生产力征信模型系统对企业的生产运营状况进行实时监测，为小微企业融资信贷提供可靠数据依据，在一定程度上减少了小微企业融资约束；二是制造资源，针对小微企业设备闲置等问题，智能云科基于 iSESOL 平台，借助于设备在线监控功能，推出了分时租赁、即时结算的装备租赁模式，实现了不同计费方式的自主选择，促进了资源的有效配置，降低生产运行成本。

（三）平台加速小微企业实现新模式落地

一是个性化定制，服装行业的小微企业基于阿里 supET 平台，实现了柔性化生产制造能力和个性化定制新模式；二是网络化协同，加工制造类

小微企业借助于深圳云工工业科技推出的“云工厂”平台，实现了集在线快速下单、自动报价、极速交付等于一体的网络化协同制造模式落地；三是智能制造，咸阳热力中心煤粉锅炉等设备通过上海全应科技能源平台进行智能化改造升级，实现了节能制造。

二、小微企业“上平台，用平台”面临的挑战

（一）小微企业对平台应用普遍存在认识不足的困境

小微企业在平台的使用上，普遍存在主观上“不想用”的认知困境。一方面，由于平台应用复杂且技术门槛较高，处于两化融合发展初级阶段的小微企业对于工业互联网的认识较浅，多停留在概念层面，“不了解”“不知道”的现象普遍存在；另一方面，当前平台应用的成功案例多集中于大中型企业，可供小微企业参考和复制的案例较少，由于价值效益不确定、方法路径模糊，小微企业应用平台的主动性大大降低。此外，我国工业互联网应用数据安全体系尚未健全，对于网络和信息安全防范能力较低的小微企业来说，安全问题成为其使用平台的一大阻碍。

（二）小微企业基础能力薄弱制约了平台价值效益的发挥

小微企业基础能力薄弱阻碍了其应用平台实现转型发展的进程，存在“不能用”的困境。一是资金不足，使用平台需要大量的资金投入，而小微企业发展程度较低，企业利润较低，且面临较大的融资约束，信息化投入的能力有限，企业应用平台缺乏基本的保障资金。二是缺乏专业化人才，相关技术与管理人才是企业应用平台获得价值成效的基础，而小微企业普遍存在信息化建设不足，专业技术人才以及复合型人才短缺的问题，严重阻碍了小微企业上云进程。三是技术能力较低，我国小微企业数字化、网络化基础薄弱，缺乏必要的信息系统且难以实现设备互联互通，同时，大部分小微企业尚不具备数据处理等数字化能力，制约了工业互联网价值效

益的发挥。

（三）平台厂商服务小微企业的积极性较低

工业互联网平台厂商服务小微企业的积极较低，“不愿给”的现象较为普遍。一方面，资金、技术和人才实力雄厚的大中型企业，具有较高的两化融合水和较强的数字化与网络化基础，能够有效应用平台提升自身效益，是平台厂商的主要客户。另一方面，数量众多、基础薄弱的小微企业对于轻量化、定制化解决方案具有较大的需求，平台项目实施存在风险大、利润低和示范效果有限等一系列问题，降低了平台厂商服务小微企业的积极性。

（四）平台厂商面向小微企业提供低成本、定制化解决方案的能力亟待提升

工业互联网平台只有具备高效连接设备采集数据和集成各种系统应用的能力才能有效发挥工业大数据分析和应用价值，然而，我国目前同时具备上述能力的平台较少，服务小微企业的能力也不足。一方面，小微企业涉及的行业、领域、专业众多，平台厂商通常提供诸如 IaaS 和 SaaS 等基础类、通用化的服务，难以满足小微企业专业化需求，且平台厂商提供的解决方案个性化、专业化能力不足，服务资费也相对较高。另一方面，平台安全技术于产业生态仍处于初级发展阶段，缺乏提供全方位且体系化的安全解决方案能力。

三、应对策略研究

（一）提升小微企业应用平台的内生动力

针对小微企业应用平台“不想用”的现状，一方面，加强平台促进社

会资源优化配置、促进新模式应用落地及助力小微企业数字化转型的成功经验的宣传和推广。另一方面，加快开展平台的公共服务能力建设，建立安全监管法规制度，提升平台的安全防护和技术能力，减少小微企业应用平台的后顾之忧。

（二）构建平台服务小微企业的保障体系

针对小微企业应用平台“不能用”的困境，一是促成平台厂商与金融机构的战略合作，开展新型工业征信，降低小微企业的融资门槛，提升资本运用效率。二是联合产学研用等各方力量，加强基础共性关键攻关，降低技术门槛，建立适合小微企业的应用体系；同时，培养信息技术与制造业融合的新型技能人才，为小微企业提供足够的专业化人才。三是完善平台标准体系，加快相关标准研制、立项和推广。

（三）提升面向小微企业的 SaaS 服务市场供给能力

针对平台厂商“不愿给”的瓶颈，一方面，引导不同领域的优秀平台加快 SaaS 服务体系研制，提供面向小微企业的，简单、易用、实惠的云化服务。另一方面，推动设计软件、生产制造软件和生产经营类软件等传统工业软件产品和服务向 SaaS 转型，降低开发、部署及运维成本和研制周期，提升平台厂商服务小微企业能力和效益。

（四）培育若干具有行业、领域特色的专业化工业互联网平台

针对平台厂商“不能给”的问题，一方面，引导大型工业互联网平台龙头企业和解决方案供应商，借助于其平台建设技术、经验和资源等优势，建立适合于小微企业的专业化工业互联网子平台。另一方面，引导不同行业、不同领域的龙头企业构建形成专业化的平台和解决方案，满足小微企业应用平台的复杂、个性化需求。

参考资料

1. 习近平向 2019 工业互联网全球峰会致贺信. http://cn.chinadaily.com.cn/a/201910/18/WS5da92c74a31099ab995e644e.html。

2. 李君，邱君降，窦克勤. 工业互联网平台参考架构、核心功能与应用价值研究. 制造业自动化，2018，40（6）：103-106+126。

3. 李君，邱君降. 工业互联网平台的演进路径、核心能力建设及应用推广. 科技管理研究，2019，39（13）：182-186。

4. 周剑，肖琳琳. 工业互联网平台发展现状、趋势与对策. 智慧中国，2017（12）：56-58。

5. 国家工业信息安全发展研究中心. 关于工业互联网平台作用机理和发展路径的思考. http://www.sohu.com/a/220270870_286727。

6. 李君，邱君降，成雨. 数字经济时代的企业创新变革趋势. 中国信息化，2018（4）：12-14。

7. 杨汝岱. 中国制造业企业全要素生产率研究. 经济研究，2015，50（2）：61-74。

8. 周剑. “综合集成”——当前两化融合的突破点. 信息化建设，2012（5）：18-21。

B.18

工业数字经济视角下的制造模式创新

张宏博　付宇涵　王丹　赵珏昱　柴雯[1]

摘　要： 当前，世界正处在从工业经济向数字经济加速转型过渡的大变革时代，一个数字世界正处在加速构建过程中，制造业成为数字经济发展的主阵地，网络化协同研发制造、价值链服务化延伸、大规模个性化定制有效优化资源配置、提升生产效率，产业结构和价值逻辑关系被重新定义。本文重点分析网络化协同、个性化定制、服务型制造和工业电子商务等工业数字经济视角下新模式、新业态发展现状，并提出推动模式创新的相关建议。

关键词： 数字经济；制造业；模式创新

Abstract: At present, the world is in the era of great changes in the transition from industrial economy to digital economy. A digital world is in the process of accelerating construction. Manufacturing industry has become the main position of digital economy development. Networked collaborative R&D and manufacturing, value chain

[1] 张宏博，国家工业信息安全发展研究中心信息化所工程师，博士，从事信息化战略研究；付宇涵，国家工业信息安全发展研究中心信息化所工程师，资深研究员，从事两化融合、工业互联网、数字化转型相关领域研究；王丹，国家工业信息安全发展研究中心信息化所助理工程师，硕士，从事两化融合研究；赵珏昱，国家工业信息安全发展研究中心信息化所助理工程师，硕士，从事数字化转型研究；柴雯，国家工业信息安全发展研究中心信息化所，博士，从事两化融合研究。

service extension, mass customization effectively optimize resource allocation, improve production efficiency, industrial structure and value logic the system has been redefined. This paper focuses on the analysis of the development status of new models and new formats from the perspective of industrial digital economy, such as network collaboration, personalized customization, service-oriented manufacturing and industrial e-commerce, and puts forward relevant suggestions.

Keywords: Digital Economy; Manufacturing Industry; Mode Innovation

一、积极推动工业数字经济发展具有重要意义

发展工业数字经济是针对作为数字化转型的主阵地工业领域，通过推动传统工业应用数字技术以带来生产数量和效率的提升，从而为数字经济发展提供更广阔的空间。

工业数字经济的发展对于企业、行业以及宏观经济都具有极其重要的意义：从微观看，工业数字经济再造企业质量效率新优势；从中观看，工业数字经济重塑产业分工协作新格局；从宏观看，工业数字经济加速新旧动能转换新引擎。

微观层面，在全球增长放缓和我国劳动力成本优势消退的背景下，我国传统产业暴露出了竞争过度、产能过剩等问题。传统企业迫切需要探寻新的增长机会和模式。与此同时，数字科技逐渐实现了技术上的进阶及与实体产业的快速融合，为传统企业转型升级带来了希望。

中观层面，数字技术提升了生产制造过程的自动化和智能化水平，有助于实现生产、物流、仓储、销售等各环节的降本增效。基于数据可以打通产业链各环节的内外部连接，行业各方用共建共生代替自我封闭，实现数据和技术应用在多产业、多链条的网状串联和协同，进而创造更大的产

业价值和客户价值。

宏观层面，“从数据中来，到实体中去”是发展数字经济的根本出发点与落脚点。当今，物联网、移动互联、云计算、大数据、人工智能、区块链等新型数字科技层出不穷，线上购物、掌上办事等新媒体方式彻底改变了我们的生活，数字科技的广泛应用和消费需求的变革催生出了共享经济、平台经济等新业态、新模式。

二、制造模式创新助力工业数字经济高质量发展

（一）基于网络化协同模式实现产业链有效精简

网络化协同是指企业以互联网为基础构建协同、共享环境，将设计、生产制造、供应链、服务等过程由传统的串行改为并行，以带动企业研发生产效率的提升。

传统行业经过分工细化，产业链逐渐变长，交易成本不断上升，各环节的效率参差不齐，而企业基于互联网的分布式协同环境支持，通过众包设计、协同制造等方式重构产业链生态，产业生态由环环相扣的链形转变为松耦合的网状结构，产业链更加精简和灵活，并能提供弹性服务。基于开放平台的协同创新是网络化协同的典型应用场景，企业基于互联网分布式协同环境，开展众包设计研发、网络化制造、公共云制造平台服务等模式创新，并行协同设计、制造产品，充分发挥互联网在研发生产过程中资源优化配置作用，驱动企业研发模式和生产方式进行变革。

（二）以个性化定制模式满足用户的多元化需求

个性化定制是一种以用户为中心、数据驱动生产的制造新模式，是企业提升竞争力的重要抓手。实现个性化定制的关键是要通过企业横向、纵向和产品全生命周期数据集成，建立起数据自动流动的生产体系，开展以用户为中心的个性化定制和按需生产，有效满足市场多样化需求。

个性化定制是传统工业过渡到智能制造阶段的重要标志，利用互联网平台和智能工厂建设，将用户需求直接转化为生产排单，开展以用户为中心的个性定制与按需生产，通过客户参与设计与柔性制造，极大地提升了消费者的参与度和满意度，是制造业实现高质量发展的重要途径。企业利用互联网采集并对接用户个性化需求，开展基于个性化产品的研发、生产、服务和商业模式创新，促进供给与需求精准匹配，从而有效解决制造业长期存在的库存和产能问题，实现产销动态平衡。当前，个性化定制模式正在向全行业的生产制造全过程拓展。

（三）构建服务型制造模式实现企业价值链高端化延伸

服务型制造是制造企业通过创新优化生产组织形式、运营管理方式和商业发展模式，不断增加服务要素在投入和产出中的比重，推动产品和服务的融合，实现制造价值链中各利益相关者的价值增值，建立提供产品全生命周期活动（包括市场研究、开发与设计、制造装配、销售、运行维护、回收等）的生产体系的一种制造新模式。

服务型制造促使制造企业向价值链两端延伸、提高产品附加值。服务型制造发展的过程是制造业不断服务化的过程，制造企业通过创新优化生产组织形式、运营管理方式和商业发展模式，不断增加服务要素在投入和产出中的比重，从以加工组装为主向“制造+服务”转型，从单纯出售产品向出售“产品+服务”转变，从而延伸和提升价值链，提高全要素生产率、产品附加值和市场占有率。我国制造业长期以加工制造为主，处于价值链的中低端，加快从传统单一的制造环节向两端延伸、提高产品附加值是我国产业向高端发展的关键。

（四）构筑工业电子商务模式推动数字经济与实体经济深度融合

工业电子商务作为制造业与互联网融合发展的先导领域，贯穿企业研发设计、采购、生产制造、销售及售后服务等全流程管理环节和企业间商务协同全过程。在覆盖产品全生命周期与商务活动全过程的基础上，近些年，工业电子商务不断突破原有业务范围，积极创新商业模式、交易模式和服务模式，加快信息服务、网上交易、在线供应链金融、物流配送、支付结算、技术服务等多品类服务的专业化、精细化和一体化发展，推动制造业交易方式、经营模式的网络化、协同化和智能化。

工业电子商务作为数字经济与实体经济深度融合的焊接点，其本质就是要发挥工业电子商务在汇聚工业全要素、优化工业资源配置中的作用，推动实体经济转型升级，加快工业经济发展。工业电子商务覆盖产品全生命周期与商务活动全流程，推动工业企业交易方式、经营模式的网络化、协同化和智能化，促进企业组织形态和管理体系的变革，不断催生出新技术、新产品、新模式、新业态，扩大中高端供给和有效供给，实现制造业质量变革、效率变革和动力变革，提高全要素生产率。

三、推进工业数字经济模式创新的发展建议

（一）加强开放平台建设和加快组织模式变革是开展网络化协同的有效途径

开放平台建设是企业基于互联网分布式协同环境，开展众包设计研发、网络化制造及在研发生产过程中资源优化配置的重要基础支撑，而相应的组织模式是新模式高效运作的重要保障。

加强开放平台建设：开放的研发社区或协同生产平台可根据企业研发、生产活动的特点及需求，整合相关工业软件工具，形成网络化、分布式的协同研发、生产环境，有效支撑企业开展企业级、跨企业乃至全球化的通信、合作及协同。大力开展开放平台建设，应不断提升各工业软件之间的衔接性，持续推动不同工序环节、不同企业间的研发生产数据标准化，促进不同企业间基于统一平台的协同研发生产。

加快组织模式变革：开展高效的网络化协同研制，需要探索形成新的

分工协作方式，构建以用户为中心建立组织功能单元虚拟化、组织要素分散化、组织形式弹性化的价值网络，整合不同企业、组织的力量，优化资源配置，围绕为用户创造价值打造柔性新型能力。在企业内部乃至企业间推动组织模式变革，建立网络化组织体系，构建开放协同的研制生产合作关系，是开展互联网协同研制的重中之重。

（二）加强用户信息管理和提升生产柔性是开展个性化定制服务的基础条件

个性化定制成为企业转型升级和创新发展的重要方向。一方面通过及时、准确地收集用户需求，并快速转化为产品设计所需信息，作为输入源为产品个性化定制提供信息支持；柔性化生产则是满足多类型产品从概念设计到实物输出的根本保障。

加强用户信息管理：企业利用互联网精准感知、采集并快速获取用户的实际需求，应用信息化手段对客户个性化需求进行快速响应和有效对接，并将客户定制需求快速转化为研发需求，之后开展基于个性化产品的研发、生产、服务和商业模式创新，促进供给与需求精准匹配，从而有效解决制造业长期存在的库存和产能问题，实现产销动态平衡。

提升生产柔性：在产品设计过程中准确获取并充分融入用户个性化需求后，在生产制造环节准确响应，按照用户订单实现自动排产、生产物料供应计划、有限产能下的优化排产。因此提升生产柔性、按照需求准确生产出产品是实现个性化定制的关键。

（三）建立面向产品生命周期的数据共享与业务集成是开展服务型制造的重点突破口

企业从生产型制造向服务型制造转变、由单纯提供产品向提供全价值链服务转变的关键点在于打通生产制造全环节，而数据的共享性是串联全流程的关键因素；同时，将串联的生产制造环节统一集成则是提升产品附加值的有效突破口。

数据共享：开展服务型制造需要加强产品全生命周期各环节的数据互通与业务集成。实现产品全生命周期各环节的数据互通与业务集成，开展信息化环境下产品设计、工艺设计、生产制造、售后服务的一体化关联管控和协同优化，提升产品全生命周期一体化管控能力，是围绕产品开展制造业服务化转型的关键。

业务集成：打通产品全生命周期各环节间产品数据互联的通道，实现产品全生命周期业务集成，围绕产品变革研发模式，建立广泛的“产品+服务”组合，向客户提供与基于数据的增值服务，提升产品附加值，进而持续优化和更新商业模式优化生产方式、创新服务形式，是实现服务型制造的重要突破点，从而有效促进企业实现高效、智能、创新的服务新模式。

（四）建立产业链上各企业联结及供应链管理能有效促进电子商务发展

工业电子商务的本质就是要发挥其在汇聚工业全要素、优化工业资源配置中的作用，推动实体经济转型升级，加快工业经济发展。其中汇聚工业全要素的宏观层面即为建立企业广泛联结，实现信息的有效集成与充分共享，并借助供应链管理实现有效的运营。

企业联结：建立产业链企业间的业务信息集成与共享，从而加快信息服务、网上交易、在线供应链金融、物流配送、支付结算、技术服务等多品类服务的专业化、精细化和一体化发展，尤其是通过电子合同、实时价格、电子仓单和定向支付货款等新型优势，不断突破企业间原有业务范围，积极创新商业模式、交易模式和服务模式，打造集透明的商流、对称的信息流、安全的物流和可控的资金流于一体的新型在线企业联结模式，有效推动工业电子商务发展与应用。

供应链管理：具体来看，面向产业链上游的供应链管理（网络采购）即围绕原材料、零配件等方面的采购需求，依托电子数据交换（EDI）等信息网络，推动企业采购全流程在线化、网络化和协同化；面向产业链下游的供应链管理（网络销售）即围绕产品、服务和能力的销售目标，依托互联网等信息网络，推动销售全流程的在线化、网络化和协同化；面向企业内部的供应链管理（内部协同）即推动企业内不同环节及部门间依托数据基于互联网等信息网络的横向传递、交换或共享而开展各类经济活动，打通关键环节间的壁垒，推动建立以销售订单为驱动，集销售、研发、生产、采购、质检、仓管、交付、售后和财务等核心环节为一体的企业内部高效协同运作新体系，有效提升企业运营效率。

参考资料

1. 李珮. 数字科技助力产业转型升级. 金融时报，2018-11-19。

2. 安筱鹏. 深化制造业与互联网融合发展的形势与任务（二）. 中国信息化，2016（9）：7-13。

3. 李君，柳杨，邱君降，等. 信息化和工业化融合“十三五”发展成效及“十四五”发展重点. 经济研究参考，2020（11）：13-22。

4. 李君，成雨，窦克勤，邱君降. 互联网时代制造业转型升级的新模式现状与制约因素. 中国科技论坛，2019（4）：68-77。

5. 彭朝晖. 制造业转型升级背景下高职机电类专业人才培养的思考. 现代职业教育，2017，（4）：54-55。

6. 张健，李蓓. 大力发展工业电子商务，助力制造强国和网络强国建设[J]. 中国信息化，2018（9）：93-95。

7. 张伯旭，赵剑波，李辉. 服务型制造的模式创新. 企业管理，2016（11）：12-15。

B.19

人工智能与制造业融合迎来快速发展机遇期

张宏博　付宇涵　王丹　赵珏昱　柴雯　章宗婧[1]

摘　要： 在世界各国纷纷展开人工智能战略布局、推动融合应用拓展深化的背景下，我国高度重视人工智能与制造业的深度融合发展，旨在全面赋能制造业转型升级。本文首先从智能产品/服务、智能工厂、智能运营3个方面，详细阐述了“人工智能+制造业”融合发展内涵，并剖析了当先融合发展所面临的严峻挑战，最后从政府、服务商、企业3个方面为推进人工智能技术与制造业融合应用提出发展建议。

关键词： 人工智能；制造业；深度融合

Abstract: Under the background that countries all over the world have launched the strategic layout of artificial intelligence and promoted the expansion and deepening of integration application, China attaches great importance to the deep integration development of artificial

[1] 张宏博，国家工业信息安全发展研究中心信息化所工程师，博士，从事信息化战略研究；付宇涵，国家工业信息安全发展研究中心信息化所工程师，资深研究员，从事两化融合、工业互联网、数字化转型相关领域研究；王丹，国家工业信息安全发展研究中心信息化所助理工程师，硕士，从事两化融合研究；赵珏昱，国家工业信息安全发展研究中心信息化所助理工程师，硕士，从事数字化转型研究；柴雯，国家工业信息安全发展研究中心信息化所高级工程师，博士，从事两化融合研究；章宗婧，国家工业信息安全发展研究中心信息化所工程师，硕士，从事两化融合研究。

intelligence and manufacturing industry, aiming at comprehensively enabling the transformation and upgrading of manufacturing industry. This paper first elaborates the connotation of “artificial intelligence & manufacturing” integration development from three aspects of intelligent product/service, intelligent factory and intelligent operation, and analyzes the severe challenges faced by the first integration development. Finally, it puts forward development suggestions from three aspects of government, service providers and enterprises to promote the integration application of artificial intelligence technology and manufacturing industry.

Keywords: Artificial Intelligence; Manufacturing Industry; Deep Integration

一、人工智能与制造业融合发展的内涵

“人工智能+制造业”，强调将人工智能等新一代信息技术广泛应用于设计、生产、管理、服务等各环节，在“智能产品/服务”“智能工厂”“智能运营”等方面持续发力，全面推动企业内、企业间生产制造及经营管理活动和过程的智能化和协同化，构建具有信息深度自感知、精准控制自执行、经营管理自决策等功能的开放智慧型企业。以有效带动创新驱动、绿色低碳和服务化发展，并促进产品和技术、产业组织结构、产业空间布局等全面优化升级。如图 19-1 所示为“人工智能+制造业”融合发展的内涵。

（一）智能产品/服务

产品全生命周期是由设计、生产、物流、销售、服务等一系列相互联系的价值创造活动组成的链式集合。产品全生命周期中各项活动相互关联、相互影响，人工智能技术在不同场景下融合应用的着力点不尽相同。

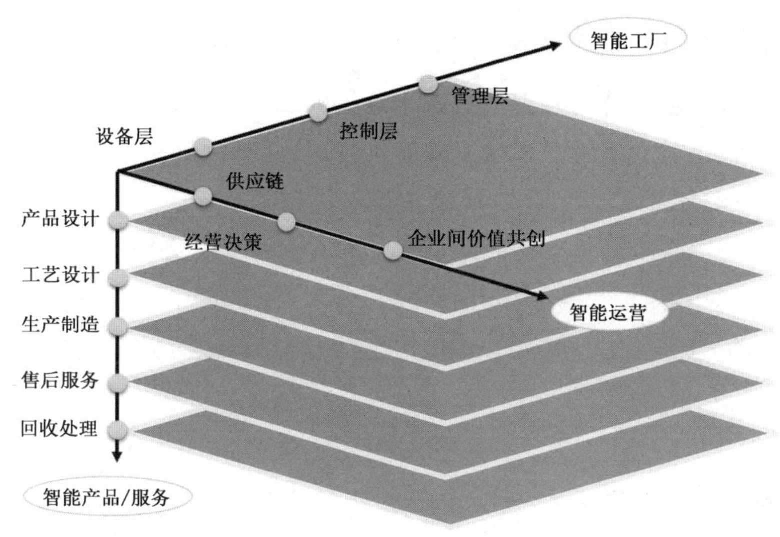

图 19-1 “人工智能+制造业”融合发展的内涵

1. 研发设计：数字孪生

该环节人工智能技术主要运用于复杂机械装备产品设计、产品可视化仿真等场景当中。产品性能参数多、功能复杂、形状结构复杂、需要兼顾后续阶段的产品适用性等问题成为研发设计发展过程中面临的主要问题。通过知识图谱、计算机视觉等技术在研发环节的深入渗透，能够真正意义上提高产品设计速度和准确度，利用虚拟仿真代替实际操作，有效减少实物实验产生的成本。

2. 生产制造：人机协同

在生产制造过程中可利用人工智能技术对制造工艺进行持续优化，实现大规模个性化定制、进行复杂产品质量检验，生产制造智能工业协作机器人，通过更为合理的手段进行能耗的规范化管理等。计算机视觉、知识图谱、机器学习等技术运用实际运用过程当中，有效解决了一系列需求痛点，如制造工艺复杂、影响因素多、个性化需求差异大、质量缺陷种类多、工业机器人结构复杂等。

3. 售后服务：完备的“产品+服务”解决方案

售后服务方面利用人工智能技术进行预测性维护，可有效解决以往维修频繁耽误出货、使用寿命短、折旧成本高、备品备库存高占用资金成本等痛点。计算机视觉、机器学习、语音识别等技术在售后服务方面的应用，能够明显提高维护效率，有效降低备件库存。配套服务也由单一的、机械的、物理的“功能产品”逐渐发展成可感知、可计算、可交互、可追溯的“智能互联产品”，并逐渐革新、重构生活行为和方式，重新构建企业的制造体系。

（二）智能工厂

智能工厂在生产环境充分数据化的基础上，将物理世界和虚拟世界连接起来，对生产数据进行自动收集、存储和处理，确保生产信息实时传递，使生产资源得到充分有效利用，并实现对生产过程的监控、动态调度和优化。自底向上通过不同智能单元进行制造过程中的信息获取与交互、智能分析决策和功能执行，优化最终产品和服务提供的模式。

1. 设备层：生产活动物质技术基础

设备层包含工厂设备和信息设备两类。工厂设备是制造业企业完成产品生产流程所涉及的各种类型设备，包含设备所需的机器、生产线及其配套设备，以及工厂运行所需的动力、输送、传导设备等。信息设备是支撑制造企业内外数据信息交换、交流的物理设备、负责采集、存储和传递工厂设备所产生的数据信息。通过建立有线或无线的工厂网络，实现生产指令的自动下达和设备与产线信息的自动采集，形成集成化的车间联网环境，解决不同通信协议的设备之间，以及 PLC、CNC、机器人、仪表/传感器和工控/IT 系统之间的联网问题，利用视频监控系统对工厂环境和人员行为进行监控、识别与报警。此外，工厂应当在温度、湿度、洁净度的控制和工业安全等方面达到智能化水平。

2. 控制层：智能产线与智能车间

智能产线在生产和装配的过程中，通过 PLC、DCS、CNC、DNC 等控制系统进行过程监督，采集生产、质量、能耗、设备绩效（OEE）等数据，显示实时生产状态。生产线能够实现快速换模，实现柔性自动化，可以支持多种相似产品的混线生产和装配，灵活调整工艺，适应小批量、多品种的生产模式。车间智能化对于实现智能工厂至关重要，企业可以充分利用智能物流装备实现生产过程中所需物料的及时配送，用 DPS 系统实现物料拣选的自动化。在设备联网的基础上，利用制造执行系统（MES）、先进生产排产（APS）、劳动力管理等软件进行高效的生产排产和合理的人员排班，提高设备利用率（OEE），实现生产过程的追溯，减少在制品库存，应用人机界面（HMI），以及工业平板等移动终端，实现生产过程的无纸化。另外，还可以利用 DigitalTwin（数字映射）技术将 MES 系统采集到的数据在虚拟的三维车间模型中进行实时地展现，不仅提供车间的 VR（虚拟现实）环境，还可以显示设备的实际状态，实现虚实融合。

3. 管理层：资源协调统一

管理层对生产过程的监控，通过生产指挥系统实时洞察工厂的运营，实现多个车间之间的协作和资源的调度。通过与底层的工业控制网络进行生产执行层面的管控，操作人员/管理人员提供计划的执行、跟踪及所有资源（人、设备、物料、配送、外协客户需求等）的当前状态，同时获取底层工业网络对设备工作状态、实物生产记录等信息的反馈。近年来，流程制造企业已广泛应用 DCS 或 PLC 控制系统进行生产管理，一些离散制造企业也开始建立中央控制室，实时显示工厂的运营数据和图表，展示设备的运行状态，并可以通过图像识别技术对视频监控中发现的问题进行自动报警。

（三）智能运营

信息流、资金流和物流在生产经营各环节、跨流程/部门，乃至与产业链/价值链企业间的无缝连接和高度集成是企业实现内外部资源整合、优化调度、业务协同的基础，使企业能够根据内外部状态和性能指标做出最佳决策，实现自主引导的智能化生产运营，进而重构价值链各环节乃至整个产业生态体系。主要包括供应链、经营决策和企业间价值共创。

1. 供应链：优化供应决策灵活度

人工智能技术能够有效改变供应链中信息数据的处理，使库存管理、运输管理最优化，从而实现在对的时间、向对的地点、为顾客提供对的产品。基于大数据和人工智能技术的预测和分析，可帮助供应链管理者更好地管理库存、规划更可靠的运输网络，并减少生产周期所需时间。将机器学习应用于供应链管理专家基于智能算法找出的最佳解决方案，能够有效避免人工分析环节，在平衡供需的同时优化产品送达服务。

2. 经营决策：精准营销与个性化产品服务

人工智能融入经营环节，对市场和企业的信息和数据进行关联分析，极大地提高了消费类产品的营销精准度，使企业的产品更加贴近消费者需求。对于技术密集度高的产品和集成度高的复杂装备产品，人工智能可以挖掘用户的痛点和需求，例如，制造企业提供客户切实需要的产品或服务，提高营销效率；利用语义识别用户行为分析情绪分析等方法，让消费者需求显性化，建立用户画像，提高营销针对性，实现精准营销；为产品研发设计原材料供应等提供数据等。同时，依据智能化算法，发掘客户企业在使用产品中的痛点，协调自身资源，提升制造业与顾客间在销售营销和服务上的交互水平，从而向客户提供创新式的、个性化的产品和服务。

3. 企业间价值共创：打造“智能+制造”生态环境

我国制造业龙头企业、互联网企业、硬件企业及算法初创企业 4 类典型企业，分别基于各自的资源能力和比较优势，从不同层面、角度展开“智能+制造”创新活动，推动了我国“智能+制造”生态环境的发展。就生态构建而言，目前仍处于“点状散射”的探索实践阶段。各类企业在生态构建上的分工尚不明显，仍需要进一步细分特化。从企业层面来看，相关企业所推进的人工智能相关技术应用，目前大多数作用于单一场景，贯通设计研发、生产制造、经营管理、供应链管理、产品服务等环节，全链条智能化的解决方案还未成熟出现。

二、人工智能与制造业融合发展现状及面临的挑战

（一）人工智能与制造业融合发展现状

1. 深度学习、增强学习等通用技术应用较为普及

从应用技术角度来看，通用技术普及较多，而专用技术发展相对不足。如图 19-2 所示，2020 年，企业应用人工智能技术分为两大类，一类是深度学习、增强学习等通用技术，应用比例均超过五分之一，其中增强学习应用最为广泛，约占 25.6%。通用技术主要在利用智能算法提升数据分析效率和准确性，内化改造其生产经营流程，使决策更加精准，提高企业生产运营效率。另一类为运动控制、知识图谱等结合场景的专用技术。采用运动控制（如机器人）的企业占比为 18.0%，运用知识图谱、机器视觉、

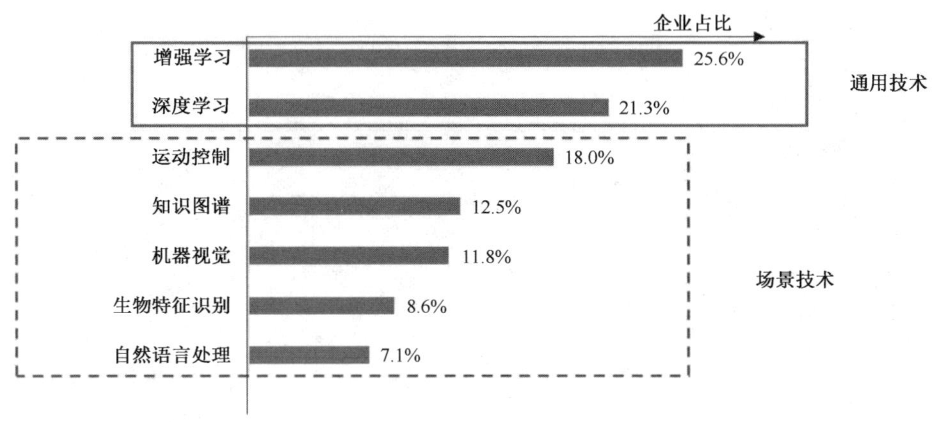

图 19-2 2020 年企业在生产经营中使用人工智能技术的情况分布

生物特征识别的企业占比分别为 12.5%、11.8%、8.6%，使用自然语言技术的企业仅占 7.1%。场景技术可针对生产制造环节中的特定场景进行优化改进，提高生产效率、降低产品不良率或降低生产成本，实现产品生产过程的高效与稳定。

2. 生产制造是人工智能技术赋能的主要环节

2020 年，越来越多的企业开始意识到人工智能技术在企业发展过程中的重要作用，并逐渐将各类技术渗透到不同的应用场景当中。在生产环节监控方面运用人工智能技术的企业最多，占比为 23.4%，其次为数据分析、工业机器人和产品质量管理方面，企业占比分别为 21.2%、20.8%和 20.4%。在工控安全、嵌入式系统、设备故障诊断等业务场景应用人工智能技术的企业比例相对较高，占比分别为 15.7%、15.2%、14.5%。决策专家系统、机器人视觉系统、智能产品等业务场景也有部分企业应用到人工智能技术，如图 19-3 所示。

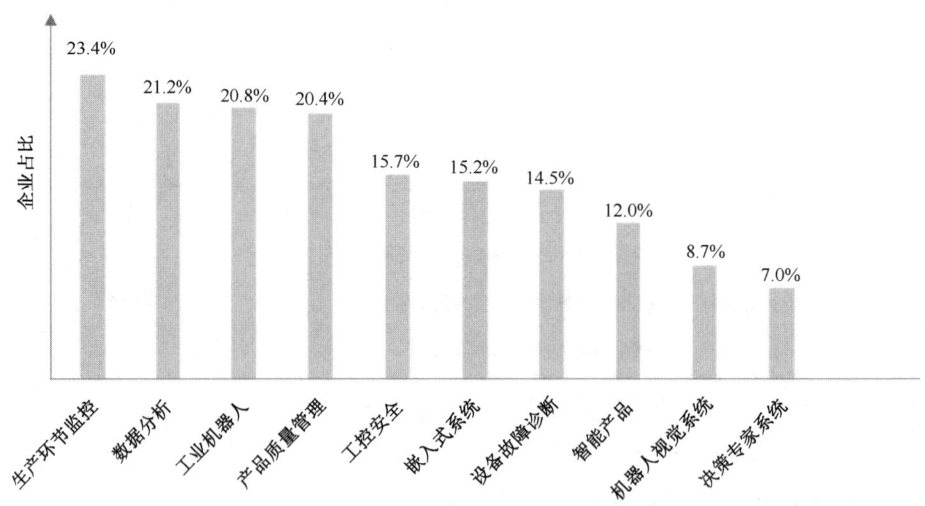

图 19-3 2020 年企业的人工智能技术应用场景分布情况

3. 原材料：生产过程的智能管控

原材料行业重点关注生产制造过程的控制方式和精准度，围绕生产过程进行智能管控。原材料企业通过嵌入式生产设备，或特定工艺装备智能模型应用，收集生产数据（如温度、压力、流量等生产过程信息），利用优化自学习、机器学习等智能算法，综合分析生产线设备的运行数据，优化生产控制、指导计划调度，持续提高生产流程效率。根据生产设备的动态实时运行情况，从整体生产流程出发，协调生产系统各部分的操作，优化排产，更好地完成生产线的批次转化、变料管控等，提升生产过程控制的精准度。对内外部数据进行分析，挖掘产品原料配方、工艺流程参数等生产技术指标与产品性能指标的关联规律，从而加速整个产品设计进程、缩短订单的生产周期，提高原材料产品质量。与此同时，通过智能系统，可对生产线能耗运行状态、烟尘排放状态等进行动态实时检测，从而减少可能的工业污染物排放。

4. 装备行业：基于订单的柔性制造

装备行业重点围绕产品全生命周期进行创新，将产品的研发设计、加工制造、服务支持等环节要素统筹管理，通过智能化的方法实现产品的全生命周期服务。利用人工智能技术将企业已有产品或其零部件的技术参数，预订单需求参数进行智能匹配，使已有零部件通过参数匹配优化来满足客户订单需求，减少产品结构设计、工艺设计等环节的工作量。建立以市场为导向、以订单为驱动的定制化柔性制造模式和柔性制造系统，提升生产线反应速度和供应链响应能力，实现有线产能的效率效益最大化。利用机器学习技术挖掘和追溯产品缺陷与生产过程等历史数据之间的关系，形成生产工艺与设备的性能匹配控制规则。通过机器学习方法，建立关键生产模式的故障分析模型，在生产系统中对生产设备进行实时监测。

5. 消费品行业：产品的质量控制和追溯

对于消费品行业，快速、准确地掌握消费者和市场需求，并及时做出响应，是转型升级和创新发展的重要方向。利用人工智能分析技术，对各种渠道获取的客户信息进行大数据分析和挖掘，描绘用户画像，挖掘客户痛点和潜在需求，将用户信息转化成用户需求，进而转化成产品设计需求和生产参数、实现精准对应需求的产品设计。通过人工智能分析技术的应用，针对不同客户的分类、区域、促销手段等而形成的差异化销售管道和工作的问题，实时分析和处理产品短缺和积压的矛盾，合理优化库存结构，均衡配置供应链管理中的生产与库存平衡。通过对生产过程数据质量数据等进行关联分析，识别产品生产过程中易发生缺陷的关键工艺环境，设立检测点和质控点，加强对生产过程中工艺的控制。消费品企业在产品设计中融入人工智能算法，机器视觉、自然语言处理、生物特征识别等人工智能技术，嵌入实时感知、动态控制等模块，可使产品具备可感知、可连接、可控制能力，实现将自动采集的环境信息，在云端或终端处理相关数据，并进行反馈控制，实现产品的智能化。

（二）人工智能与制造业融合发展面临的挑战

数据是两化融合发展的核心要素，也是实现“人工智能+制造业”深度融合的关键战略资源和重要推动力。数据资源与产业的交汇融合促使社会生产力发生新的飞跃，工业大数据的及时性、完整性、开发利用水平，以及数据流、物质流和资金流集成协同能力，决定着制造资源优化配置的效率和水平，引领生产方式和产业模式变革。通过前文分析，我国制造企业智能化发展仍处于相对初级的阶段，本质上看主要是企业对数据的自动采集和全局贯通方面存在短板。表 19-1 是制造业智能化发展的愿景、现状、制约。

表 19-1 制造业智能化发展的愿景、现状、制约

主要方面	目标愿景	当前现状	来自核心要素——数据的制约
智能产品/服务	基于产品、服务智能化的商业模式创新	成效：电子、交通设备制造、机械等离散行业基于智能产品推进个性化定制、远程监控、在线运维和基于大数据的创新服务模式业态不断丰富 差距：研发投入、技术等制约，制造企业服务化转型受限	产品数据的全周期一体化管理和贯通存在断点，研发设计、生产制造、售后服务的数据闭环尚未形成
智能工厂	分布式、高度自动化的生产环境	成效：生产装备数字化和联网化具备一定基础 差距：设备和生产流程的数据自动获取与分析利用水平较低，生产控制类软件应用普及不足，影响企业对设备和流程进行监控、动态调度和优化	物理层和信息层数据双向联通机制尚未构建，面向物理端的精准、高效、实时的数据采集体系尚不完善
智能运营	高效协同、自主引导的智能生产运营体系	成效：信息共享和业务集成稳步推动，云计算、工业互联网等技术应用助力打通"信息孤岛" 差距：应用分布式控制、柔性制造水平不足，在突破刚性生产、快速响应用户个性化需求、实现用户主导方面还处于探索阶段	企业内部业务数据全面集成管控水平不高，跨企业数据协同共享难度更大

成本和人才是人工智能技术落地的主要掣肘。2020 年，企业在积极推进人工智能技术应用的过程中，也面临诸多困难，仍有 12.6%的企业尚不清楚人工智能技术在企业内部可应用的领域。众多企业当中，投资成本高成为企业最普遍存在的实际困难，该类企业占比为 48.6%。有 34.3%的企业没有相关领域人员的支撑，人才相对缺乏，有 20.6%的企业认为行业标准缺乏阻碍了人工智能技术的实际应用。其中，仍有一些企业面临基础条件不具备（如缺网络或缺数据等）、有需求但无合适供应商等挑战，该类企业占比分别为 19.1%、15.7%，如图 19-4 所示。

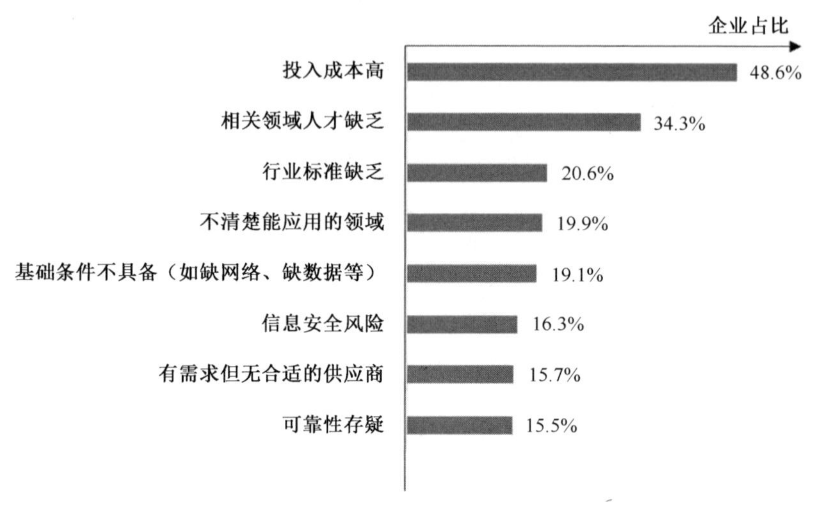

图 19-4　2020 年企业应用人工智能技术面临的主要挑战

三、推进人工智能与制造业深度融合发展的建议

（一）对于政府，聚焦核心技术，创新与应用并重

1. 以智能芯片为引领，带动核心技术产品研发

一是支持芯片制造的“母机”核心技术研发，持续推动自主芯片技术、国产光刻机、刻蚀机等芯片制造关键设备研究制造。二是布局新型芯片技术、材料和装备研发产业，支持包括石墨烯在内的新型半导体材料研究开发，实现对现有芯片技术的颠覆与超越。三是突破智能传感器共性关键技术，支持新型生物、视觉、力觉、射频识别等智能工业级传感器的研发及产业化应用。四是支持智能机器人、智能无人机、智能网联汽车等人工智能产品研制及产业化，加快工业级智能无人机、研制智能工业机器人等产品开发和产业化。

2. 以开源生态为突破，提升技术软硬配套能力

一是培育形成一批创新活跃、人才密集的新一代人工智能开源社区，

突破空间限制集聚开发者实现代码共享调试、经验交流等，开展开源软件项目的开发与维护，激发创新活力。二是围绕新一代人工智能应用场景的数据开放、共性技术研发、资源互通的核心需求，建设开源开放、共享协同的创新服务平台，支持各行业的龙头企业建立行业数据资源开放共享平台，为工业应用提供高质量训练资源库，标准测试数据集、云服务平台。三是软硬件协同发展，以芯片应用场景为出发点，硬件性能为基础，配套进行软件开发设计，有效提高软硬件匹配度。

3. 以政策法规为驱动，助力融合发展环境构建

一是出台扶持政策，国家各部委、省市各级部门单位等颁布包括资金扶持、荣誉扶持、税收扶持等的相关政策，以鼓励广大企业积极投入人工智能与制造业融合发展进程。二是建立监管条例，通过明确重点保护对象、以相关国家标准为基准、满足新技术融合实施及明确权利与义务等方面为制定准则，全面保证融合发展过程中数据传输的安全与高效；三是推进智能制造标准化建设，建立人工智能与制造业间以及制造业内部等接口的标准化体系，以支撑融合发展环境建设。

4. 以试点应用为示范，推进融合应用场景扩展

一是遴选人工智能与制造业融合发展的典型示范应用场景，打造标杆应用案例，为其他细分行业及应用场景树立示范标准。二是聚焦行业，以成果快速转化为目标，立足同行业中的相似应用场景，加强成熟解决方案的应用推广，实现“以点到线”的带动，提升行业整体性融合进度。三是组织、鼓励各行业、企业进行交流学习，探讨成功经验，实现“以点到线、以线到面”的分步推广，逐步推进人工智能与制造业的深度融合。

（二）对于服务商，着力基建与算法支撑，合作与服务并行

1. 立足自身，提升技术及解决方案咨询服务能力

一是不断完善硬件设施的布局建设和提供智能算法支撑，以提高算力、

算法及数据三层能力。二是积极主动追踪并掌握最新的技术发展现状，注重对制造业典型应用场景特征的分析积累，提出更全面、合理、高效的解决方案，提升咨询服务能力。

2. 立足合作，联合行业龙头企业共建产业生态

一是技术发展层面，当前人工智能技术发展情况日新月异，“闭门造车”极易脱离技术主流，因此应加强与龙头企业的技术交流，有利于企业持续发展。二是产业规模层面，我国人工智能顶端企业致力于建立产业体系，服务商应当主动融入体系建设当中，努力扩大产业规模，提升我国人工智能技术竞争力，以应对外国企业的技术封锁和垄断。

3. 立足服务，积极参与人工智能与制造业融合领域

一是服务模式，从“专业分工式”服务向“协同一体化”服务转变，整合优势资源，协同提供整体性解决方案与服务，形成多机构深度合作的“协同一体化”服务模式。二是服务对象，供应商基于自身优势，下沉垂直行业，主动拥抱工业细分领域，致力于 AI 赋能工业安全、高效、高质量生产。三是服务体系，立足制造业智能化升级制定科学合理、层次分明、满足需要的服务标准体系框架，包括咨询费用标准、过程评价标准、融合成果验收标准等，最终提升服务效率与质量。

（三）对于企业，立足应用场景，原因与目标并举

1. 需求导向，痛点聚焦

一是转换思维模式，传统企业应当积极拥抱新一代信息技术，及时了解、学习和借鉴成功案例，在推进融合过程中不断更新观念，摒弃唯“速度”“数据”“规模”“领导”论，坚持以“正确方向”“有效数据”“有效投资”“科学论证”为指导；二是实事求是，针对不同行业各环节中的具体应用场景，各企业应当全面、客观地分析和梳理现存的困难与痛点，以需求为导向，深度挖掘当前场景下人工智能与制造环节相融合的结合点。

三是集中力量、广泛交流，与政府、服务商等密切沟通，制定“对症”解决方案，以实现降本增效。

2. 着眼未来，循序渐进

一是扩大投资规模，人工智能与制造业融合对企业未来的增长具有长期性，企业应当着眼未来，扩大投资规模，不仅仅以眼前回报率为目标；二是更新辅助技术手段，采用数字平台实现数据的有效传递与共享，打破信息孤岛，增强成本效益，从而促进企业间的广泛交流与协作创新；三是制定企业制度，建立一套完善的适应人工智能与制造业融合的企业管理制度，以确保技术应用的伦理道德、透明度和责任制充分符合用户期望、企业价值观，以及社会法律和规范。

3. 数据驱动，模式升级

一是建立合理的数据管理组织架构，明确企业级的数据基础管理和开发利用的责任部门和人员，统筹推进企业数据的采集、存储、标准化、开发利用等工作，为智能化的发展打下坚实基础。二是构建数据驱动型企业，将数据模型深度嵌入到各项运营活动的事前策划、事中管控、事后考核中，将基于管理者素质与经验驱动的运营方式转化为数据驱动的运营方式，实现企业的高效精准运转，以及对市场的高效精准响应。三是以数据为驱动，广泛采集和精准对接用户需求，拓展形成远程在线服务、产品全生命周期管理与服务、网络精准营销、个性化定制等各种服务新模式。

参考资料

1. 葛春峰. 大众一汽发动机（大连）有限公司智能工厂发展战略研究. 长春：吉林大学，2018。

2. 黄培，孙亚婷. 智能工厂的发展现状与成功之道. 国内外机电一体化技术，2017（6）：33-35+37。

3. 付宇涵，马冬妍，崔佳星. 工业互联网平台推动下中国制造业企业两化融合发展模式探究. 科技导报，2020，38（8）：89-100。

4. 柴雯，李君，马冬妍. 从工业 4.0 评估视角看我国两化融合发展. 科技管理研究，2018，38（18）：202-208。

5. 李万. 加快形成掌控核“芯”技术的大国创新生态系统. 智慧中国，2018（5）：45-48。

6. 李君，邱君降，成雨. 面向企业互联网环境下核心竞争能力打造的第三方咨询服务变革与趋势. 中国管理信息化，2018，21（19）：68-71。

7. 李君，邱君降，窦克勤，等. 新工业革命背景下制造业管理模式研究与创新. 制造业自动化，2017，39（1）：130-133。

B.20

卫星互联网产业探究

李立伟　马冬妍　崔学民　马路遥　崔佳星[1]

摘　要： 卫星互联网是利用卫星通信技术的互联网，是一种新型网络。近年来，各国纷纷加强对卫星网络的战略布局，推动卫星互联网相关产业的快速发展，2020 年 4 月，我国首次将卫星互联网建设纳入新基建范畴，国内卫星互联网成为新的发展机遇。本文将重点介绍卫星及卫星通信、卫星互联网的发展、卫星互联网的应用等。

关键词： 卫星；卫星通信；卫星互联网

Abstract: Satellite Internet is a new type of network which uses satellite communication technology. In recent years, many countries have strengthened the strategic layout of satellite network to promote the rapid development of Satellite Internet industries. In April 2020, China included the construction of Satellite Internet into the new infrastructure category, and satellite Internet has become a new

[1] 李立伟，国家工业信息安全发展研究中心信息化所工程师，硕士，从事两化融合、工业互联网、数字化转型等领域的技术与产业研究；马冬妍，国家工业信息安全发展研究中心信息化所副所长，高级工程师，从事两化融合、工业互联网、数字化转型相关领域研究；崔学民，国家工业信息安全发展研究中心信息化所高级工程师，硕士，从事两化融合、工业互联网、数字化转型等领域的技术与产业研究；马路遥，国家工业信息安全发展研究中心信息化所工程师，硕士，从事两化融合与区域数字化转型研究；崔佳星，国家工业信息安全发展研究中心信息化所工程师，博士，从事两化融合研究。

development opportunity. This paper will focus on satellite and satellite communication, the development of Satellite Internet and the application of Satellite Internet.

Keywords: Satellite; Satellite Communication; Satellite Internet

卫星互联网是通过发射一定数量的人造卫星形成通信系统，从而形成辐射全球且实时信息处理的通信能力，是一种新型网络。卫星通信与地面蜂窝网一样作为一类现代通信的方式，具有抗毁性强、覆盖面积广、部署迅速灵活、传送容积大、不会受到地貌和地区限定等特点，未来将作为地面网络的有效补充，随着成本和延时的降低，可能成为主要的通信网络。

一、卫星及卫星通信

（一）卫星概述

卫星是一种利用空间资源环境的空间飞行器，它为各类用户提供通信广播、导航定位授时、地球综合观测及其他产品与服务的天地一体化通信系统。卫星的分类方式较多，可以按照所处轨道、应用领域等不同维度进行分类。

1. 按轨道划分

按照轨道主要可以分为低轨道卫星（LEO）、中地球轨道卫星（MEO）、地球同步轨道卫星（GEO）、太阳同步轨道卫星（S）、倾斜地球同步轨道卫星（IGSO）。

低轨道卫星（LEO）主要高度为300～2000千米，具有高度低、卫星观测更清晰、信号传输快等特点，该轨道的卫星主要用于通信、对地面进行观测等。

中地球轨道卫星（MEO）主要高度为2000～35786千米，属于地球非同步卫星，主要作为陆地移动通信系统的补充和扩展，该轨道的卫星主要用于导航。

地球同步轨道卫星（GEO）高度约为35786千米，在地球同步轨道上运行，每天相同的时刻经过地球上相同地点的上空，其中静止轨道卫星属于特殊的地球同步轨道卫星，该轨道的卫星主要用于通信、导航、气象等。

太阳同步轨道卫星（S）高度为400～800千米，是可以进行全球观测的轨道，该轨道卫星主要用于对地观测。

倾斜地球同步轨道卫星（IGSO）高度约为35786千米，轨道倾角大于0°，但不同的卫星倾斜角度不同，该轨道卫星主要用于导航。

2. 按应用领域划分

按应用领域卫星主要分为通信卫星、导航卫星及遥感卫星（对地观测卫星）。

通信卫星主要是用于无线电通信中继站的人造卫星，可以传输电报、电话、数据、信息等，代表卫星有中星系列卫星、Starlink系列卫星。

导航卫星主要是通过卫星发射无线电信号，为用户提供导航点位和授时服务的卫星，代表卫星有GPS导航卫星、北斗导航卫星、格洛纳斯导航卫星等。

遥感卫星主要是在空间利用遥感器收集地球大气、陆地和海洋的目标辐射、反射或散射的电磁波信号，由信息传输设备发送回地面进行加工处理，从而获取反映地球大气、陆地和海洋目标特征的信息的卫星，代表卫星有高分系列卫星、风云系列卫星。

（二）卫星通信系统

卫星通信系统是以通信卫星转发器作为中继站，通过发射及转发无线信号从而实现多个地球站间通信的通信系统，卫星通信系统主要包括空间段、地面段和用户段。

空间段包括若干颗人造卫星及空间系统，其中空间系统主要包有效载荷和保障系统两大部分。有效载荷用于直接完成特定的航天任务（对于通信卫星则是转发器及天线；导航卫星则是低轨测速导航系统、全球导航点位系统、全球同步卫星无线电测定系统；遥感卫星则是各类遥感器、合成孔径雷达及数据传输设备等）；保障系统主要用于保障卫星从火箭起飞到工作寿命终止星上所有分系统的正常工作，其中各种卫星的保障系统基本均由结构系统、热控制系统、电源系统、姿控系统、轨控系统及测控系统构成。

地面段包括数据接受和处理中心及卫星地面系统，卫星地面系统则主要由地面测控系统及地面应用系统构成。其中，地面测控系统由跟踪测量系统、遥测系统、遥控系统、实时计算机处理系统、显示记录系统、时间统一系统、通信系统及事后数据处理系统各分系统共同组成。

用户段主要包括与卫星通信的用户终端。

二、卫星互联网的发展

（一）卫星互联网概述

卫星互联网通过发射一定数量的卫星进行组网，进而形成一个能覆盖全球的“卫星通信网”。每颗卫星都可以直接向地面发送网络信号，也可以在卫星与卫星之间、卫星与地面站之间建立网络连接。这些卫星相对地球并不是静止的，而是处于不断运动之中，因此需要多个卫星协同实现网络信号的不间断覆盖。

卫星互联网起源于摩托罗拉公司发布的铱星计划，至今主要经历了 3 个阶段。

第一阶段是与地面蜂窝网相互竞争阶段（1980 年至 2000 年）。本阶段以铱星和全球星等星座计划为代表，主要提供服务为语音服务、低速数据传输、物联网等。但由于卫星互联网通信资费价格较高，且通信的延时较大，通信质量较低等因素，在与地面蜂窝网竞争中略显不足。

第二阶段是对地面蜂窝网补充阶段（2000 年至 2014 年）。本阶段以新铱星、全球星等星座计划为代表，随着地面蜂窝网的大量建设和服务，也暴露出一些弊端，包括覆盖范围有限、受气象条件影响严重等，而卫星互联网恰能补充地面蜂窝网的不足，因此作为了对地面蜂窝网的补充和延伸。

第三阶段是与地面蜂窝网相互促进、融合发展（2014 年至今）。本阶段以 O3b 和 OneWeb 等星座计划为代表，卫星互联网与地面蜂窝网互补合作、融合应用。同时卫星工作频段向着高通量方向持续发展，卫星互联网建设逐渐进入了宽带互联网时代。

（二）卫星互联网国内外发展现状

随着卫星互联网的快速发展和市场需求愈加迫切，世界各国集中力量投资卫星互联网产业，推动卫星互联网组网计划的落地实施。美国是卫星互联网发展最快的国家之一，也是最早启动卫星互联网技术研发与应用的国家。早在 20 世纪 80 年代，美国的摩托罗拉公司就推出“铱星”计划，俄罗斯则发布向国内偏远地区、远离陆地的岛屿提供卫星互联网覆盖的计划。1997—2020 年，全球共发射低轨通信卫星 343 颗，其中美国发射数量遥遥领先，共计 230 颗，占全球数量的 67.06%，俄罗斯、中国、阿根廷、加拿大、英国紧随其后。2020 年 4 月 20 日，国家发展和改革委员会明确了新型基础设施的范围，包括信息基础设施、融合基础设施和创新基础设施 3 个方面，卫星互联网首次作为重要的信息基础设施被纳入国家“新基建”政策支持的重点方向，我国低轨卫星互联网发展迎来重大发展机遇。

1. 国外卫星互联网发展

当前，OneWeb、O3b、SpaceX 等多家国外企业已提出并开始实施卫星互联网计划。其中，O3b 星座系统是目前全球唯一一个成功投入商业运营的中地球轨道卫星（MEO）互联网；SpaceX 公司是全球截至当前拥有卫星数量最多的商业卫星运营商，累计发射四百余颗卫星。

OneWeb 星座计划是 OneWeb 公司提出的致力于为全球提供高速宽带服务，并被美国政府批准的首个新一代非地球同步轨卫星星座。该星座的主要业务类型包括卫星宽带接入、面向企业的专业级服务以及电信运营商宏蜂窝基站的数据回程服务三大类。该星座计划由 720 颗低轨卫星构成，其轨道高度约为 1200 千米，工作频段为 Ku/Ka。OneWeb 计划在全球建设 55～75 个地面关口站，网络将在 2023 年 6 月之前全面运营，截至 2020 年年底，OneWeb 成功发射 3 批卫星，共计 74 颗，并率先对发达国家的地面网络尚未覆盖地区的中小型企业开展 B2B 卫星通信业务，预计到 2023 年实现该卫星互联网的全面服务。

O3b 星座计划是当前全球唯一一个投入使用的中轨道卫星互联网系统。O3b 星座计划于 2014 年开始实施，卫星计划总数 42 颗，目标为亚洲、大洋洲、非洲和美洲地区地面网覆盖不到的地区提供互联网接入服务。O3b 卫星星座高度为 8062 千米，目前在轨卫星 20 颗。

Starlink 卫星系统是由美国太空探索技术公司（SpaceX）2015 年提出，是有史以来卫星数量最多的星座系统，旨在为全球提供宽带接入服务。Starlink 计划发射约 4 万余颗低轨卫星，截至 2020 年年底，该系统共有 895 颗在轨卫星。

2. 国内卫星互联网发展

我国卫星互联网起步交往，但近年随着国家相关政策的支持及我国综合实力的增强，我国卫星互联网取得了突飞猛进的进展，陆续推出了卫星互联网星座计划。我国的卫星星座公司有央企和民营两类，均有相关计划在布局和实施中。其中央企计划包括航天科技集团的“鸿雁”星座，该星座规划卫星 300 颗，均部署在 1100 千米轨道高度。一期工程截至 2022 年，预计将有 60 颗在轨卫星进行组网和运营，将成为中国第一个能够满足基本卫星数据通信需求的卫星互联网系统；航天科工集团的“虹云”工程的发射目标为 156 颗部署在 1000 千米的轨道高度的卫星。2020 年年初，虹云工程应用示范系统投入使用；中国航天科工四院旗下航天行云科技有限公司的“行云”工程，计划构建一个由 80 颗行云小卫星组成的、国内首个低轨窄带通信卫星星座，力争打造最终覆盖全球的天地一体化网络。民营商业航天公司具有代表性的卫星互联网星座计划包括“翔云工程”“九天微星星座”“天启星座”等。

（三）卫星互联网的优势

一是卫星互联网可以实现“陆海空一体化”全域网络覆盖。卫星互联网不受地理位置的限制，通过一定规模数量的卫星组网，实现全球互联互通。

二是相对于地面蜂窝网，在偏远山区、高原、海上等上线网络覆盖、铺设光缆、建设基站的成本是非常昂贵的。而卫星互联网恰恰能力弥地面蜂窝网的不足，能够实现灵活、快速的部署和覆盖，同时在成本上大大降低，并解决许多地方无法连接网络的困境。

三是卫星互联网的网速也将基于地面蜂窝网有较大的提升。相对于地面传输，卫星信号传输的介质、对环境的要求都将优于地面网，根据现有的技术手段估算，预计卫星互联网传输信号的速度有望比地面光缆传输高出 30%左右。

三、卫星互联网应用场景

（一）工业资产和终端数据可视化管理

通过卫星互联网可以实现工业资产设备全球无盲区准确定位，并根据需求进行性能与状态监测、诊断和预警，做到实时监测、正确报警、快速诊断、专家智慧，确保有效可靠的 7×24 小时的资产监控和管理，从而有效推动企业快速实现“互联网+”的产业升级，助力实现融合、创新、开放和互联互通的新型资产监管理念。

1. 重型机械装备监控

重型工程机械经常在偏远地带作业，地面网络难以覆盖，且重型工程机械属于高价值长寿命复杂装备，使用和维修保养要求非常严格。目前大部分工程机械采用事后维修模式，在故障发生时，为了减少停工时间，往往采用就近的非规范的维修方式，导致维修保养市场流失，设备经常在高故障率的状态下运行。利用卫星互联网跟踪重型工程机械的实时位置信息、设备状态信息等，可帮助维修商主动提供规范化的维修服务，大幅度降低设备故障率，降低总的维修成本，延长设备寿命，提高设备残值，扩大维修商的利润空间。

2. 智慧矿山管理

矿山的作业区域通常是自组网、移动蜂窝难以覆盖，利用卫星互联网和地面蜂窝网相结合，基于卫星的遥感能力，对矿山地理地质、建筑等进行遥感测绘，对矿井、矿区的实现全面网络覆盖，对矿山的人、设备等全面感知，有效的对矿山周边的地形、矿山的安全性进行动态监控，提高了矿山安全生产的效率，实现管理的信息化、工程数字化以及对真实矿山整体的可视化、数字化及智慧化。图 20-1 为智慧矿山管理示意图。

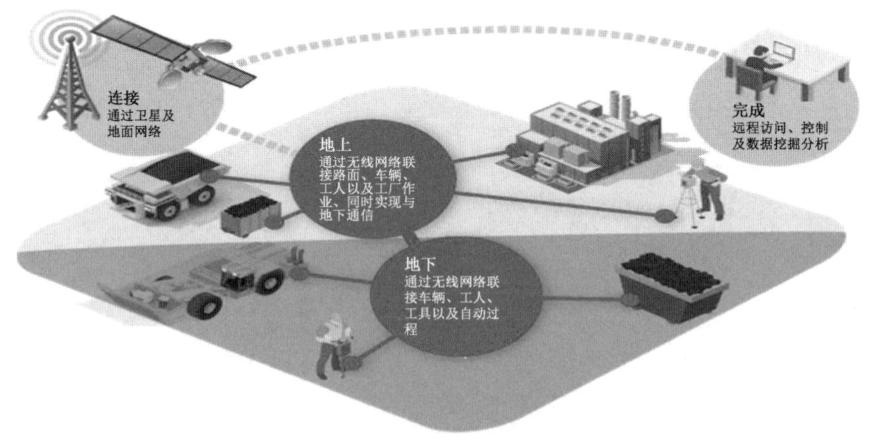

图 20-1　智慧矿山管理示意图

（二）物流安全运输

卫星互联网可为物流提供专业、快速的硬件接入、定制化终端匹配、云服务和 App 软件定制开发等服务，通过终端设备与卫星的通信，实现物流全过程有效跟踪。

1. 海运全球集装箱监控

目前集装箱在海上运输的过程中，难以实时跟踪其位置信息、运转信息等，利用卫星互联网构建全球集位置和工况数据服务，为全球供应链提供不间断信息服务，实现集装箱位置、作业、管理、贸易、交易的可视化。通过卫星互联网实时监测集装箱的温度、湿度、位置和缝隙位置、冷藏状态等，有助于确保货物的完整性，降低运营成本，减少因货物损坏而造成的损失。

2. 智慧铁运解决方案

中国为非洲国家援助和融资修建的铁路超过 5000 千米，“铁路外交”取得新突破。同时，随之而来的铁路运营的行车安全问题也日益凸显。但由于地面网络对运行在铁路线上的移动资产（境内和境外）无法提供有效的手段进行全域无缝监控，同时海运/水运/公路和铁路联合运输（多式联运）问题一直没有得到根本的解决，存在铁路移动装备单元智能化水平弱、全程监管信息化程度低，铁水/公铁联运方式原始和资产管控缺乏等方面的问题。卫星互联网恰恰弥补了地面蜂窝网的不足，依托卫星互联网实现了全球无盲区监控，可实时获取运输物品的位置信息、状态信息，为智慧运输提供了可靠的网络保障。

（三）应急指挥

当出现重大灾害或社会公共安全事件时，地面通信基础设施容易受到破坏，一旦通信中断，应急指挥系统难以得到有效保障，将会对抢险救灾产生重大影响，而卫星互联网能弥补地面网络的弊端，利用卫星互联网可以精准定位灾害发生的位置、获取抢险救灾相关人员、设备的位置、状态信息，为及时、高效的应急抢险提供了安全、可靠的保障。

参考资料

1. 刘悦. 新兴卫星互联网星座对传统卫星制造发展的启示. 国际太空，2016（11）：51-58。

2. 孙家栋. 天地一体，综合规划，发展我国通信卫星事业//中国卫星通信广播电视技术国际研讨暨新设备展示会. 中国卫星通信广播电视用户协会，2011。

3. 高璎园，王妮炜，陆洲. 卫星互联网星座发展研究与方案构想. 中国电子科学研究院学报，2019，14（8）：875-881。

4. 吕智勇. 高低轨宽带卫星通信系统综合比较分析. 数字通信世界，2019（1）：19-21。

5. 孔超，王阳阳. SpaceX 公司“星链”计划发展情况及影响分析. 中国科学报，2019-08-27（8）。

6. 刘悦，廖春发. 国外新兴卫星互联网星座的发展. 科技导报，2016，34（7）：139-148。

7. 朱梓烨，赵剑云. 卫星产业不再是欧美独占的地盘. 中国经济周刊，2013（20）：33-36。

8. 游俊雄，陈梦，杨珊妮. “一带一路”下中国与沿线国家国际货物流通发展研究. 商业经济研究，2018（12）：153-155。

9. 曾昱祺，向晶，谢飞波. 用“互联网+”思维应对卫星频率和轨道资源管理挑战. 人民邮电，2015-07-15（8）。

B.21

中国新型智慧城市建设探究

杨若阳　赵珏昱[1]

摘　要：“智慧城市”在国内经过数年发展，在行业内部已经积累了众多实践经验和落地案例。2021年是“十四五”规划的开篇布局之年，也是新基建重点发力之年。5G、物联网、工业互联网等新一代信息技术的广泛应用，正引领智慧城市综合解决方案朝着走深向实、协同布局、社会与生态共赢的方向发展，为智慧城市进一步建设带来新的机遇与挑战。本文将重点论述智慧城市的新内涵，以新内涵为指引提出一套综合性高、系统性强的智慧城市技术架构，提出下一阶段智慧城市的发展建议，为“十四五”期间全新的智慧城市建设与发展方式描绘新蓝图。

关键词：智慧城市；解决方案；发展建议

Absrtact: After several years of development in China, “Smart City” has accumulated many practical experience and cases. 2021 is the first year of the “14th Five-Year Plan”, and the key year of new infrastructure development. Joint with wildly use of new technology such as 5G, IoT, Industrial Internet, integrated solutions for smart

[1] 杨若阳，国家工业信息安全发展研究中心信息化所助理工程师，硕士，从事智慧城市、数字化转型研究；赵珏昱，国家工业信息安全发展研究中心信息化所助理工程师，硕士，从事数字化转型研究。

city offer new opportunity and challenges. This paper will focus on the new connotation of smart city, offer a comprehensive and systematic smart city guided based on the new connotation. Meanwhile, it also gives several development suggestions for next stage of smart city and draw a new blueprint for the construction and development of new smart city during in the “14th Five-Year Plan” periond.

Keywords: Smart City; Integrated Solution; Development Suggestion

一、中国智慧城市的新内涵

智慧城市经过多年发展，对其内涵已经有诸多讨论，2014 年，国家发展和改革委员会在《关于促进智慧城市健康发展的指导意见》中对智慧城市进行了定义，随着智慧城市在技术应用、理论探究、实际建设中不断发展，智慧城市出现了一系列新动向，基于新动向和智慧城市相关产业发展实际，在智慧城市原有内涵基础上下全程服务、数字空间、生态和谐三方面进行了补充。

（一）中国智慧城市的基本定义

中国智慧城市的概念最初由住房和城乡建设部提出，随着智慧城市的实践和认知不断变化，2014 年，国家发展和改革委员会从数字化与技术角度认为：“智慧城市是运用物联网、云计算、大数据、空间地理信息集成等新一代信息技术，促进城市规划、建设、管理和服务智慧化的新理念和新模式。”

（二）中国智慧城市发展的新导向

经过新冠肺炎疫情的冲击，智慧城市在实践中经受了考验，也暴露了不足，后疫情时期，智慧城市建设在创新协同、为民服务、数据共享、产业赋能、应急安全等方面都出现了新的发展导向。

1. 创新协同，增强数字基础能力

伴随着5G、人工智能、物联网等多种新技术的应用，带动城市数字基础能力的跃升，智慧城市建设获得全新的“智慧支持能力”。新能力催生新要求，创新协同成为智慧城市发展的新要求。

在技术上，新技术相互联动，产生智慧城市的新场景。人工智能、物联网、大数据、区块链等进入实用化阶段，技术之间互相交叉融合，形成新的应用场景，拓宽原本智慧城市的范围。例如当今已将部分应用的自动驾驶、智能家电、远程手术等新的应用场景拓展了智慧交通、智慧家居、智慧医疗等领域的体验。

在机制上，政府、企业、城市居民之间的距离被技术拉近。例如，2020年2月，上海市出台《关于进一步加快智慧城市建设的若干意见》，文件围绕统筹完善“城市大脑”架构 、推进政务服务“一网通办”、推进城市运行“一网统管”、优化提升新一代信息基础设施布局等方面，对智慧城市建设做出了具体要求。

2. 以人为本，提升管理服务水平

智慧城市建设越来越强调对城市居民提供精准、多样、及时的服务，依托智慧城市平台，城市管理将从由上而下的单向管理逐步转向政府和居民互相沟通的双向管理方式。

在技术上，“微基建”概念被提出，城市居民与智慧城市建设的距离有望被进一步拉近。2020年11月，同济大学智慧城市专家诸大建提出微基建概念，概念可应用于所有社区建设，既适用于政府主导的老旧小区的更新改造，也适用于开发商主导的新居住社区的建设。

在机制上，“因地制宜”的概念在新规划中广泛出现。例如，山东、河南等地先后发布《关于加快推进新型智慧城市建设的指导意见》，智慧城市建设因地施策，以差异化政策布局各地级市智慧城市的推进和发展。各地方智慧城市建设重点和发展导向在国家政策的顶层引导下，逐级细化，不断向新一代信息技术、医疗健康、数字经济等智慧城市化领域推进，探索适合本地智慧城市建设的着力点和发展路径。

3. 共建共享，打破数据孤岛效应

数据是智慧城市建设的核心资源，随着智慧城市建设的不断深入，数据繁冗和数据孤岛成为智慧城市建设所需要面对的问题。新时期智慧城市建设将从共建共享层面，从技术标准和体制机制等方面实现数据互通。

在技术标准上，建立统一的智慧城市数据标准，实现数据的顺畅流通。例如中南财经政法大学数字经济研究院执行院长、教授盘和林建议：尽快推动智慧城市建设标准化体系，从平台接口等方面进行统一。智慧城市需要进行统筹规划，在一些平台接口、数据口径等方面建立全国通行的标准，降低因此带来的摩擦成本，移除这些给数据共享带来负面影响的客观障碍。

在体制机制上，建设地域乃至全国范围内的数据统一平台。例如全国人民代表大会代表、重庆市大数据应用发展管理局副局长杨帆建议，加快建立全国一体化的数据“聚通用”体制机制，打破各级各部门信息壁垒，推动数据共享开放、融合应用、流通交易等。

4. 数字共融，加强数字经济效能

“十四五”期间，智慧城市有望成为新一代信息技术的重要落地方式，城市发展和产业发展联动，相互促进。产业发展为智慧城市提供新技术、新能力、新产品，智慧城市则为产业发展提供市场和创新聚集地。

一方面，智慧城市投资额将持续增加，带动相关产业发展，市场规模逐步扩大。根据 IDC 于 2021 年 2 月最新发布的《全球智慧城市支出指南》，截至2021年年底，中国智慧城市市场支出规模将达到266亿美元，是全球支出第二大国家，仅次于美国。根据中国智慧城市工作委员会数据预测，到2022年，我国智慧城市市场规模将达到25万亿元人民币。

另一方面，智慧城市为新技术提供了试验场。例如，智慧城市帮助5G技术尽快落地。天津市政府与中国移动通信集团有限公司签署战略合作协议，双方在“十四五”期间，继续深化长期战略合作，积极打造“全5G城市”，提升数字经济转型发展速度。

5. 保障安全，搭建应急管理体系

经过疫情的考验，应急管理成为智慧城市建设的重要发力点。注重协同创新、救援实战能力明显提高。中国科学院大学应急管理学院院长李颖指出：“城市在集聚资源促进经济社会发展的同时，也暴露出风险隐患，人口密集、活动频繁、生产强度大，各种灾害事故极易造成重大影响，危害人民群众安全和社会稳定。因此在城市发展中，加快城市应急管理创新，提高应对公共危机的能力意义重大。”

一是智能安全硬件建设将继续夯实，智能检测预警水平进一步提高。例如，北京市在“十四五”规划中提出，强化重大疫情跟踪体系，完善传染病监测网络，运用大数据支撑重点人群排查。开展医疗健康数据专区建设，推动“1+*N*+1”互联网医院综合平台建设，助力医疗健康产业创新发展。

二是要将数据安全提升至高位，保护居民信息安全成为发展重点。例如，北京市提出在“十四五”期间要建立数据分类分级保护体系，明确不同数据安全级别的技术和管理防护措施，完善数据安全监测发现和应急处置体系。

（三）中国智慧城市新内涵

沿着智慧城市的新导向，智慧城市内涵得到丰富与延伸，当前我们认为：

1.“先进技术+全程服务”是智慧城市的新抓手

智慧城市在依靠新一代信息技术的基础上，增加配套的全程服务来帮助技术落地，促进城市发展。

一方面，智慧城市中的新技术、新应用、新场景需要配合服务才能发挥最大效力。智慧城市已经从强调技术转向强调数据，从服务的角度去看待智慧城市，让服务贯穿于全部场景，真正服务城市的管理者和生活在城市中的每一个人。另一方面，“技术+服务”能够实现智慧城市的全流程响应，实现规划、技术架构搭建、设备运营、维护、信息处理、反馈等一系列活动的统一，打破数据孤岛，推进政府高效管理、产业快速发展、民生普遍受惠。

2.“数字空间+现实空间”是智慧城市的新落脚点

新技术的应用拓展了城市建设与管理的范围，在智慧城市时期，不仅需要谋划现实空间的管理，也需要对新产生的数字空间进行管理。实现实体空间与数字空间联动，共同推进城市发展。

数字空间是现实空间的拓展，数字空间通过对物理世界的人、物、事件等所有要素数字化，在网络空间再造一个与之对应的“虚拟世界”，形成物理维度上的实体世界和信息维度上的数字世界同生共存、虚实交融的格局。

3.“普惠民生+生态和谐”是智慧城市的新目标

智慧城市整体上需要达到城市发展与人民生活水平提高相互协调的目标，居民即用户，城市即平台，实现城市经济转型发展、生态环境保护和居民的智能服务相统一，使得人与自然更加协调发展。

一方面，智慧城市不再单纯是技术与信息基础设施的堆砌，针对城市居民的“微基建”“微服务”不断推进，惠民不仅成为智慧城市的建设目的，更成为智慧城市设计之初的目标。另一方面，全流程、全链条的将平衡生态环境保护与城市发展的理念贯彻到智慧城市的建设中。

二、智慧城市整体框架

相比传统型城市，智慧城市需要利用技术打破设备、组织间的数据孤岛，让数据流动起来。智慧城市的典型场景如智慧出行、智慧安防、智慧社区等，在数字空间均可视为基于行业沉淀的经验模型，能安全、实时地访问、交互、存储数据的智慧系统。因此，智慧城市的建设应从顶层入手，结合软硬件资源整合能力，为公众提供全生命周期一站式服务管理（见图 21-1）。

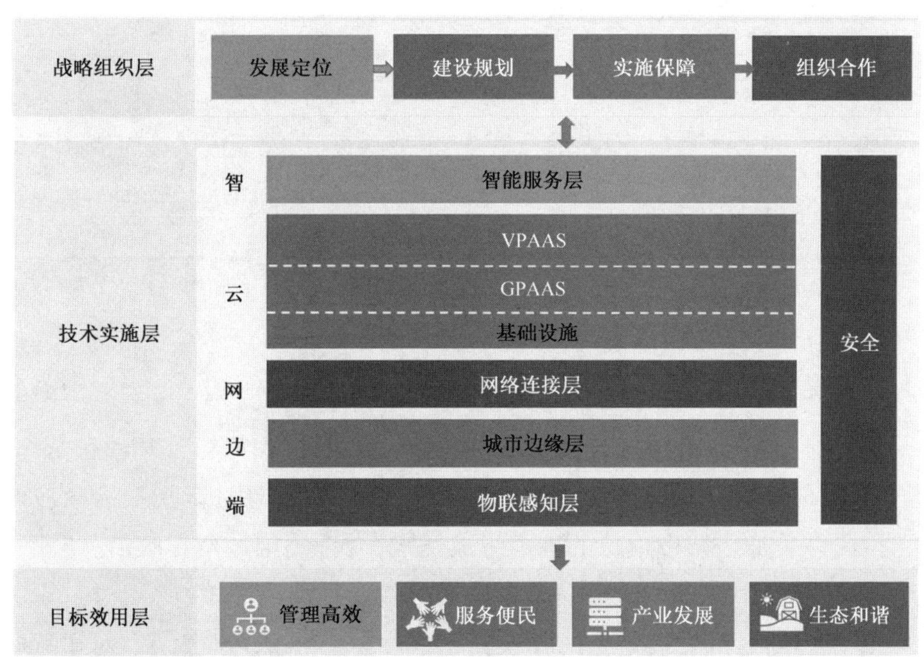

图 21-1 智慧城市整体架构图

从技术角度入手，智慧城市的整体框架分为发展战略组织层、技术实施层和目标效用层三大层次。即智慧城市是以城市的战略定位、建设规划、措施保障、组织合作为指导规划，通过“端—边—网—云—智”的技术架构，实现管理高效、服务便民、产业发展、生态和谐的目标效用，达成新一代信息技术与城市现代化深度融合，迭代演进的新模式、新理念。

（一）战略组织层

战略组织层是城市集体智慧的集中体现，包括发展定位、建设规划、实施保障、组织合作四大部分（见图 21-2）。

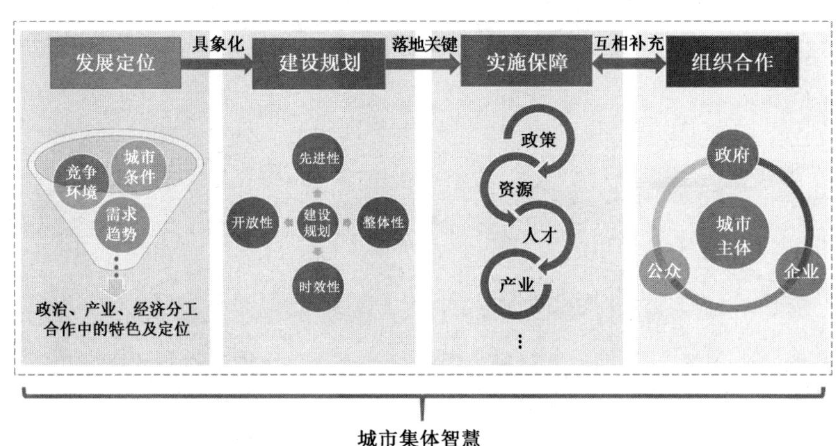

图 21-2　战略组织层示意图

发展定位是城市根据自身条件、竞争环境、需求趋势等及其动态变化，在全面深刻分析有关城市发展的重大影响因素及其作用机理、复合效应的基础上，科学筛选城市地位的基本组成要素，合理确定城市在政治、产业、经济分工合作中的定位、面向未来发展的基调、特色和策略。

建设规划是对发展定位的具象化，是融合城市多主体意见，对智慧城市建设预期的全面长远的发展计划与具体规定。智慧城市建设规划具有先进性、整体性、时效性、开放性等特征。

实施保障是推行建设规划过程中所必需的政策、资源、人才、产业等一系列与其相匹配的保障措施支持，是建设规划落地的关键。

政府、企业、公众三大城市主体的组织合作，目的是在实施保障外，借助政府、社区、企业、社会组织等多元组织的智慧、技术力量，通过外包、众包等合作方式高效连接城市关系，为城市构建要素联动、交叉立体的高效智能服务体系。

（二）技术实施层

技术实施层是智慧城市的“智慧”基础。自下而上分为“端、边、网、云、智”五层结构（见图 21-3）。

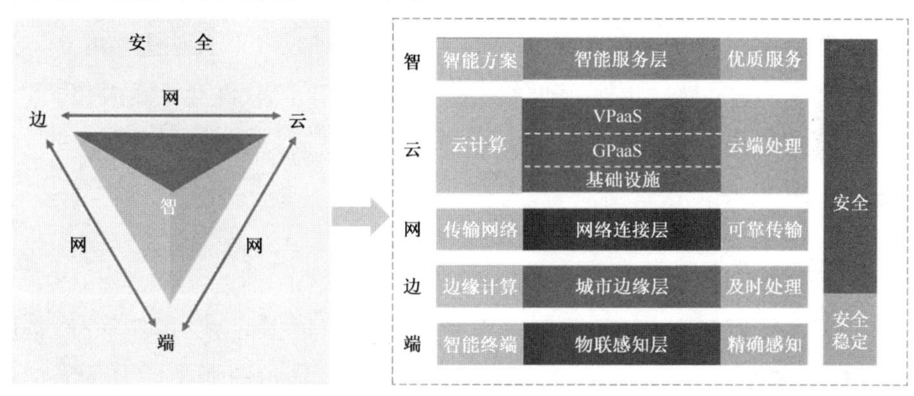

图 21-3 技术实施层示意图

1. 端

“端”即智能终端，负责采集、存储、传递数据，是智慧城市面向城市主体的智能化单元。随着物联网的普及与互联网的广泛应用，“端”所产生的海量“数据”正与信息化时代所产生的大量数据汇合，成为智能化时代的数据新油井。“端”既包括面向消费者的 AR/VR、智能门锁、智能显示器等各种新型智能终端，也包括硬件、软件、服务一体的商用物联网方案。

2. 边

“边”即边缘计算，智能化时代海量数据的爆发式计算需求与应用低延时、灵活部署要求使得计算力下沉成为必然，边缘计算应运而生。在智慧城市中，边缘计算不仅能实现对不同厂商、不同规格、不同协议的智能设备端就近统一管理，还能通过预制的模型算法赋能于终端设备，实现端设备的智能化管理。“边”包括能提供丰富的边缘计算的硬件设施、人工智能支持的边缘计算平台等。

3. 网

“网”即以5G为代表的数据传输的网络，是推动端、边、云协同工作的黏合剂。“网”连接众多终端设备，基于“端边”传输特性，动态提供与之匹配的网络资源，催化更多计算在边缘进行，以达到“边”的“广连接、低延时”的特性；此外，随着网络基础设施走向软件化、虚拟化，“云网融合”将催使网络按需被快速灵活搭建，为更高效实用的智慧城市应用场景拓展可能。

4. 云

“云”即云计算，基于网络实现异质设备间数据运算与共享的设备服务。“云”打破了传统城市时间与空间的约束，通过资源按需分配、按量计费控制成本、提高城市敏捷性，是智慧城市建设必不可少的一环。云计算给智慧城市提供根据服务模式可分为IaaS（基础设施即服务）、PaaS（平台即服务）、SaaS（软件即服务）三类。

5. 智

“智”即行业智能解决方案，面向智慧城市的不同细分场景，基于“端、边、云、网”四层结构，根据业务需求、行业知识及计算能力，支持不同层次的数据计算和分析互动的行业智能化方案。在这个架构的基础之上，利用数据、基础架构的计算力，以及先进的行业模型与算法，便能够实现各行各业的“智能”。在由数据智能驱动产业变革的智能化时代，未来传统的出行、医疗、社区、金融等智慧城市典型场景，都将在“智能化解决方案”中产生颠覆性的变化。

根据技术实施层的五层结构，智慧城市可拆解为六大特征。

一是精确感知。“端”是智慧城市的末端触手，通过传感器、摄像头等智能设备，近距离精确感知并记录智慧城市的动态变化。

二是及时处理。对于需要快速反应的智能单元，“城市边缘层”通过网关、边缘服务器等进行实时计算并即时反馈。

三是可靠传输。无线局域网、广域网等通信网络组成“网络连接层”，将智慧城市的单元数据无损按序地交付给接收端。

四是云端处理。智慧城市的云端管理平台按照服务模式可分为公有云、私有云及混合云三类，按照服务对象则可以分为面向政府的 GPaaS 及面向城市的 VPaaS，海量的城市数据在云端实时汇集融通计算，在提高城市智慧体运行速度的同时也大大降低了处理成本。

五是优质服务。智慧城市的技术运营商通过咨询设计、系统集成、支持部署、运维代运营等服务，为政府、公众、企业等不同的城市主体提供应用方案，使智慧城市服务更加优质。

六是安全稳定。安全是城市不断发展、进步的首要基础和底线。在智慧城市中，通过“端—边—网—云—智”的全方位架构，不仅维护网络空间的安全清朗，更能实现事前及时预警、事中高效协作、事后有序恢复，应急全面有效。

（三）目标效用层

智慧城市建设是内涵型城镇化发展的重要方面，包括社会管理智能化、国民经济信息化、环境维护自动化和生活服务便捷化等内容。经由政府统筹、市场运作，智慧城市通过物联网、云计算等新一代信息技术融合数字世界与物理世界，改变城市内主体间的交流方式，对包括公共服务、城市安全、工商业活动等各类需求做出快速、有效的响应，实现管理高效、服务便民、产业发展、生态和谐的目标效用（见图 21-4 和图 21-5）。

管理高效：智慧城市中“物”组建的智能系统与“人”连接形成的关系网络交叉，将极大优化城市内政府、企业、社区等主体的管理效率。政府管理方面，既要通过电子政务等新型手段构建“横向联动、纵向贯通”的智慧政府，又要提高政府办公、服务、监管、决策的成本及效率。在企业、社区管理方面，引导企业积极应用相关信息技术，建立智能、互联的生产经营管理系统，提升企业经营管理效率；加强社区信息化建设，构建社区综合服务管理信息化平台，完善社区自治与管理服务功能。

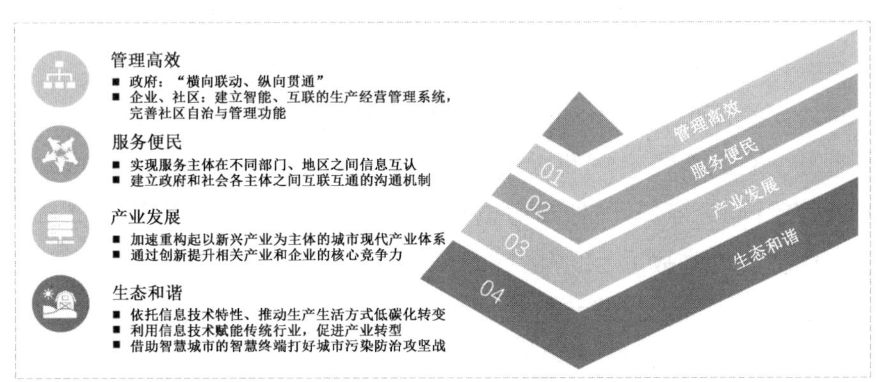

图 21-4　目标效用层示意图

服务便民：智慧城市将通过物联网、互联网等新兴技术打破信息壁垒，为城市居民带来便利。一方面，政府、医院、社区等服务主体通过电子信息技术，建立不同部门、地区内及之间信息互认、互联互通，提高信息传递速度，为组织、民众提供快捷、简便、高效的服务。另一方面，智慧城市利于建立政府和社会各主体之间互联互通的沟通机制，实现公共服务供给和需求的有效对接，以城市网络公共空间、政府问政平台等方式为公众参与政府决策、分享信息化和城市化发展成果搭建渠道，切实解决城市居民最关心、最直接的现实问题。

产业发展：智慧城市是信息技术的创新融合应用，也将依托技术创新促进城市内旧新产业的发展。一方面，智慧城市内物联网、云计算等新兴技术的应用将带动创新产业、软件与信息服务业等新兴产业发展，加速重构起以战略性新兴产业为主体的城市现代产业体系；另一方面，智慧城市也将通过数字技术建立政府、企业、公众等组织间多维、新型协作关系，建立以企业为主体、以市场为导向的技术研发创新机制，加快传统企业转型和结构优化，通过技术创新、组织创新和服务创新等方式来提升相关产业和企业的核心竞争力。

生态和谐：智慧城市的发展更要重视维护好人与自然之间的关系，构建绿色低碳的可持续发展体系，主要体现在 3 个方面。一是依托信息技术本身的“低碳排强度、高减排能力”特性，通过无纸化、共享经济等新型方式，推动生产、生活方式由“高能耗、高物耗、高污染、高排放”向“绿色、低碳、高效”转变。二是利用信息技术赋能传统行业，通过智能电网、智能建筑、智能物流等途径促进企业节能减排与产业转型。三是借助智慧城市的智慧终端，通过大数据对城市环境数据进行实时监测与分析，打好城市污染防治攻坚战。

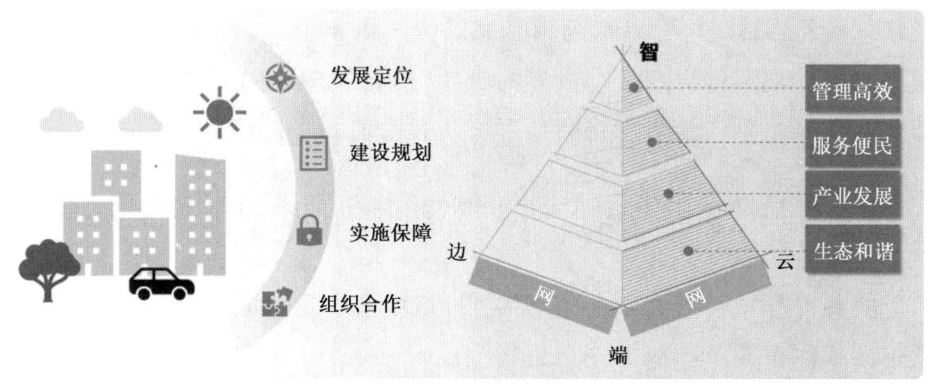

图 21-5 智慧城市总概示意图

三、中国智慧城市的未来展望

下一阶段，我国将实现从制造业大国到制造业强国的转变，城市所承担的教育、医疗、创业、就业等职能及吃、穿、住、用、行等基础条件的爆发式增长，亟须政府在智慧城市建设方面的全新管理和建设方式。

智慧城市作为一种城市建设与管理的“巨量产品”，需要重点加强居民在城市中的幸福感提升工作，提高居民生活水平，赋能城市产业发展。以此为导向，未来将重点在治理思路、阶段重点、互动形式 3 个方面出现变革。

（一）治理思路改变——从“城市数字化”到“数字化城市”

智慧城市的进一步发展将会导致城市治理在技术和范围上的整体变革，这种变革将可能会导致城市管理体制与机制的革新。

智慧城市将从城市数字化发展到数字化城市，整个城市在数字维度形成“数字化城市”。中国各地智慧城市决策者未来将致力于数字经济的建设和发展。数字经济是实体经济在数字世界的映射，智慧城市未来将会从城市基础设施的数字化升级，转变为城市从产业到生活向数字世界的整体迁移。模式的转变将会对政府治理思路提出新要求，从治理数字化的现实世界到治理现实世界在数字世界的延伸，能否管理好数字孪生、数字资产、数字产业等一系列新概念将会是下一阶段政府治理的挑战。

（二）阶段重点改变——从“建设智慧城市”到“运营智慧城市”

随着智慧城市的逐步走深向实，智慧城市的具体运营方式，以及在运营中的如何自我革新成为“重头戏”。

一方面，资本运营继续加码。智慧城市基础设施如物联网、传感器、网络基础设施、AI 智能识别、车联网等将是智慧城市下一步的主要投资方向。同时，智慧城市投资将会从物理延伸到数字世界。智慧城市基础设施将不再只是现实世界中的路、网、电、车等，而是包含了承载新一代信息技术的数字基础设施。另一方面，是智慧城市运营的继续加码。伴随着科技设备，特别是可穿戴智能设备、车联网设备、智慧安全设备等新型智慧城市新技术载体的应用，智慧城市的设计、运营、维护、培训、管理等全流程运营革新将会是城市运营管理工作的要点。

（三）互动形式升级——从“人与人的连接”到“万物互联”

万物互联场景下，万物发声，智慧城市的交互性迈上新台阶，智慧城市各要素之间形成互动新生态。

未来，随着智慧城市的进一步发展，将有更多垂直领域应用，从人与人的连接，进化到万物互联。比如医疗行业的健康平台可以在城市医院、疾控系统、社保中心、药店等系统中进行数据互通，从而可以及时分析判断城市中市民的健康状况，制定出城市的健康发展政策并进行重大传染疾病应急指挥。城市生态平台可以对城市各类遥感终端、卫星气象数据、环境监测数据等进行综合分析比对，并研判城市的运行状态。城市信息平台可以实时分析城市内发生的公共事件的群体反应现状，并及时采取应急措施。

参考资料

1. 辜胜阻，王敏. 智慧城市建设的理论思考与战略选择. 中国人口·资源与环境，2012，22（5）：74-80。

2. 张振刚，张小娟. 智慧城市的五维度模型研究. 中国科技论坛，2014（11）：41-45+75。

3. 李德仁，邵振峰，杨小敏. 从数字城市到智慧城市的理论与实践. 地理空间信息，2011，9（6）：1-5+7。

4. 唐斯斯，张延强，单志广，王威，张雅琪. 我国新型智慧城市发展现状、形式与政策建议. 电子政务，2020（4）：70-80。

5. 徐宪平. 促进智慧城市健康发展. 经济日报，2014-11-22（7）。

6. 新型智慧城市建设部际协调工作组. 新型智慧城市发展报告2017. 北京：中国计划出版社，2017。

7. 韦颜秋，李瑛. 新型智慧城市建设的逻辑与重构. 城市发展研究，2019，26（6）：108-113。